Réduire et optimiser les coûts

Groupe Eyrolles
61, bd Saint-Germain
75240 Paris Cedex 05

www.editions-eyrolles.com

Directeur d'ouvrage : Jean-Michel Rocchi

La collection « DFCG » est dirigée par François-Xavier Simon

DFCG

Daniel BOÉRI
avec la collaboration d'Éric Rubio

Réduire et optimiser les coûts

Méthodes, outils et exemples

EYROLLES

Table des matières

Chapitre 5

Le chapitre 4 de l'ouvrage
« Réduire les frais généraux »,
a été rédigé par Éric Rubio.

Remerciements

Je remercie d'abord évidemment nos clients. Les missions que nous menons chez eux nous permettent, en tant que consultants, d'appliquer à nous-mêmes les principes de « l'amélioration continue » ainsi que le développement de notre expérience.

Ces remerciements vont également à Éric Rubio qui signe un chapitre du présent livre et avec lequel, surtout, nous avons partagé nos expériences dans nos missions.

Je remercie aussi Jérémie Laurent qui, au cours de son stage, m'a aidé dans la préparation et la collecte des informations et qui, par sa participation quotidienne aux relectures, m'a grandement facilité l'écriture, et Stefan Aniol, qui a participé à plusieurs missions décrites.

Merci aussi à Alice Pittavino qui a pris en charge les activités en me laissant la disponibilité pour écrire ce livre et Annie Cordonnier pour ses corrections.

Qu'ils reçoivent tous ma reconnaissance et mon amitié.

Monaco, mars 2012

Daniel BOÉRI

Une pensée pleine de joie et d'amour pour Arty, ma famille et mes amis.

Éric RUBIO

Avant-propos

« Réduire et optimiser les coûts » s'apparente au mythe de Sisyphe ; il convient de remettre sans cesse l'ouvrage sur le métier. Certes, la volonté de maîtriser les coûts est toujours présente dans les esprits, sauf que les « pesanteurs sociologiques » de l'entreprise entraînent des dérives naturelles.

L'adaptation rapide des entreprises aux conséquences de la crise financière et les résultats prometteurs qu'elles commencent à publier illustrent à l'envi, même si ce n'est la seule cause, « l'effet de levier » généré par les opérations de réduction des coûts que la crise a induit.

Ces améliorations illustrent deux caractéristiques des coûts. D'une part, il existe un potentiel d'amélioration qui n'est pas ou peu exploité, contrairement à ce qui est cru. D'autre part, les opérations de réduction des coûts ont un retour rapide. Au point qu'en l'absence d'actions spécifiques de réduction des coûts depuis quatre à cinq ans, des économies rapides et de l'ordre de 15 à 20 %, en année pleine, peuvent être un objectif raisonnable.

L'existence de ce « matelas d'économie » conduit à privilégier une maîtrise continue des coûts, d'autant que le risque est consubstantiel à la vie des entreprises où « un grain de sable » peut conduire à un accident (plateforme pétrolière, trader, cyber attaque, rappel de véhicules par les constructeurs…) de nature à dégrader d'un seul coup la rentabilité, quand ce n'est pas la conjoncture. La maîtrise permanente et réelle des coûts est une assurance contre ces risques.

De plus, il convient de souligner les appréhensions, parfois aigües et bien compréhensibles, soulevées auprès du personnel par les actions de réduction des coûts. Les conditions de mise en œuvre des opérations sont donc loin d'être négligeables ; aussi est-il important d'appliquer pour la mise en œuvre de ces opérations le principe suivant : « la méthode est aussi importante que la solution».

Cet ensemble d'éléments invite à maîtriser les coûts en continu plutôt que de se limiter à des actions ponctuelles ; ce qui est le cas le plus fréquent.

Dans le même temps, on constate que les surplus financiers générés par les économies favorisent souvent une nouvelle croissance ou dégagent des marges de manœuvre qui, affectées par exemple à la réduction de la dette, sont loin d'être négligeables également. Mais surtout, la démarche de réduction des coûts, dans sa recherche d'innovation et de remise en cause des pratiques et des processus, engendre des progrès qualitatifs essentiels. Souvent, ces derniers dépassent largement le simple retour sur investissement provoqué par les seules économies ; c'est une opportunité pour adapter l'organisation sur le moyen terme.

> *Au-delà des économies qu'elle génère, une action de réduction des coûts engendre des progrès qualitatifs essentiels pour les organisations.*

La maîtrise des coûts devrait être une démarche opérationnelle continue. Car au-delà des économies proprement dites, c'est une opportunité pour « agiter » les pratiques de l'entreprise toute entière. En effet, derrière la réduction des coûts se cachent :

- l'optimisation des processus et par là les politiques vis-à-vis des clients ;
- la politique achats et l'élaboration d'un véritable partenariat avec les fournisseurs ;
- l'amélioration de la productivité des services administratifs et fonctionnels ;
- le réexamen des pratiques de consommation ;
- l'analyse spécifique des différents coûts ;
- l'analyse du portefeuille clients ;
- l'analyse du portefeuille fournisseurs ;
- l'analyse du portefeuille produits, c'est-à-dire de l'offre proposée aux clients ;
- l'analyse des moyens, comme l'informatique ;
- les frais généraux ;
- le besoin en fonds de roulement…

Ces différents domaines d'action montrent que la réduction des coûts est l'occasion de mener une analyse de la valeur des pratiques de l'entreprise. C'est également l'occasion de souligner que cette recherche de résultats quantitatifs implique de chiffrer ou de mesurer des domaines qui ne le sont en général pas. C'est précisément cette absence de mesure qui facilite les dérives.

Enfin, loin de s'avérer n'être qu'une démarche « amincissante et triste » développée au détriment du service rendu aux clients et du confort des conditions de vie au travail, la maîtrise des coûts conduit à des améliorations qualitatives dont les retombées sont beaucoup plus importantes que les économies elles-mêmes.

Introduction

L'objet de ce livre, fruit de nos interventions en entreprises, est de présenter des exemples concrets, des outils, des méthodes et des pistes pour réaliser des économies.

Curieusement, bien que la réduction des coûts soit une source de forte amélioration de la rentabilité et d'amélioration des process – et tout en étant présente dans les esprits – souvent, seules « les crises » servent de déclencheur.

> *Attention :*
> *la réduction des coûts n'est pas « démocratique ».*
> *Demander le même effort à tous est une erreur.*

Toutefois, il convient de mettre en garde contre la facilité, souvent utilisée, qui consiste à traiter tous les départements et services de la même manière : « réduisez les coûts de 10 % ! ». Cette demande, pour paraître équilibrée, est en réalité porteuse de déséquilibres ; ceux qui ont toujours maîtrisé les coûts s'en trouvent pénalisés vis-à-vis de leurs collègues plus « cigales ». D'autant plus que, chacun croit, « à bon droit », mettre les coûts sous contrôle, d'où un risque de résistance à la remise en cause des pratiques. Cela est d'autant plus vrai que si les économies se trouvent dans les services, des pans entiers d'économies se trouvent au niveau des processus. Là où, souvent, il n'y a pas de responsable désigné ; chacun possédant suffisamment d'exemples, hors de son périmètre, pour formuler des hypothèses auto-probantes justifiant le maintien des choses en l'état. D'ailleurs, les résultats obtenus s'en trouvent peu efficaces ; soit les économies sont faibles et non pérennes, soit elles créent des ressentiments assurément négatifs.

La réduction des coûts, pour être performante, ne peut se réduire à une simple exhortation ou même une simple incantation ; si les économies existent, encore faut-il une réelle volonté de les réaliser et donc « d'aller les chercher » dans les différentes pratiques.

Une politique de réduction des coûts peut se développer à travers deux indicateurs pouvant servir de déclencheur et de deux principes généraux.

15

DEUX INDICATEURS

Une question se pose : quand déclencher une opération de réduction de coûts ? Au-delà du niveau de rentabilité lui-même, qui reste le point essentiel, deux indicateurs permettent d'en anticiper le bien-fondé. D'un côté, le bien connu « point mort », qui met en perspective les différents coûts, et de l'autre, un indicateur plus stratégique, le positionnement de l'entreprise face à la concurrence.

L'indicateur « point mort »

Même imparfait, l'indicateur « point mort » permet d'embrasser d'un coup l'ensemble du champ des coûts, de rentrer dans la comptabilité analytique par la distinction, plus rare, entre les frais fixes et les frais variables, et d'analyser la marge pour la confronter au chiffre d'affaires. On retrouve les éléments dans sa définition : « Le point mort indique le niveau d'activité pour lequel la marge sur coût variable couvre les charges fixes. »

Si cette définition met en évidence l'ensemble des coûts (fixes et variables), elle suggère également une approche de traitement différente selon la nature des coûts examinés. Ainsi, intuitivement, on sent bien que la réduction des frais fixes ne relève pas, en général, d'une même démarche que celle relative aux frais variables.

Quelques observations complémentaires vis-à-vis du point mort :

- la classification charges fixes/charges variables n'est pas toujours évidente ; en effet, la comptabilité analytique n'est pas une pratique quotidienne ;
- la comptabilité analytique est plus appropriée à un produit unitaire qu'à l'entreprise dans son ensemble ;
- les charges variables sont fixes à court terme ;
- cette classification n'est pas organisée dans les comptes, il convient donc de la reconstituer. Cette reconstitution sera l'occasion d'une revue de l'imputation des coûts, source, elle aussi, de progrès.

Par ailleurs, chaque charge doit être traitée de façon spécifique. Il en est ainsi des frais financiers. S'ils dépendent du besoin en fonds de roulement, ils sont également imputables à la structure du bilan. Cela invite à préciser la notion de point mort et de travailler sur une notion de « point mort opérationnel », prenant seulement en compte les charges d'exploitation.

Le niveau de point mort peut dépendre de la période considérée. Au fond, c'est également une chance, car, dans ce cas, il invite à s'interroger sur la recherche d'un trop fréquent équilibre des dépenses tout au long de l'année en dépit des variations saisonnières.

> *Le point mort et le positionnement concurrence peuvent servir d'indicateurs pour lancer une opération de réduction des coûts.*

C'est l'occasion aussi de réaliser des analyses, hors les amortissements, pour se concentrer sur les seules activités opérationnelles.

Toujours est-il que les constituants de l'indicateur point mort permettent d'identifier :

- de combien l'entreprise est en dessus de son point mort ;
- quelle est l'évolution du point mort sur plusieurs périodes ;
- quelle est l'évolution du profit.

L'indicateur « positionnement concurrence »

La satisfaction du client est souvent utilisée comme fil conducteur pour transformer l'entreprise. Pour être globale, cette démarche devrait intégrer un point de vue complémentaire : la nécessaire compétitivité de l'entreprise dans un marché concurrentiel. En effet, la non-élasticité des coûts entraîne un décalage plus ou moins long porteur de déséquilibres ; les frais fixes ne bougent pas !

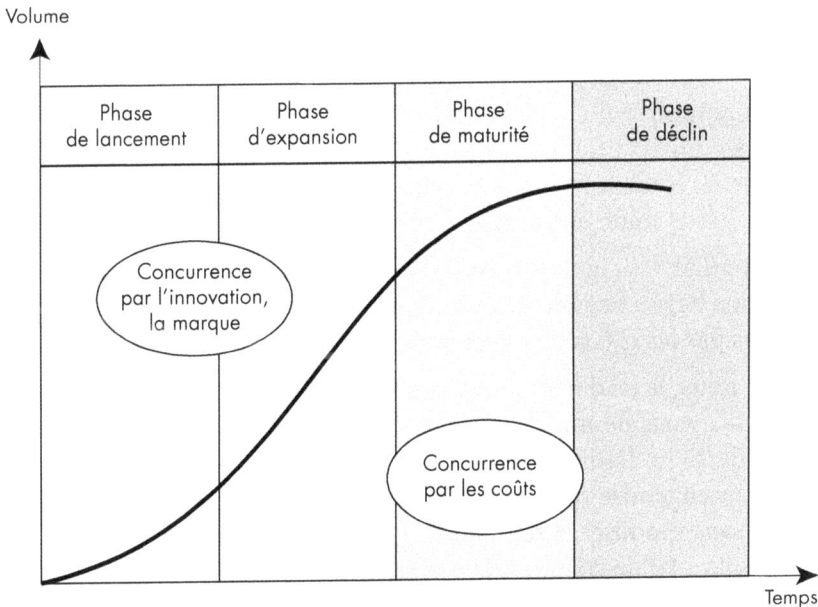

Figure 1. – Stratégie concurrentielle et cycle de vie des produits

Parfois, l'adaptation passe par un changement de la structure de l'organisation pour répondre au marché ; d'autres fois, la conjoncture – par nature capricieuse – et la concurrence, nécessitent une réponse par un changement de prix de vente ; le plus souvent en baisse. Cette baisse des prix conduit à une dégradation de la marge, voire au déficit, et la hausse se heurte à la durée des contrats et aux engagements pris avec les clients et auxquels la concurrence vient offrir une opportunité nouvelle.

L'amélioration du seuil de rentabilité apparaît donc être une nécessité et aussi une chance. Elle conduit à maîtriser les frais fixes qui, par définition, dépendent des seuls savoir-faire de l'entreprise.

Certes, le lancement d'un nouveau produit ou une innovation technologique ou encore l'impact de l'image de marque peuvent aussi faire la différence par rapport aux concurrents. Le client est sans doute prêt à payer plus cher une innovation. La concurrence par l'innovation est une voie. Pour exister, elle n'en comporte pas moins des limites, comme le montre l'éternelle courbe du cycle de vie du produit.

Si, dans les phases de lancement et d'expansion, schématiquement, la concurrence peut se faire par l'innovation, dans les phases de maturité et de déclin, la concurrence se fait généralement par les coûts !

Cette courbe traditionnelle présente une dimension statique ; la réalité est plus diffuse.

Le marché des microprocesseurs illustre parfaitement ce point de vue.

Le leader mondial, pour faire face au retour des concurrents, doit non seulement accélérer l'innovation, mais également abaisser le prix des puces.

Dans le même temps, il est clair également que, selon les métiers, la concurrence par les coûts contient ses propres limites, surtout si elle a un caractère obligé. Même les leaders mondiaux, dans leur métier, ne sont pas à l'abri d'une crise, c'est le lot de toute entreprise.

Le leader mondial des cigarettes en fit l'expérience il y a quelques années. Il dut procéder à une baisse brutale des prix pour reconquérir ses parts de marché en Asie, rongées par les cigarettes sans marque.

Plus près de nous, le leader mondial des téléphones mobiles, en panne d'innovation, voit ses parts de marché mondial passer entre 2008 et 2011 de plus de 38 % à près de 25 %. L'adaptation par les coûts mise en œuvre pour faire face à cette situation engendre des licenciements sans cesse renouvelés, comme une vis sans fin, sans modifier la tendance. Il se trouve que la concurrence chinoise sur les produits à faible coût aggrave la situation.

Cela confirme l'effet de levier généré par la réduction des coûts. Mais il n'a de pertinence que mis au service du développement et de l'innovation. Cela confirme également qu'appliquer aux frais fixes le principe de précaution, c'est-à-dire maîtriser les coûts, conduit à améliorer la productivité, au sens large, car l'entreprise porte en elle-même des myopies génératrices de surcoûts.

> La maîtrise des coûts demande à la fois « d'agiter » les processus et d'entreprendre une démarche d'amélioration continue.

DEUX PRINCIPES

À ces deux indicateurs, il convient d'ajouter deux principes : travailler en termes de processus, comme cela apparaît dans les remarques précédentes, et rechercher de préférence une optimisation continue et réelle des coûts.

Les processus

L'entreprise vit de processus. Or, paradoxalement, les questions de productivité et de coûts qui s'y posent ne sont pas sous contrôle. Si l'organigramme définit les zones d'autonomie, leurs interfaces sont rarement pilotées. Les démarches qualité et la recherche de la satisfaction des clients ont changé la donne. Le processus trouve une place réelle, il convient d'adapter cette mise en avant à la maîtrise des coûts. Encore faut-il s'en tenir aux seuls process métier.

L'optimisation continue

Les opérations de réduction des coûts sont trop souvent des démarches « one shot » ; souvent, seul un événement exceptionnel ou une crise en est à l'origine. Les économies dégagées alors montrent qu'une mise sous contrôle continu aurait permis une optimisation des coûts quand bien même les résultats eussent été moins spectaculaires. Mais surtout, l'analyse de la valeur menée à cette occasion montre que l'entreprise en sort renforcée et plus performante.

L'objet de ce livre est précisément de proposer des méthodes et des outils qui se superposent fortement aux habitudes.

Mettre en place une maîtrise continue des coûts n'exclut pas d'utiliser les outils proposés, au contraire ! Les seules incantations à maîtriser les budgets, voire à les réduire, ne permettent qu'un premier niveau d'économies, certes toujours utile mais peu performant.

Chapitre 1

Une démarche globale

La démarche globale pour réduire les coûts comporte essentiellement quatre aspects :

- l'analyse diagnostique et le déclenchement de l'opération de réduction des coûts ;
- les outils à utiliser pour éviter une simple incantation, et éviter les erreurs ;
- la méthode à mettre en œuvre pour identifier les économies ;
- la mise en place de ces économies et leur suivi.

Le diagnostic vise à identifier où sont les pistes d'économie, d'abord à « grosses mailles », et ensuite dans leur détail. Il s'agit en quelque sorte d'une démarche entonnoir.

Réduire les coûts, c'est faire parler les chiffres.

C'est l'occasion d'identifier sur l'ensemble des dépenses, celles qui ne font pas l'objet d'achat extérieur – les frais fixes en général – et qui, très souvent, par manque d'habitude, ne sont pas ou peu estimées. Une opération de réduction des coûts implique donc de mesurer et de faire parler les chiffres, bien que cela ne soit pas forcément facile.

Une complication supplémentaire apparaît, compte tenu des implications sociales, l'objectif de réduire les coûts va de pair avec la méthode utilisée pour y parvenir. Les opérations de réduction des coûts sont des opérations sensibles pour les collaborateurs. Cela d'autant plus qu'elles sont trop souvent décidées brutalement à l'occasion de phases difficiles ou de périodes de crise pour l'entreprise. Aussi engendrent-elles des angoisses peu propices à un travail efficace. Le choix de la méthode d'intervention est donc tout aussi important que les solutions à trouver.

Parallèlement, pour être efficace, une opération de réduction des coûts doit éviter la simple incantation et utiliser une « boîte à outils », pour à la fois identifier les pistes de réduction et définir un plan d'action concret pour les mettre en œuvre en fonction du domaine d'activité analysé. C'est aussi un moyen pour éviter, en agissant trop vite, que certaines décisions conduisent à des surcoûts inattendus.

Les éléments de cette boîte à outils peuvent être utilisés pour « agiter » et comprendre le pourquoi des dépenses de l'entreprise dans son ensemble, ou celles d'un département ou d'un service. Ainsi, les outils seront différents selon les domaines analysés.

Dans un premier temps, nous illustrerons la démarche diagnostique à partir du compte de résultat (exemple de l'entreprise CL). Puis nous décrirons les différents éléments de la boîte à outils et leur utilisation. Ces éléments seront illustrés en utilisant le cheminement de l'exemple de départ.

LE DIAGNOSTIC

Au fond, il n'existe pas de typologie spécifique relative au déclenchement d'une opération de réduction des coûts. En l'absence d'une politique de pilotage continu des coûts, le plus souvent, une crise sert de facteur déclencheur. Si le besoin de réduire les coûts est clair, en revanche, déterminer le niveau, les voies et moyens d'économies s'avère plus compliqué.

Les exemples sont nombreux où, devant une situation dégradée, les opérations d'économies déclenchées génèrent démotivation et agacements pour le personnel, pour un retour somme toute dérisoire et parfois aussi des échecs. Tous les types d'organisations sont concernés. Ce qui est vrai pour l'entreprise l'est aussi pour les services publics où, devant les nécessaires économies, sont visées en premier lieu des dépenses en apparence somptuaires. C'est ainsi que sont supprimées, à la va-vite, les subventions aux associations culturelles, comme d'autres cherchent à réduire les notes de frais dans les entreprises ! Ce type de mesure est toujours très en deçà des besoins d'économies et n'ont parfois même pas de contribution à caractère symbolique, sauf pour le décideur. Mais surtout, cette pratique restrictive n'engendre aucune action de progrès. Or, on le verra, réduire les coûts entraîne aussi des améliorations sensibles des process.

Les différents éléments de la boîte à outils (voir tableau 1.1) donnent les moyens d'agir en profondeur. Ils sont illustrés concrètement dans les autres chapitres du livre.

> *Réduire les coûts : pas d'incantations mais des méthodes et des outils.*

Pour lancer une opération de réduction des coûts, il importe de répondre entre autres aux questions suivantes :

- Sait-on ou non, le niveau d'économies à atteindre ?
- Veut-on agir dans un secteur ou un service isolé ou dans plusieurs départements ?

◈ L'ensemble de la structure est-il concerné ?

◈ Souhaite-t-on profiter de la réduction des coûts pour « agiter » l'organisation ?

◈ Cherche-t-on à connaître le potentiel d'économie existant ?

Selon les réponses à ces questions, certains éléments de la boîte à outils pourront être privilégiés, pris isolément ou de concert. Le tableau 1.1 ci-dessous propose une typologie des outils, selon la nature de l'analyse à mener.

Il faut insister sur la maîtrise des éléments de la caisse à outils, qui permettent de munir le décideur de réels moyens pour réduire les coûts, quand bien même ces derniers pourraient apparaître un peu rébarbatifs.

Tableau 1.1 – Éléments de la boîte à outils selon la nature de l'analyse à mener

ÉLÉMENTS DE LA BOITE À OUTILS		STRUCTURE		DÉPENSES		FONCTIONNEMENT
		Service/ Unité	Groupe	Service/ Unité	Groupe	Unités opérationnelles
Analyse fonctionnelle		X	X			
Analyse par processus		X	X			
RCP	Portefeuille clients					X
	Portefeuille produits					X
	Portefeuille fournisseurs					X
Consommations et contrats				X	X	
Démarche qualité			X		X	X
Opération – 40 %		X		X		X
AVA		X	X	X	X	X
BBZ		X	X	X	X	

Dans tous les cas, le choix se situe entre :

◈ soit dire : « J'ai besoin de X millions d'économies pour atteindre l'objectif. » Dans ce cas, il s'agit dans un premier temps d'identifier où, comment et avec quels moyens y parvenir ;

◈ soit laisser les analyses définir le niveau potentiel d'économies dans l'entreprise ou dans le service analysé.

Notre expérience conduit à mixer les deux approches. Si seul un département ou un service isolé est concerné, il est possible de se limiter à identifier les économies potentielles, sans a priori. Il s'agit alors plus d'une analyse de productivité administrative ou d'une analyse de la valeur. Cette démarche s'applique aussi bien dans les organismes privés que dans les services publics.

Exemple

C'est ainsi qu'à l'exemple de la Région Alpha, il est possible de remettre en cause le budget pour réaliser des économies, tout en conservant les objectifs prioritaires.

D'une façon générale, le budget de cette région se décompose en deux, voire trois domaines : le budget de fonctionnement, le budget d'intervention et le budget d'investissement, ces deux derniers pouvant être regroupés. L'opération réduction de coûts démarre en prenant en compte la différence de nature entre ces deux groupes de budget. Le budget de fonctionnement est lié à l'activité des services. Les budgets d'intervention et d'investissement sont, eux, à la quasi-discrétion des décideurs.

Réduire les coûts : privé/public, une même démarche.

Pour ce qui est des dépenses de fonctionnement, celles-ci font l'objet du diagnostic classique d'amélioration de la productivité administrative et fonctionnelle et de la réduction des coûts, tel que décrit ci-après.

Pour ce qui concerne les budgets d'intervention et d'investissement, la démarche est différente. Elle compte deux niveaux d'analyse. Premièrement, identifier et mettre en avant les objectifs de la Région Alpha, et deuxièmement, attribuer à chaque ligne des budgets une note de risque qu'il y aurait pour la Région à ne pas réaliser la dépense envisagée.

La prise en compte du risque consiste en une évaluation, notée de 1 à 4, selon le niveau de risque encouru, du fait de la non-réalisation de la dépense analysée (voir annexe Optimiser les structures et les coûts, une démarche participative) :

* niveau 1 : le risque implique un incident entraînant un désagrément ponctuel pour les habitants (ou clients). Dans ce cas, la dépense peut réellement attendre ;
* niveau 2 : il existe un risque secondaire pour une zone ou un groupe d'habitants ciblés. Le trouble pouvant être plus ou moins long et provoquer une gêne passagère ;
* niveau 3 : l'absence d'intervention implique un risque majeur pour les habitants (ou les clients) ;
* niveau 4 : il implique un risque critique pour les habitants (les clients) ou les équipements de la Région. Dans ce dernier cas, la dépense est urgente.

Dans l'exemple de notre Région Alpha, trois objectifs et les risques y affairant sont retenus :

* la sécurité ;
* le développement ;
* un objectif spécifique : l'attractivité.

Les dépenses d'investissements ou d'interventions seront chacune regardées selon les quatre critères de risques identifiés. Cette pratique bannit pour la Région, au moins en partie, les habituelles suppressions de subventions aux associations culturelles tout en conduisant plus certainement aux économies souhaitées.

Toutefois, dire le niveau d'économie attendue est sans doute l'élément le plus mobilisateur pour parvenir à l'objectif. Cela présente l'avantage de partager un objectif d'économie globale et de mobiliser autour du résultat à atteindre sans agir uniformément partout.

Cette pratique évitera les mesures générales souvent peu cohérentes, comme c'est le cas actuellement de la politique de non-remplacement d'un fonctionnaire sur deux qui, comme on pouvait s'y attendre, s'avère impossible à appliquer dans un certain nombre de secteurs et surtout mobilise les ressentiments.

> *Pour mobiliser les acteurs, préciser :*
> * *le niveau d'économie attendue ;*
> * *la méthode pour y parvenir.*

L'option du contrôle continu des coûts est évidemment une piste. Ainsi, pour maîtriser les coûts administratifs et fonctionnels, l'entreprise Y met sous contrôle la productivité de chacun des services à chaque demande d'augmentation des effectifs. De fait, chaque chef de service sait, par avance, que chaque demande de personnel supplémentaire fera l'objet d'une analyse diagnostique de son service. Il est curieux de constater que certains services préfèrent s'auto-organiser plutôt que de passer « à la moulinette » du diagnostic ! Mais les coûts sont maîtrisés, du moins au niveau existant et surtout des adaptations/simplifications mises en œuvre.

L'analyse du compte de résultat est un bon moyen de chiffrer, à « grosses mailles » dans un premier temps, le montant des économies à réaliser et la nature des postes concernés.

Le diagnostic détaillé permettra, ensuite, de définir la contribution des différents départements ou des différentes dépenses à cet objectif global et les moyens pour y parvenir.

> *Se préparer à mesurer.*

Pour réaliser ce diagnostic, trois éléments sont nécessaires, connus et disponibles en permanence :

- le compte de résultat, dans le format pratiqué par l'entreprise ;
- le tableau des effectifs ; ventilé par catégorie, répartition directs/indirects et nature des contrats (CDD, CDI) ;
- les volumes produits ou vendus.

On cherchera à obtenir sur ces trois informations, une évolution sur trois ou quatre années.

Il ne s'agit évidemment pas d'entreprendre une analyse financière complète. Le compte de résultat doit permettre de :

- dire le niveau objectif d'économies à atteindre (combien ?) ;
- déterminer les hypothèses de piste d'économies (où ?) et identifier les risques encourus (faisabilité a priori) ;
- réviser l'objectif d'économie de départ ;
- définir une méthode de travail (comment ?) pour mettre en œuvre la démarche de réduction des coûts.

En ce qui concerne le choix de la méthode de travail, le plus souvent, une démarche participative est plus porteuse d'économies sur le moyen terme car, souvent, il s'agit de remettre en cause des pratiques et des comportements. De plus, la participation de personnel est incontournable pour analyser le travail. Il est clair toutefois que si cette approche globale conduisait à des opérations de diminution d'effectifs, il serait étrange de mener une démarche participative accentuée, ce qui reviendrait à demander au personnel de scier la branche sur laquelle il est assis !

L'analyse commence donc par un pré-diagnostic « en chambre », à partir des trois documents mentionnés ci-dessus. Au-delà des chiffres, cela permet aussi aux décideurs de définir les objectifs de réduction et de préciser le cahier des charges de l'opération vis-à-vis des intervenants, internes ou externes, en décrivant au mieux le problème posé.

Être clair dans la définition du problème posé et des objectifs.

Exemple

Le cas de l'entreprise CL illustre la démarche. À partir des prévisions 2011, la direction souhaite mettre en œuvre une opération de réduction des coûts visant à retrouver le résultat opérationnel des années 2008-2009, ce qui représente des économies de l'ordre de 12 à 15 millions d'euros.

Les trois éléments sont repris dans les trois tableaux ci-après.

Tableau 1.2. – Le compte de résultat

M€	2007		2008		2009		2010		P 2011	
Chiffre d'affaires	90	100 %	115	100 %	114	100 %	87	100 %	82	100 %
Coût d'acquisition des ventes	− 64	71 %	− 76	66 %	− 81	71 %	− 64	74 %	− 61	74 %
Marge brute (A)	26	29 %	39	34 %	33	29 %	23	26 %	21	26 %
Frais commerciaux (a)	− 8	8 %	− 13	12 %	− 13	12 %	− 13	16 %	− 13	16 %
Frais administratifs (b)	− 4	5 %	− 7	6 %	− 7	7 %	− 7	8 %	− 8	9 %
Sous-total dépenses (B = a + b)	− 12	13 %	− 20	18 %	− 20	19 %	− 21	24 %	− 21	26 %
Résultat opérationnel (A − B)	13	16 %	19	16 %	13	11 %	3	3 %	0	0 %

Le compte de résultat laisse apparaître que :

- le coût d'acquisition des ventes, qui pèse 74 % du chiffre d'affaires, a dérapé de 3 à 8 points selon la période de référence, et la marge brute en est impactée d'autant ;
- les frais commerciaux, s'ils sont restés stables en valeur absolue à 13 millions d'euros, ont dérapé eux aussi pesant 16 % du chiffre d'affaires contre 8 % et 12 % précédemment ;
- les frais administratifs suivent la même dérive.

En première analyse, le succès des années 2008-2009 a, semble-t-il, entraîné une dérive des dépenses fixes ; et dans notre cas, la crise arrivant brutalement, et comme souvent, le chiffre d'affaires a baissé et les charges fixes, elles, sont restées : ce qui n'est pas une surprise, mais se traduit dans les comptes.

Tableau 1.3. – L'évolution des effectifs

	2007	2008	2009	2010	P 2011	Δ11/07
EFFECTIF TOTAL	517	573	601	639	622	20 %
EFFECTIF « DIRECT »			529	514	510	

L'évolution des personnels suit les mêmes dérives que le compte de résultat. Notons que pour cette analyse, il convient de travailler à partir d'effectif en volume plutôt qu'en coût salarial. Cela permet de mesurer la productivité.

Deux indications immédiates :
- sur la période 2007-2011, alors que le chiffre d'affaires a baissé de 8 %, les effectifs, eux, sont en hausse de 20 %. Cette situation est d'ailleurs compréhensible ; 11 points de l'accroissement des effectifs sont liés à l'absorption de l'accroissement des ventes en 2008 ;
- toutefois, il apparaît, et ce sera une piste d'investigation complémentaire, que ce sont les effectifs indirects qui ont augmenté et non les effectifs directs, réduits au contraire (passés de 529 à 510). L'entreprise semble s'être donnée du confort. Il conviendra d'en examiner le pourquoi.

Tableau 1.4. – Les volumes de production

	2007	2008	2009	2010	P 2011
Volumes (en milliers)	372	411	456	417	226

Le tableau ci-dessus permet d'évaluer globalement l'évolution de la productivité industrielle sur les trois dernières années :
- en 2009, l'entreprise produisait 1 000 articles par personnel direct ;
- en 2010, 810 articles par personnel direct ;
- en 2011, seulement 444.

Cela confirme la non-élasticité des effectifs devant la baisse des commandes. Par ailleurs, la productivité absolue (production/effectif total) laisse apparaître, elle aussi, une baisse de 10 points.

Nous disposons donc d'indices pour une opération de réduction de coûts qui peuvent se mesurer en comparant globalement les comptes 2010 et la prévision 2011 aux résultats de 2007-2008.

Trois postes sont concernés :
- le coût d'acquisitions des ventes, de l'ordre de 6 millions d'euros (– 12 %) ;
- les frais commerciaux, 3 millions d'euros (– 11 %) ;
- les frais administratifs, 2 millions d'euros (– 20 %).

À « grosses mailles », l'objectif des économies est de l'ordre de 11 millions d'euros, soit 13 % en deçà de l'objectif initial de 12 à 15 millions d'euros. Reste une possibilité : examiner l'hypothèse de faire passer aux clients une augmentation des prix de ventes (+ 3 %) pour ce complément.

A priori, cela peut paraître délicat dans la mesure où la prévision 2011 indique une baisse du chiffre d'affaires. L'atteinte de l'objectif global est donc à trouver dans la productivité des process.

À ce stade, il convient d'examiner – selon notre démarche entonnoir – chacun des grands enjeux.

> *La réduction des coûts remet en cause les pratiques des processus opérationnels.*

Le coût d'acquisition des ventes est constitué :

- de la productivité industrielle (dont la chute des volumes a entraîné une baisse de l'ordre de 25 à 30 %). L'enjeu est l'équivalent d'une centaine de postes. Ce chiffre apparaît irréaliste a priori. En revanche, l'étude des contrats, en particulier du nombre de CDD, laisse entrevoir la possibilité de marges de manœuvre. Par hypothèse, il convient d'examiner l'augmentation de la productivité usine. A priori, le contexte semble conduire à envisager cette amélioration sur une période de 2 à 3 ans. Cela veut dire que les économies liées à la productivité industrielle devraient se lisser sur cette période et non à court terme ;
- des achats de matières premières et de sous-traitance, où l'on peut espérer trouver entre 1,5 et 2 millions d'euros d'économie. Deux pistes se dégagent. Pour les achats, il s'agit d'économiser 10 % sur les prix. En ce qui concerne les sous-traitants, et ce serait sans doute l'hypothèse la plus favorable, on pourrait réintégrer dans l'usine une partie des travaux confiés à l'extérieur. Cela permettrait à la fois des économies directes et, par contre-coup, d'améliorer la productivité usine. Toutefois, les opérations de sous-traitance faisant partie intrinsèque du métier, là aussi il est probable que des contraintes humaines et économiques limitent les marges de manœuvre. En effet, la pérennité des sous-traitants ne doit pas être négligée ;
- du coût de développement produits intégré à ces dépenses. Celui-ci a explosé dans la période faste précédente. L'effectif du département s'est accru sensiblement pour répondre à la demande. Revenir à une certaine sagesse permettrait d'envisager une économie de l'ordre d'1,5 million d'euros en retrouvant les chiffres de 2008-2009. Mais surtout, au-delà des économies d'ores et déjà pointées, une nouvelle piste d'investigation se présente à nous. L'offre produits proposée aux clients n'est-elle pas devenue trop importante et trop étendue ?

Il est permis de s'interroger. La loi des 20/80 réserverait-elle des surprises positives ? Revisiter le portefeuille références devrait probablement assurer des économies directes de création et développement. Mais aussi, retombée collatérale, la réduction de l'offre devrait permettre un allongement des séries et, par là, être une nouvelle source d'amélioration de la productivité de l'usine.

L'offre produits n'est en fait que le résultat du travail réalisé au développement produits, en liaison avec le chef de produits. Selon les entreprises, le poids réel de ces derniers peut largement accroître le nombre de créations/modifications sans être pour autant retenu. À ce stade, il convient d'approfondir l'analyse.

Le développement produits, dans notre cas, doit mesurer la « perte au feu ». Avant de sélectionner une référence et de l'introduire dans le catalogue produits, combien est-il nécessaire de réaliser de prototypes ? Nous entrons là dans le cœur du métier. Il se trouve (nous y reviendrons au chapitre 3) que le rapport nombre de prototypes/nombre de références est proche de deux ; cela veut dire que deux prototypes sont créés pour une seule référence sélectionnée ; ce chiffre est-il optimal ?

En ce qui concerne les frais commerciaux, autres que ceux liés directement aux produits, il s'agit de trouver 3 millions d'euros. Les modalités de présentation des produits aux clients, donc des ventes, doivent conduire à agiter la pratique commerciale. Doit-on continuer à aller vers nos clients ou, au contraire, les attirer vers les show-rooms ?

En ce qui concerne les charges administratives, il s'agit de trouver 2 millions d'économies. Une revue des différents services concernés suppose, à l'envi, un certain archaïsme administratif. C'est ainsi que l'effectif de la facturation clients laisse penser que celle-ci pourrait être encore manuelle ! Ce n'est sans doute pas le cas ; mais alors pourquoi l'effectif facturation est-il si important ? C'est une des pistes d'amélioration de la productivité administrative.

Le parcours rapide des comptes laisse apparaître une quatrième piste, imprévue celle-ci : la dégradation du chiffre d'affaires. Le nombre d'avoirs établis en faveur des clients, qui viennent diminuer le chiffre d'affaires, apparaît hors norme. Ramener les pertes de chiffre d'affaires au niveau habituel de la société devrait permettre d'améliorer les comptes de l'ordre de 1 à 2 millions d'euros.

> *Attention ! Analyser les causes de dégradations.*

Sous réserve d'une analyse des « causes d'avoirs », on peut là encore imaginer, non seulement une diminution des « déséconomies », mais également une réduction des coûts qui consiste à réduire les causes de non-qualité (retours de marchandises, retards dans les délais de livraisons, source de cette dégradation du chiffre d'affaires).

Les hypothèses de départ sont satisfaisantes et proches de l'objectif initial. L'objectif d'économies est clair et quelques hypothèses devraient être validées. Pour cela, il convient d'approfondir le diagnostic et d'utiliser sur le terrain une boîte à outils logique pour éviter des incantations ou des décisions brutales.

Les différents éléments de cette boîte à outils présentés ci-après vont permettre de vérifier, d'infirmer ou amplifier dans le détail les économies identifiées à « grosses mailles » et « en chambre ».

LES ÉLÉMENTS DE LA BOÎTE À OUTILS

La réduction des dépenses comporte une boîte à outils qui recouvre cinq domaines qui peuvent être travaillés ensemble, ou séparément (voir figure 1.1).

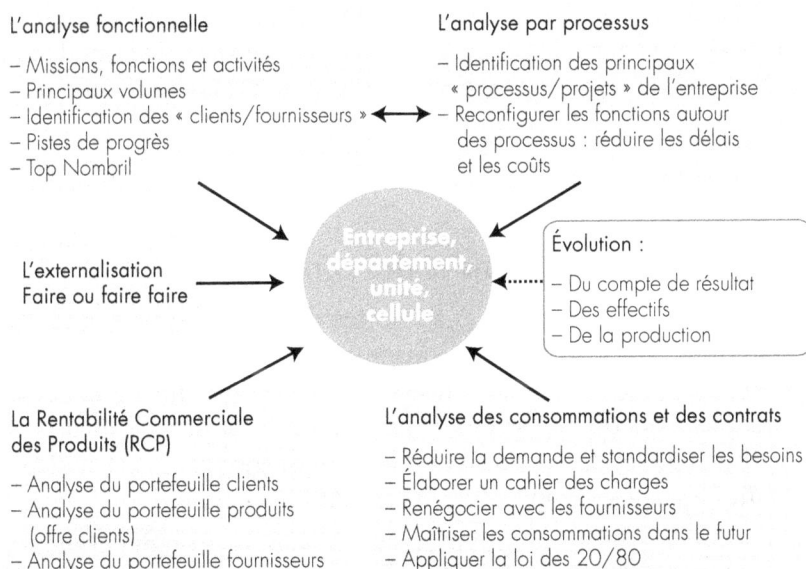

L'analyse fonctionnelle

– Missions, fonctions et activités
– Principaux volumes
– Identification des « clients/fournisseurs »
– Pistes de progrès
– Top Nombril

L'analyse par processus

– Identification des principaux « processus/projets » de l'entreprise
– Reconfigurer les fonctions autour des processus : réduire les délais et les coûts

L'externalisation
Faire ou faire faire

Entreprise, département, unité, cellule

Évolution :
– Du compte de résultat
– Des effectifs
– De la production

La Rentabilité Commerciale des Produits (RCP)

– Analyse du portefeuille clients
– Analyse du portefeuille produits (offre clients)
– Analyse du portefeuille fournisseurs

L'analyse des consommations et des contrats

– Réduire la demande et standardiser les besoins
– Élaborer un cahier des charges
– Renégocier avec les fournisseurs
– Maîtriser les consommations dans le futur
– Appliquer la loi des 20/80

Figure 1.1. – Boîte à outils pour réduire les coûts

L'analyse fonctionnelle

C'est une approche classique qui, sans modification profonde des missions de l'entité analysée, permet d'améliorer la productivité des services administratifs et fonctionnels.

Cette analyse permet d'optimiser l'utilisation des ressources, sans modifier les objectifs d'un département ou d'un service, sans détériorer et, mieux, en améliorant la qualité du service fourni.

Réduire les coûts peut souvent améliorer le service rendu au client.

L'analyse des processus et des projets

Elle peut conduire à reconfigurer certaines pratiques de l'entreprise, en menant l'analyse sur les interfaces entre les entités analysées.

Il s'agit d'identifier un processus complet, donc transverse, et, éventuellement, de remettre en cause les missions telles qu'elles existent en prenant comme facteur clé la priorité donnée aux clients. Comme nous l'avons souligné, ces processus sont rarement mis sous contrôle en tant que tel. Les processus, ainsi identifiés et redéfinis, peuvent être analysés également sous l'angle des coûts, permettant de répondre également plus facilement à l'éternelle question : « Faire, faire autrement, ou faire faire ? ».

Souvent, l'analyse des coûts permet également de mettre sous contrôle et de réduire les délais. Ce sous-produit de l'analyse est loin d'être négligeable ; il peut être une voie pour entrer dans l'organisation. C'est ainsi que souvent l'objectif de diminuer les délais d'édition du reporting nécessite de revoir les pratiques en amont.

Gagner sur les délais, c'est aussi gagner sur les coûts !

L'analyse des consommations et des contrats

Il s'agit de mettre sous contrôle les dépenses de frais généraux. Cette analyse porte avant tout sur les volumes consommés puis, et seulement après, de remettre en cause les prix et les contrats. Cela implique une connaissance des consommations « en interne ». Ces consommations sont le fruit de « l'art de vivre » de l'entreprise, de ses pratiques, de ses contraintes. Il est indispensable d'en identifier les causes pour définir ensuite un juste besoin.

En effet, il est plus efficace du point de vue de la réduction des coûts de diminuer, par exemple, la consommation d'une bouteille d'eau minérale, que d'obtenir une baisse du prix d'achat de cette même bouteille !

Pour ce qui est des consommations, il convient de redéfinir le juste besoin.

La rentabilité commerciale des produits (RCP)

Les diverses activités de l'entreprise conduisent naturellement à accroître le nombre de clients, le nombre de produits (ou de références, ou de SKU [*stock-keeping unit*]) ou encore le nombre de fournisseurs. Sauf que soudain, la loi des 20-80 s'applique à merveille. Par exemple, l'activité des services commerciaux est accaparée par 80 % des clients qui ne réalisent que 20 % du chiffre d'affaires et qu'il ne reste de ce fait que 20 % de temps à consacrer à ceux qui représentent eux, 80 % du chiffre d'affaires. Non seulement ces derniers n'ont probablement pas le service qu'ils sont en droit d'attendre, mais qui plus est, le coût du traitement administratif est extrêmement alourdi, sans une efficacité réelle.

L'externalisation

La mise en œuvre d'une opération de réduction des coûts, en liaison avec l'analyse des processus, est une bonne opportunité pour « agiter » l'organisation et pour réexaminer l'alternative « faire » ou « faire faire ». Sans aller jusqu'à la fameuse entreprise « sans usine », la sous-traitance peut s'avérer être une opportunité efficace. Toutefois, la mondialisation illustre, à l'envi, les opportunités et les contraintes sociales créées par l'externalisation. Aussi, il paraît important d'intégrer à l'analyse les conséquences sociales et humaines d'un tel choix eu égard à la nécessaire compétitivité. Celle-ci reste néanmoins pertinente pour l'ensemble des activités déployées par l'entreprise. On ne peut négliger le fait que la sous-traitance, ponctuelle ou permanente, peut réduire sensiblement les coûts, tout en offrant des occasions de flexibilité à l'entreprise.

Ainsi, lors du lancement d'un nouveau médicament, le succès n'est jamais gravé dans le marbre ; sous-traiter les premiers lancements pour connaître la réaction du marché et de son impact sur les volumes vendus est une source sérieuse de productivité et de maîtrise des coûts.

Dans l'analyse, tenir compte des conséquences humaines et sociales.

Pour les achats, qui est le mieux placé pour faire quoi ?

Cette mise à plat des pratiques est l'occasion de redéfinir les zones d'autonomie en ce qui concerne la négociation avec les fournisseurs. La tendance de certaines entreprises à tout centraliser n'est pas la garantie d'un optimum. De fait, il sera plus efficace de centraliser au niveau d'un groupe certains types d'achats (par exemple, les achats de transports). Dans d'autres cas, on pourrait se limiter à une centralisation « à mi-chemin » d'une branche ou d'une *business unit* ou encore au niveau d'une entité juridique.

Examinons ces différents outils dans leur détail.

L'ANALYSE FONCTIONNELLE

L'analyse fonctionnelle a pour objectif d'améliorer localement, mais pas seulement, la productivité dans une unité administrative ou fonctionnelle (par exemple, finance) ou d'un service (par exemple, comptabilité), toutes choses égales par ailleurs. Elle est décrite en détail dans le chapitre 3 avec des exemples concrets.

Ce type d'analyse permet de mettre à plat chacune des fonctions, de l'unité analysée en simplifiant les pratiques, activités et procédures. Elle permet de décrire l'activité du poste de travail administratif et fonctionnel à l'exemple de la figure 1.2.

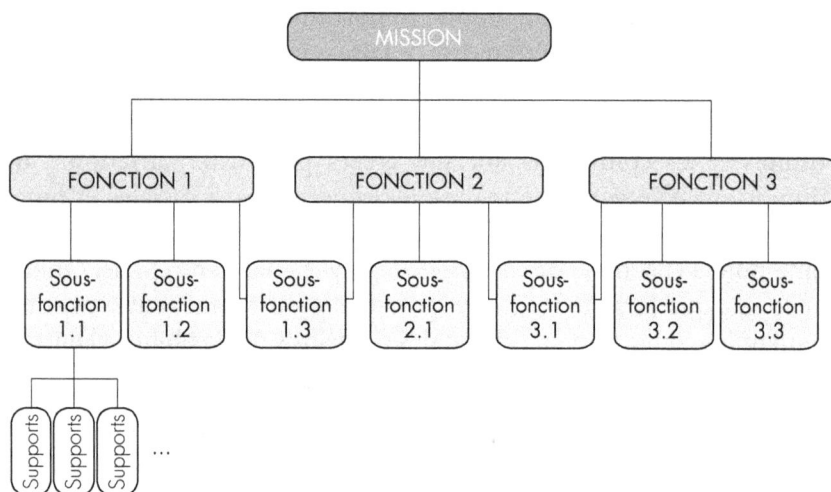

Figure 1.2. – Cadre de l'analyse fonctionnelle

Dans ce cadre, il s'agit d'identifier pour chacune des activités :

- la mission : pourquoi l'activité existe-t-elle ? Quel est le résultat attendu, sa finalité ?
- les fonctions, nécessaires à la réalisation de la mission ;
- les sous-fonctions pour réaliser les fonctions ;
- les documents et les supports utilisés ;

- la volumétrie : il s'agit d'identifier les volumes traités dans l'activité considérée (nombre de factures, nombre de commandes clients, nombre de lancements en fabrication…) et de faire parler les chiffres, en établissant des ratios (nombre de factures par homme et par jour, par exemple), des comparaisons, des évolutions, etc. ;
- les relations : il s'agit d'identifier l'origine, la périodicité et la nature des informations fournies à l'entité analysée. Également, il s'agit de définir la périodicité, la nature et les supports des informations livrés aux clients (internes ou externes).

L'analyse fonctionnelle permet ainsi, de décrire le « qui fait quoi ? ». À partir de cette mise à plat, il est possible de simplifier ou d'identifier et supprimer les doubles emplois… Pour faire vivre l'analyse, celle-ci doit être complétée par une réflexion sur les pratiques avec comme critère de mesure la priorité donnée au client.

Peut-on faire autrement ?

Cette étape permet également d'obtenir des économies substantielles, *ceteris paribus*, et permet de définir des indicateurs de suivi de l'activité administrative.

> *Décrire qui fait quoi.*

Dans l'exemple de la société CL, l'analyse des services administratifs et fonctionnels a permis de confirmer l'hypothèse de départ concernant la facturation clients. Bien sûr, l'édition des factures clients n'était pas manuelle. Mais le logiciel de facturation était peu pratique et nécessitait, à chaque écran, des rappels de données ; les livraisons partielles multipliaient ces interactions. Or, la modification était relativement simple, mais n'avait jamais fait l'objet d'une moindre analyse… comme c'est souvent le cas.

Le passage en revue des différents services (accueil, RH, facturation…) a entraîné l'identification de l'équivalent d'une amélioration de la productivité de près de 20 postes pour une économie potentielle de l'ordre de 600 K euros.

L'ANALYSE PAR PROCESSUS

L'entreprise est constituée de multiples processus. Ces derniers peuvent être locaux (dans ce cas, l'analyse fonctionnelle permet de les mettre sous contrôle simplement) ou transverses.

L'ensemble des améliorations locales, permet :

- de réaliser un premier niveau d'économie par des simplifications de pratiques ;
- d'identifier les besoins de coordination inter-fonctions ;

- d'identifier les principaux besoins de type clients/fournisseurs ;
- d'adapter les pratiques.

Nous visons ici les processus transverses qui concernent plusieurs unités placées sous différentes responsabilités.

L'analyse des processus enrichit le diagnostic. En effet, il s'agit d'analyser la chaîne de valeur des traitements, en examinant les interfaces entre services ou activités. Dans cette optique, l'idée implicite est que l'entreprise vise à ne plus faire payer aux clients (internes ou externes), en termes de délais de réponses, les « turpitudes » liées à une organisation égocentrique.

> **Qu'est-ce qu'un processus ?**
>
> Un processus opérationnel est une suite d'activités qui, à partir d'une ou plusieurs entrées (input), produit un résultat (output), qui a une valeur ajoutée pour le client.

Les processus sont nombreux. Il ne s'agit pas, dans le cadre d'une opération de réduction des coûts, de dresser une « cartographie des processus » comme celle nécessaire à la mise en place d'une démarche qualité. Il convient de se limiter aux principaux processus.

Le chapitre 5 propose une démarche, par processus, adaptée à l'informatique mais très voisine des processus administratifs.

Par exemple, les processus peuvent concerner le traitement des commandes, l'industrialisation des produits, la chaîne fournisseurs… C'est ainsi que la comptabilité fournisseurs est mise sous pression à chaque reporting, pour tenir les délais d'édition, voire les avancer, alors que les services amont sont, eux, en retard pour traiter les demandes d'achats et les valider…

> Pour remettre en cause un processus : donner la priorité aux clients.

Il s'agit d'analyser une chaîne d'activités complète en dehors des structures hiérarchiques et des zones d'autonomies, avec pour fil conducteur la priorité clients. Ce remodelage peut parfois conduire à structurer l'entreprise par projets, par métiers et non par fonctions.

Souvent, la nomination d'un « propriétaire de processus » ou d'un chef de projets, permet de mettre régulièrement sous contrôle le process (au moins deux fois par an) sans modifier la structure. Notons dans ce cas que le succès du travail en processus dépend largement du niveau hiérarchique du dit propriétaire du processus. Il s'agit de faire bouger l'organisation, cela ne peut être confié qu'à un niveau hiérarchique élevé, faute de se heurter aux pesanteurs sociologiques de l'entreprise.

Reste que, sous l'effet de l'internationalisation des activités, les entreprises sont de plus en plus organisées en réseau, aidées en cela par la technologie. Dans ce cadre, les managers sont amenés à répondre en même temps à plusieurs patrons aux priorités différentes.

Les figures 1.3, 1.4 et 1.5 proposent un exemple de reconfiguration du processus industriel et du processus administratif de l'entreprise K, à partir d'une analyse d'une administration des ventes (ADV) et l'intégration de la technologie EDI (échanges de données informatisées).

Exemple

La situation de départ

Une commande client suit globalement 9 étapes depuis la prise d'ordre jusqu'aux éventuelles réclamations (voir figure 1.3).

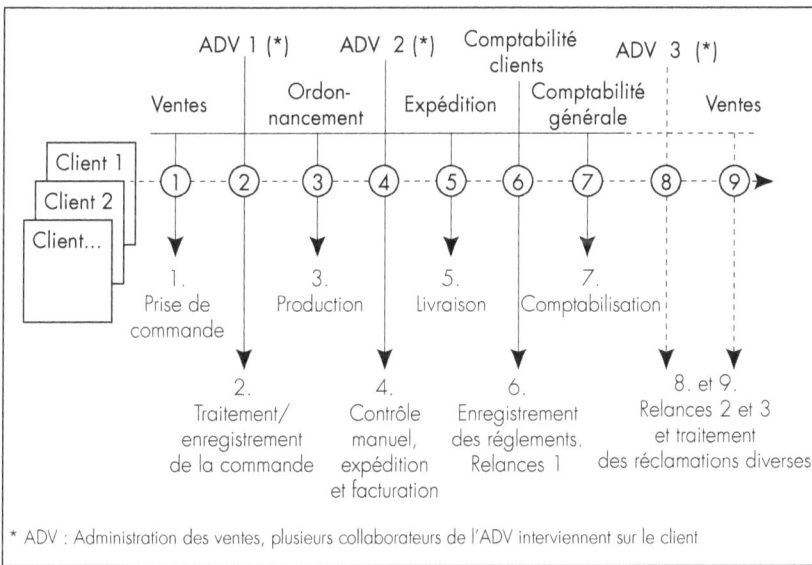

Figure 1.3. – Situation de départ : circuit traditionnel du traitement des commandes clients dans un groupe textile

Dans ce process, tout événement qualitatif survenu à la commande n'est connu que des seuls postes concernés. Ainsi, une erreur de livraison, même partielle, peut entraîner un refus de paiement du client, sans interdire les relances automatiques par la comptabilité qui, sans information, multiplie les habituelles relances 1, 2, 3... Chacun à son niveau, et compte tenu de ses propres objectifs, essaie de reconstituer l'histoire du client. Délais, retards de paiement et insatisfaction du client en sont les conséquences. Cette pratique peut paraître étonnante. En réalité, cette situation est beaucoup plus présente qu'on ne le pense généralement et est cause de surcharge dans le travail.

Le client a plusieurs interlocuteurs et ne sait pas à qui s'adresser : aux commerciaux ? à l'ADV ? à l'entrepôt ? à la comptabilité clients ?...

Bien souvent, plutôt que de remettre en cause le process, la réponse la plus fréquente, si les réclamations clients sont nombreuses, consiste à créer un poste « relations clients », dont on espère ainsi qu'il coordonnera l'ensemble des intervenants internes dans le process.

En fait, cette pratique revient à créer un poste supplémentaire dans la chaîne de traitement. Or, ce nouveau poste, sans changement dans les pratiques, s'avère souvent n'être qu'un simple agent de liaisons, un sparadrap qui facilite la communication entre les services. C'est lui qui enquête sur l'anomalie à la place du client. C'est un mieux qui coûte. Mais les causes de litiges perdurent.

Étape 2

Si l'objectif de départ reste la recherche d'amélioration de la productivité, la mise à plat du process permet d'agiter les pratiques, de répondre aux dysfonctionnements et d'apporter des réponses qualitatives.

Dans un premier temps, le processus administratif de l'ADV est redéfini. Il consiste à regrouper, sur des collaborateurs formés, l'ensemble des questions relatives à un client. Ces collaborateurs sont regroupés par zones géographiques et traitent dans leur territoire ainsi défini un client de A à Z. Le client connaît nominativement son interlocuteur (comme le montre la figure 1.4).

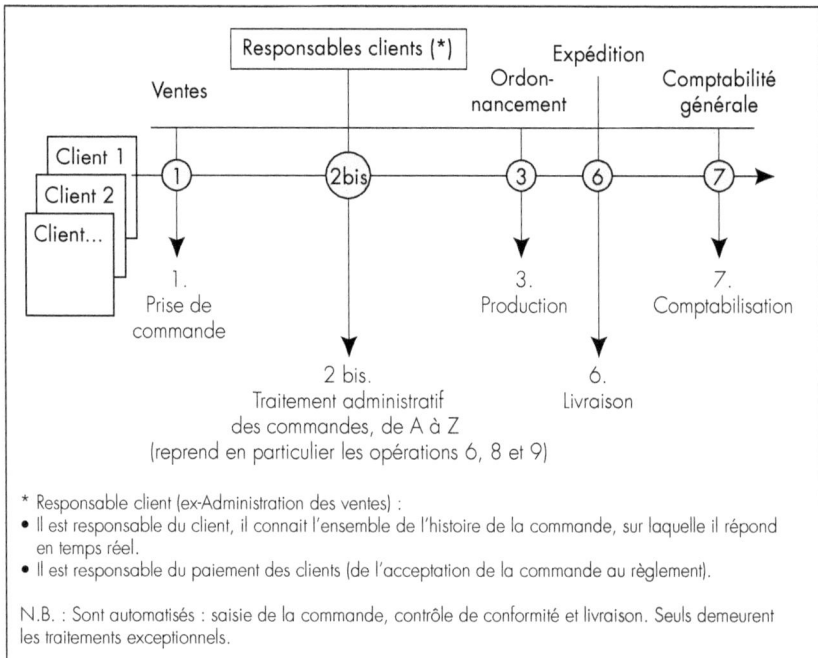

Figure 1.4. – Étape 2 : traitement par processus des commandes clients

Cette reconfiguration a permis d'atteindre un double objectif :

• une économie d'environ 30 % des frais de structure (fusion des tâches de l'administration des commandes et de la comptabilité clients) ;

● une amélioration du service rendu au client, en termes de délais de réponse, de communication et de traitement des litiges. Les retards de paiement baissent également.

Cette nouvelle organisation permet une meilleure connaissance du client. Ainsi, les litiges et les risques ne sont plus traités « à la chaîne » mais font l'objet d'un suivi personnalisé.

À ce stade, l'amélioration supplémentaire – à technologie égale – réside dans la constitution de zones géographiques *ad hoc*, où les process clients, force de ventes et ADV couvrent le même territoire. Ainsi, le triptyque est cohérent, le client connaît son vendeur et l'ADV, et réciproquement.

Réduire les coûts, c'est également mieux connaître son client !

Étape 3

Toutefois, cette remise en cause des pratiques laisse apparaître une autre source de progrès potentiel en modifiant notablement le processus industriel et commercial.

Au schéma classique en vigueur jusque-là – prévisions de ventes, achats de matières premières, lancements fabrication à partir de la connaissance des commandes clients, livraisons, facturations – se substitue « les livraisons sur stock » ; les lancements en fabrication se font à partir des prévisions de ventes.

Ce changement dans le process est accompagné d'une adaptation à la technologie du moment : l'EDI (échange de données informatisées).

La figure 1.5 représente le process à l'issue de l'étape 3.

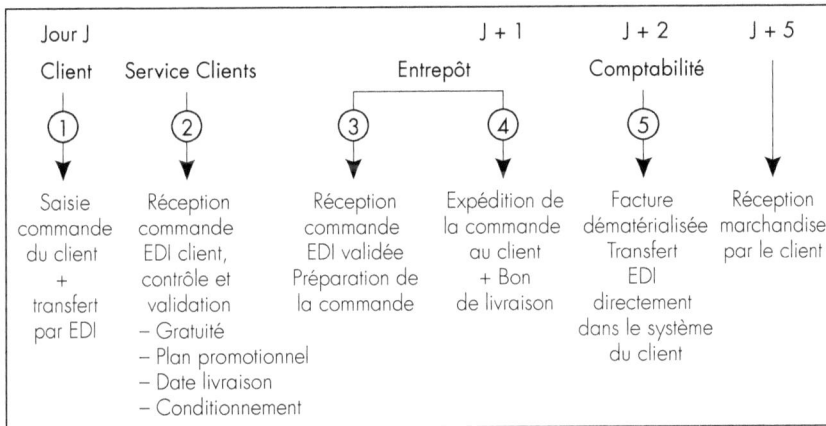

Figure 1.5. – Étape 3 : process industriel et commercial

Comme indiqué dans le schéma, ce changement de processus accélère notablement les délais. Entre la saisie des commandes, directement par le client, et la réception des marchandises achetées, le délai est réduit à 5 jours !

La difficulté se transfère à l'art des prévisions de ventes.

L'ADV se transforme en réel « service clients » et ne traite plus que les seules exceptions. Quand le process ne subit aucune anomalie, seul l'entrepôt effectue des opérations manuelles.

Les données relatives aux commandes des clients sont reçues, en temps réel, via le transfert EDI.

Toutes les données EDI sont contrôlées automatiquement dès réception par le service clients, pour validation avant transfert à l'entrepôt.

L'EDI permet :

- la suppression de la saisie des commandes par l'assistante commerciale ;
- la préparation des commandes par l'assistante (recherche du code client, lieu de livraison, codification client...) ;
- la suppression des doublons de commandes ;
- la suppression des factures papier ;
- la suppression de l'expédition des factures par courrier postal ;
- la réduction des délais de livraisons...

> *Réduire les coûts est une opération gagnant/gagnant.*

Cette transformation se révèle être gagnant-gagnant pour l'entreprise et le client : c'est le circuit client parfait !

Cet exemple montre que les opérations de réductions de coûts peuvent largement dépasser leur objectif premier. Les analyses administratives (fonctionnelle et processus) menées dans leurs détails conduisent aussi à apporter un regard nouveau sur l'organisation et entraînent des améliorations qualitatives non prévues au départ.

L'ANALYSE DES CONSOMMATIONS ET DES CONTRATS

L'objectif d'une opération de réduction des coûts relative aux consommations et aux contrats est une voie complémentaire et globalement indépendante de l'action d'amélioration de la productivité des structures. Elle vise à réduire les frais généraux (voir chapitre 5). C'est un judicieux complément à l'analyse des processus car les consommations traversent l'entreprise dans son ensemble, sans qu'un service ou une division ne soit a priori mis en avant[1]. Sauf à diminuer leur consommation, les « consommateurs internes » ne disposent pas toujours de moyens, à leur niveau, pour optimiser et donc remettre en cause les contrats.

> *Pour réduire les consommations : comprendre le mode de vie lié au métier.*

La réduction des consommations repose sur cinq principes :

- analyser la demande interne : il s'agit de comprendre l'objet et le pourquoi des consommations ;
- définir le juste besoin (réduire la demande ou la modifier) ;

---

1. Certes, il existe déjà des « hit parades », par exemple des consommations téléphoniques, publiés régulièrement dans les couloirs de l'entreprise. S'ils ont un effet coup de poing, ils ne permettent pas d'agir sur le moyen terme.

- élaborer un cahier des charges des prestations souhaitées ;
- renégocier avec les fournisseurs les prix et les contrats, et/ou externaliser ;
- dire qui est le mieux placé pour acheter telle ou telle prestation.

Une des voies traditionnelles, et bien pratique pour réduire les coûts, est de demander aux fournisseurs de réduire les prix ! C'est simple mais insuffisant.

En effet, un fournisseur est avant tout un partenaire, et une réduction qui serait accordée « pour faire plaisir au client » n'aurait d'ailleurs qu'un impact limité sur les coûts. D'autre part, sauf exception toujours présente, notre hypothèse de départ repose sur l'idée que les services achats ont réalisé correctement leur mission.

Une politique de réduction des coûts des achats externes demande donc au préalable une rationalisation des consommations. Cette redistribution des besoins permet d'agir sur le montant global des dépenses.

Telle grande banque laisse ses départements acheter les fournitures de bureaux à leur guise. Telle autre entreprise, lors d'un déménagement, demande à ses collaborateurs de choisir l'équipement de leur bureau. Cela conduit à multiplier les références, à réduire les quantités achetées pour chacune d'elles et finalement à aboutir à une hausse de prix pouvant aller jusqu'à 30 %.

A contrario, sous prétexte de rationalisation et de négociation globale avec les fournisseurs, les achats sont centralisés parfois au détriment d'un bon fonctionnement local. Là encore, une réduction faciale des coûts ne doit pas générer des coûts cachés qui, bien que non mesurés, existent réellement.

> *Attention aux coûts cachés ! Un prix unitaire plus bas ne doit pas induire des coûts de fonctionnement plus élevés.*

Définir le juste besoin

Il s'agit de diminuer la demande et de remettre en cause les habitudes de consommations.

Cette question est essentielle et réclame des précautions car, au-delà des enjeux économiques, il s'agit de modifier et parfois même de bousculer des pratiques.

Alors que les collaborateurs n'hésitent pas à se battre pour atteindre leurs objectifs opérationnels, soudain, une note de service vient couper net l'élan parce que la direction du personnel publie, par exemple, une nouvelle procédure concernant les frais de voyages, restrictive par rapport à la règle précédente, sans concertation ni information préalable.

Rappelons que la « réduction de la demande » n'est absolument pas une mesure de coercition, qui n'aurait d'ailleurs aucune pérennité, mais bien une volonté de définir le juste besoin en identifiant le pourquoi de la consommation.

Règle des 20/80

**Hit-parade
des dépenses**

Rubrique 1 _____
Rubrique 2 _____
Rubrique 3 _____
Autres… _____

① Analyse des coûts
par nature
(Comptabilité analytique)

② Sélection du champ d'action
Ex. : Rubrique photocopies

③ Analyse de la demande

Conditions de consommation

Volumes	Outils/moyens
Photocopies N&B _____	Parc machines _____
Photocopies couleurs _____	Puissance
Besoins immédiats/	des machines _____
différés _____	Nombre
Feuille à feuille,	d'utilisateurs/
dossier complet,… _____	destinataires _____
Autres… _____	Autres… _____

④ Analyse de la valeur

Est-ce utile/nécessaire ?
Cf. analyse des circuits
administratifs et des procédures

OUI ⑤ NON

Peut-on faire autrement ?   Suppression

OUI ⑥ NON

⑦

Recourir à d'autres   Optimiser
moyens (imprimante   le parc
individuelle, Intranet,   matériel
messagerie interne…)   existant

⑧

Recalibrer la demande/standardiser les besoins

⑨

Établir un cahier des charges de prestation

Photocopies N&B _____	Besoins immédiats _____
Photocopies couleurs _____	Besoins différés _____
	Suppression
	de distinataires _____
	Autres… _____

Peut-on renégocier ?   ⑩ Analyse des contrats

OUI   NON

Faire ?   Faire faire ?   Sélection des fournisseurs
            (externaliser)

            Lancement de l'appel d'offres

Libre-service   Service Reprographie

            Dépouillement

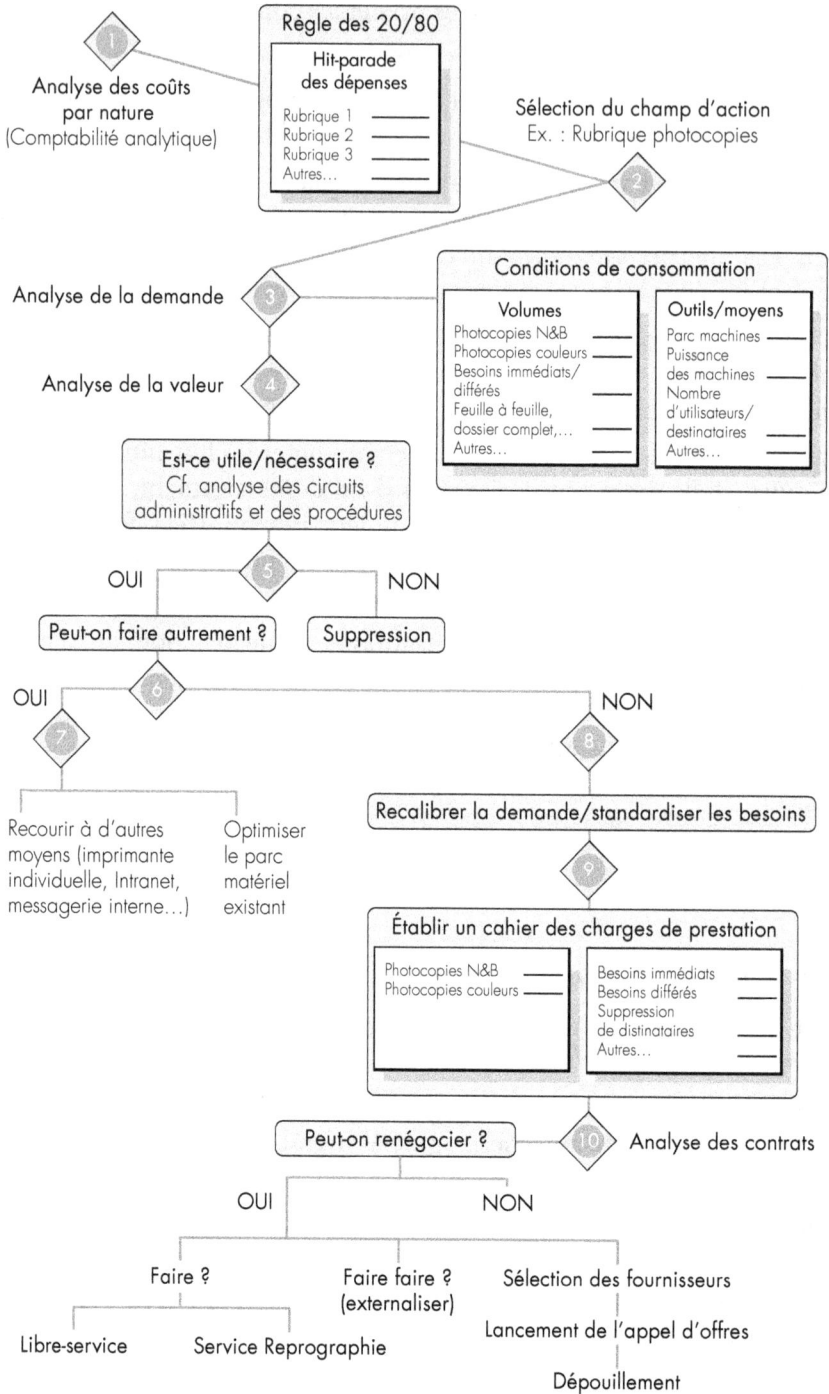

Figure 1.6. – Démarche globale d'analyse de la demande (consommation)

La figure 1.6 présente une démarche globale d'analyse de la demande. Nous y prenons pour exemple les photocopies, plus démonstratif. Il est clair cependant que ce poste ne résisterait pas à l'étape 1 de la-dite démarche, « travailler en priorité sur le hit-parade des dépenses ». Reste que, souvent, la mise sous contrôle des dépenses de cette nature, même non essentielles, peut permettre des économies de l'ordre de 20 à 25 % sur certains postes.

La réduction de la demande est plus efficace si elle n'est pas simplement ponctuelle ou isolée mais que les principales consommations sont également placées sous revue.

> *Pour réduire les consommations : définir le juste besoin.*

Exemple

Ainsi, l'entreprise Y décide une opération de réduction des coûts visant à des économies rapides et mesurables. L'opération, pilotée par le contrôle de gestion, consiste à trouver des économies budgétaires avec chaque directeur. Chacun des postes du budget (hors frais de personnel) est passé en revue. Chaque directeur réunit ses collaborateurs directs pour mener une analyse du budget. Ainsi, le département industriel (achat, production, méthode, qualité), s'attaque, entre autres, aux frais de déplacements. Très vite, l'analyse met en lumière un montant considéré comme élevé, du poste et qui s'explique par les déplacements fréquents dans les usines ou chez les sous-traitants. Il n'est pas rare que plusieurs collaborateurs des différents services effectuent ensemble le même trajet. Il a été décidé que, périodiquement (en général une fois sur trois, puis sur deux), une personne du département industriel représenterait les autres services lors de ses déplacements. Il s'en est suivi une réduction très forte du nombre de déplacements dans cette direction.

Cette démarche d'analyse des dépenses, appliquée aux principales consommations et aux autres directions de l'entreprise, a conduit à une économie de l'ordre de 12 millions d'euros, soit 10 % du budget global !

Ce résultat est atteint sans bouleversement majeur.

S'attaquer à l'essentiel et non à l'accessoire !

Il convient d'aller droit au but, de ne pas se perdre dans la recherche d'économies dont le temps d'analyse serait plus long que celui du retour attendu !

> *La comptabilité analytique : base de l'analyse.*

La comptabilité analytique permet de lister l'ensemble des postes de dépenses dans leur détail. Il convient de la consulter pour examiner tous les postes de dépenses par nature. Toutefois, il est nécessaire de détailler les comptes suffisamment pour être concret. Ainsi, si le poste « frais divers de gestion » n'est pas opérationnel, le poste « fournitures de bureau », lui, le devient.

Cette consultation permet de classer les différentes dépenses selon la règle des 20/80 et de définir aussi le périmètre de réduction des coûts, là où agir avec un potentiel réel d'économies.

Ensuite, les dépenses retenues seront classées par fournisseurs afin de reconstituer pour chacun d'entre eux l'ensemble des constituants de la facturation (volume, prix, saisonnalité).

> *Définir les priorités : dresser le 20/80 des dépenses.*

La priorité est d'identifier les 20 % de dépenses qui représentent 80 % des coûts.

À ce moment, et seulement à partir de celui-ci, il pourra être envisagé de s'attaquer aux notes de frais ou aux photocopies... sauf si celles-ci étaient, par hasard, classées dans le hit-parade !

> *Attention ! S'attaquer aux notes de frais, en priorité, est le plus sûr moyen de toucher la plus grande partie du personnel et, ainsi, de courir le risque de « bloquer » la démarche de réduction des coûts pour des économies dérisoires en retour.*

Analyser les conditions de consommation

Il s'agit d'abord de mener une analyse des conditions de consommation et seulement ensuite d'analyser les prix négociés avec les fournisseurs.

Le recueil des consommations à partir des factures fournisseurs permet d'identifier les volumes et les prix unitaires. Toutefois, ce sont clairement les modes de consommation qui sont essentiels à la définition du juste besoin ; le travail sur le prix n'interviendra qu'ensuite.

Pour les postes retenus comme prioritaires, il convient d'examiner le circuit des consommations, et en particulier :

- les volumes consommés par nature (par exemple, pour les photocopies : noir et blanc ou couleur) ;
- les principaux services consommateurs ;
- les pratiques (toujours pour les photocopies : libre service, atelier de reprographie ou extérieur) ;
- les outils utilisés (pour les photocopies : description du parc de matériel par puissance de machine) et leur taux de charge ;
- le nombre et la périodicité (existe-t-il une saisonnalité ?) des commandes d'achats passées ;
- le nombre de références concernées ;

- les utilisateurs les plus importants ;
- le circuit des commandes fournisseurs ;
- l'offre ;
- le (ou les) fournisseur(s) ;
- le montant annuel des dépenses engagées auprès de chacun d'eux ;
- les prix moyens facturés ainsi que les mini/maxi par article ;
- la nature des contrats :
  - conditions de règlement et prix par article,
  - date du premier contrat,
  - date de fin de contrat,
  - échéance du renouvellement (attention, en particulier, aux clauses de tacite reconduction[1]).

Analyser la demande, c'est-à-dire réaliser une analyse de la valeur des consommations

S'agissant de réduire les coûts à moyen terme, et non d'une seule opération coup de poing, il s'agit de mettre à plat les modes de consommation à l'intérieur de l'entreprise.

Pour cela, il convient d'examiner différentes pistes.

- Cette dépense est-elle utile ?

Il se peut que cette chasse au gaspillage conduise à revenir à l'organisation des circuits administratifs. Il est clair, en effet, que si à chaque étape du circuit présenté plus haut chaque collaborateur de l'ADV tire 1, 2 ou davantage de photocopies pour la même commande, il conviendra d'abord d'estimer l'utilité de chacune d'elles.

- Peut-on diminuer les volumes ?

Dans notre exemple de photocopies, il convient de se demander s'il est possible de réduire leur volume sans dégrader la qualité du service rendu aux clients (internes ou externes).

L'analyse précédente doit permettre d'envisager d'autres solutions pour maintenir le même niveau d'information des collaborateurs, en dépit des réductions de volume.

Dans notre exemple, ceci est relativement facile dans la mesure où, en général, les informations sur les commandes clients se lisent à même l'écran, ce qui

---

1. Par principe, il convient de ne plus accepter les clauses de renouvellement des contrats par « tacite reconduction ».

devrait supprimer toutes les photocopies. De plus, l'EDI réduit sensiblement, voire supprime, les besoins de papiers (factures…).

▸ Peut-on faire autrement ?

Il s'agit, ensuite, d'une remise en cause plus profonde des pratiques.

L'exemple des photocopies était évidemment simple. On peut néanmoins estimer que les informations relatives aux commandes clients sont utiles à d'autres collaborateurs, dans d'autres départements. Des photocopies sont donc encore établies – en la circonstance, c'est souvent avec la meilleure intention du monde – pour informer les autres. L'Intranet s'y substitue avec bonheur.

Aujourd'hui, la tentation n'est plus de multiplier les photocopies mais bien les mails. Cela n'est pas un coût direct sans doute mais la multiplication des mails avec de multiples destinataires conduit à saturer la messagerie des voisins, et pire encore si chaque collaborateur choisit l'option « répondre à tous ». On commence d'ailleurs à voir des chefs d'entreprise mener une « chasse aux mails », au point de vouloir les supprimer !

> *Réaliser une analyse de la valeur des consommations (ADV).*

Pour revenir à l'exemple précédent, l'ADV saisissait les commandes envoyées quotidiennement par les vendeurs. Cette opération nécessite l'impression de nombreux bons de commandes reprenant les références déjà précodifiées de la collection. Cette pratique évite au représentant une recopie des références, souvent source d'erreurs. Par ailleurs, ce bon de commande coûte cher dans la mesure où il existe en 3 exemplaires destinés à l'ADV, au vendeur ou au client. Le transfert des commandes directes depuis un portable bouleverse tout. Tout devient transparent, il n'y a plus de saisies ni de bons de commande ! L'analyse des circuits administratifs et la technologie doivent permettre cette simplification.

Cette remise en cause, à partir d'une question au départ, somme toute anodine, peut conduire aussi à des bouleversements encore plus importants.

Encore faut-il mener la simplification jusqu'au bout.

Exemple

Lors de la réalisation d'une analyse fonctionnelle d'une administration des ventes menée au siège d'une société de distribution, à la première question : « Combien de clients avez-vous dans votre périmètre ? », la réponse fut : « Je ne sais pas, seul le chef peut intervenir sur les nouveaux clients. » Non seulement cette pratique étrange ralentit le traitement mais illustre une vision archaïque des collaborateurs ! Réduire les coûts, dans ce cas, porte aussi sur le management.

> *Attention aux contrôles ! Les contrôles non appropriés génèrent des surcoûts ; l'autocontrôle est plus efficace et motivant.*

Ces différentes étapes appliquées à chacun des postes des dépenses du hit-parade permettent d'évaluer les principales volumétries et les besoins ainsi qu'à estimer les enjeux.

Une dernière question peut alors être intégrée, et seulement à ce stade :

 ▸ Paie-t-on le « juste prix » ?

Cette question est abordée dans l'analyse des principaux postes d'achats.

Le prix d'achat peut également subir des dérives ; il convient donc de le mettre sous contrôle au même titre que les volumes.

Cependant, il n'est envisagé qu'à la dernière étape. En effet, toutes choses égales par ailleurs, l'on considère, par hypothèse, que les services achats ont fait correctement leur travail. L'examen de la prestation permet en outre de valider la réalité des dépenses.

Ainsi, par exemple, le coefficient appliqué aux prestations d'intérim a-t-il pu être parfaitement négocié et même comparé avec bonheur à celui obtenu par les confrères. Sauf que, pour diverses raisons d'organisation, la plupart des dépenses d'intérim se situaient en dehors des contrats et, dans ce cas, le coefficient appliqué était sans commune mesure avec celui négocié. Seule l'analyse sur le terrain peut mettre à jour la réalité des dépenses. Cette situation est d'autant plus sensible que le consommateur de travaux hors contrat n'est pas celui qui l'a négocié.

Optimiser le système

Ces différentes étapes ont permis de mettre à plat les principales charges et de définir les conditions d'amélioration de la demande. Il s'agit maintenant de l'optimiser.

Réduire les volumes

La réduction des volumes a un impact global sur le montant des dépenses, quand bien même cette réduction entraînerait une augmentation du coût unitaire des articles.

Concentrer le nombre de références achetées

Certes, bien des raisons peuvent faire préférer du matériel spécifique à du matériel standard ; en particulier, l'exception de qualité, souvent citée.

Il est toutefois possible d'appliquer des principes qui amélioreront également le rendement chez le fournisseur.

> *Attention ! Définir le juste besoin ne doit pas dégrader la qualité de service.*

Y a-t-il la possibilité de choisir des pièces communes plutôt que de les éclater ? Souvent, les différences sont si minimes qu'elles sont peu visibles. Cela permet un allongement des séries, qui bénéficie à tous.

Les fournitures en sont un cas exemplaire. Quand bien même le fournisseur serait sélectionné, si son catalogue ne se traduit pas par la sélection d'une « short list », les dérives resteraient importantes.

Élaborer un cahier des charges

La rédaction d'un cahier des charges oblige à définir le niveau de service attendu.

Par exemple, le coût d'une prestation de gardiennage sera, évidemment, différent selon que l'on cherche un gardiennage 24 h/24 ou seulement la nuit, avec des rondes plus ou moins nombreuses ou encore s'il est fait appel à de la télé-surveillance, etc.

Il permettra de lancer un appel d'offres auprès des fournisseurs en indiquant le taux de service (fournitures incluses ou non et délais d'intervention pour les opérations de dépannage, par exemple).

Faire ou faire faire ?

Une fois défini le niveau de prestation désiré (quantitatif et qualitatif) pour chacune des consommations analysées, il convient de poser les questions :

- Faire soi-même ?
- Externaliser ?

Renégocier avec les fournisseurs

Le cahier des charges élaboré, la consultation des fournisseurs peut commencer.

La recherche des fournisseurs ad hoc peut s'envisager autour de trois pistes.

Une consultation générale pour tout ce qui est nouveau ou vient d'être remis en cause lors des étapes précédentes

Un déménagement est l'occasion idéale pour remettre à plat l'ensemble des prestations et des fournisseurs.

Avant tout, une question d'organisation et de définition des responsabilités doit être abordé. Il convient d'examiner « qui est le mieux placé pour faire quoi ». En effet, l'optimisation de la prestation, tant en volume qu'en coût, peut s'avérer différente selon la nature de la dépense. Ainsi, certains achats pourront être centralisés. Pour d'autres, la négociation pourra être regroupée par zone géographique ou métier. Enfin, parfois, une négociation locale permettra d'optimiser la prestation. C'est le cas en général des prestations de proximité, la recherche du prix le plus bas risque de se faire au détriment de l'exécution rapide de la prestation.

Exemple

C'est pourtant le cas d'une multinationale où les points de vente doivent obtenir le feu vert en central pour engager une prestation, même de proximité. Ce dernier ayant sélectionné un fournisseur européen, cela cause un retard dans les interventions, au détriment du point de vente et des clients.

En fait, souvent, la centralisation pour obtenir le meilleur prix cache une fonction contrôle non appropriée.

Dans notre cas, le central prétendait vérifier si la prestation demandée était justifiée ; ce contrôle générait une nouvelle cause de retard... Une cascade sans fin d'énervements, de relances, de retards... pour aboutir à la solution logique de faire appel à un prestataire local. Les coûts générés par la procédure sont largement plus importants qu'un éventuel surcoût ponctuel.

Le tableau ci-après propose une grille de pilotage des achats généraux et permet de définir « qui est le mieux placé pour faire quoi », selon la nature de la prestation.

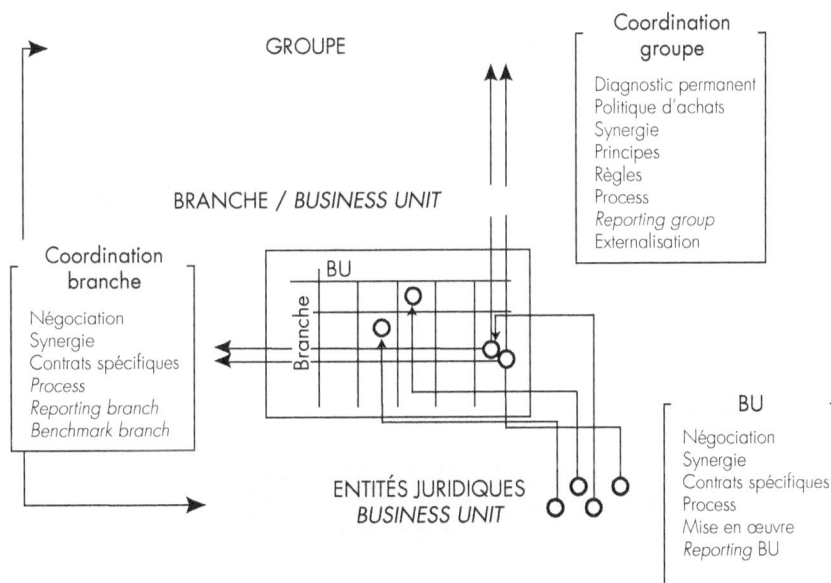

Figure 1.7. – Structure de pilotage : achats généraux

Analyser les contrats

L'entreprise se trouve engagée par ses contrats, souvent renouvelés par tacite reconduction. Parfois, la trace de leur origine même a été perdue. L'analyse montre en revanche que le fournisseur applique, avec diligence, cette tacite reconduction.

L'analyse du hit-parade des dépenses crée ainsi une opportunité de revisiter les contrats.

Mettre les contrats sous contrôle.

Cette analyse conduit aussi à :

▷ identifier l'existence d'un logiciel de gestion des contrats dans l'entreprise. Cela devrait être le cas le plus fréquent ;

▷ analyser l'ensemble des informations sur les contrats contenus dans la base du logiciel :
  – nature du contrat,
  – date d'échéance,
  – date de dénonciation,
  – montant (sur 3 ans) en euros/dollars,
  – description des prestations.

Au-delà des marges de manœuvre qu'ouvrent les dates de dénonciation et d'échéances, trois types d'anomalies courantes sont à prévenir :

▷ les informations ne sont pas à jour. Cette situation entraîne des pertes d'opportunité de modifications, d'autant qu'il existe une tendance naturelle à accepter les informations qui apparaissent à l'écran ;

▷ une même prestation est couverte par deux, voire trois contrats ! Un des exemples typiques concerne les prestations de nettoyage où la frontière entre le service dû par le prestataire et le rôle de l'entreprise n'est pas forcement bien définie, mais également les prestations de maintenance, les assurances… ;

▷ il y a un décalage avec le contenu réel des prestations sur le terrain. C'est l'occasion de vérifier la qualité des prestations. Certaines anomalies apparaissent. Ainsi, dans un contrat, il est mentionné que les produits d'entretien sont inclus dans la prestation. Or, on constate que les produits d'entretien sont régulièrement achetés par l'entreprise, etc.

Cette mise à plat permet un premier niveau d'économie, à partir de l'analyse de l'existant.

Exemple

À titre d'exemples, voici quelques enjeux relevés au cours de différentes interventions :
  • entretien des locaux (économie de 20 %) ;
  • entretien des plantes vertes (économie de 30 %) ;
  • location de matériel téléphonique…

Dans un autre cas, pour couvrir l'ensemble de ses besoins, une entreprise immobilière avait signé plus de 500 contrats d'entretien ! Chaque contrat d'un faible montant était renouvelé par tacite reconduction de façon désordonnée. La globalisation des contrats par métier (chauffage, jardins…) permet non seulement une rationalisation des prestations mais augmente la marge de manœuvre des négociations : il vaut mieux négocier sur un périmètre de plus de 5 000 € que sur une multitude de contrats de 500 €.

C'est une nouvelle voie pour remettre en cause les manières de faire.

C'est ainsi que, dans un cas similaire, une entreprise a décidé de confier l'ensemble des contrats de maintenance et de prestations à quelques entreprises qui prenaient en charge l'intégralité des prestations. Il s'en suivit une économie de l'ordre de 20 %, sans compter le redéploiement éventuel des services internes concernés par le pilotage de ces prestations.

Aujourd'hui, selon le montant global du total des frais indirects, certaines grandes entreprises externalisent le pilotage de l'ensemble de ces frais.

Analyser le portefeuille fournisseurs

Ce qui est vrai pour les contrats doit être appliqué aux fournisseurs : il s'agit d'obtenir le juste prix.

> **Bâtir un partenariat avec les principaux fournisseurs.**

Là encore, il convient d'agir là où les économies potentielles sont importantes et de renégocier avec les 20 % des fournisseurs qui représentent 80 % des dépenses. Les autres peuvent attendre (!).

Notons que certains se trouvent étonnamment gênés par l'idée d'une renégociation. Ils s'abritent derrière une curieuse conception éthique qui cherche à protéger un fournisseur pour qu'il survive ! Nous ne sommes pas éloignés de cette position de principe. Cependant, elle ne doit pas interdire d'obtenir un prix mieux disant.

Ce comportement de protection des fournisseurs porte en lui-même ses excès.

C'est ainsi que nous avons rencontré des cas où le client ne demandait pas de remboursement d'un dommage de transports à sa compagnie d'assurance puisqu'il estimait que l'année ayant été mauvaise pour cette dernière, les remboursements dépassaient le coût des primes !

Par ailleurs, et cela est plus important, s'agissant des premiers fournisseurs du hit-parade, c'est l'occasion de bâtir un véritable partenariat avec eux, porteur d'une optimisation sur le long terme.

Ce partenariat est loin d'être un simple slogan. Il consiste, par exemple, à réunir périodiquement – une fois par an – les principaux fournisseurs et leur expliquer l'évolution prévisionnelle de l'entreprise, ses besoins futurs et ses attentes vis-à-vis desdits fournisseurs.

Cette table ronde dure d'une demi-journée à une journée avec les principaux fournisseurs (notamment les fournisseurs de frais généraux) et doit permettre d'identifier les contrats avec ces derniers ainsi que d'anticiper les risques éventuels de ruptures dans le service. C'est aussi l'occasion de dresser un bilan annuel des prestations fournies tel qu'il ressort de la situation.

L'ensemble de ces questions n'est pas de pure forme. En moyenne, 25 % d'économies sont possibles dans la mesure où aucune mission spécifique de réduction des coûts n'a pas été menée depuis 3-4 ans.

Voici, à titre de repère, quelques résultats d'économies les plus courants :

- fournitures de bureau : 30 %/37% ;
- imprimeurs : 2 %/23 % ;
- voyages et déplacements : 11 %/15 % ;
- téléphones mobiles : 19 %/23 % ;
- entretiens, nettoyages : 14 %/48 % ;
- transports : 45 %/47 %.

La rentabilité commerciale des produits (RCP)

Les activités opérationnelles (ventes, création, développement, achats) génèrent naturellement des coûts qui doivent être mis sous contrôle de deux points de vue.

D'abord, il est possible d'obtenir d'importants gains de productivité dans la pratique de ces activités même. Ensuite, elles génèrent des coûts dans les services administratifs et fonctionnels, directement liés aux performances desdites unités.

> Nous appelons « rentabilité commerciale des produits » les analyses et actions qui visent à maîtriser les coûts indirects liés aux activités opérationnelles de l'entreprise.

Deux voies principales sont à examiner :

- l'analyse du portefeuille clients ;
- l'analyse du catalogue produits/références.

L'analyse du portefeuille clients

L'analyse de l'activité d'une administration commerciale illustre parfaitement la situation. Toutes les commandes clients (en provenance du réseau) font l'objet, avec raison, d'une même attention par les collaborateurs pour une même durée de traitement. Or, les marges dégagées par chacune des commandes ne sont pas identiques.

Traiter une commande client prend quasiment le même temps administratif qu'elle comporte 10 ou 200 pièces par référence.

Ce qui est vrai pour les services fonctionnels se retrouve également au niveau des forces de ventes.

L'analyse des 20/80 met en évidence l'enjeu de productivité : si 20 % des clients pèsent 80 % du chiffre d'affaires, cela veut dire surtout que 80 % des clients ne pèsent que 20 % du CA ! (voir chapitre 2).

Les forces vives de l'entreprise passent la majeure partie du temps du travail avec ces clients qui ne génèrent que 5 % du CA.

Exemple

Dans le cas de l'entreprise K présentée dans le tableau ci-dessous, l'application de cette règle montre même que 43 % des clients représentent 95 % du chiffre d'affaires !

Cela veut dire, a contrario, que 57 % des clients représentent seulement 5 % du chiffre d'affaires ! Ces clients occupent plus de la moitié des effectifs administratifs et fonctionnels, car l'égalité des traitements est respectée même si c'est heureux, d'un certain point de vue.

Tableau 1.5. – Analyse du portefeuille clients

	Chiffre d'affaires		Clients	
	K euros	%	Nombre	%
A	225,6	80	17	18
B	27,8	10	12	12
C	14,4	5	13	13
Sous-total	267,8	95	42	43
D	14,0	5	56	57
Total	281,8	100	98	100

Des ratios du type :

- « coût des (ou de la) commandes/CA (ou marge) client »
- « coût d'une visite/marge par commande »

servent de pistes de travail.

Ces simples ratios permettent de remettre en cause les pratiques dans le sens de la réduction des coûts et d'une amélioration de la rentabilité, même si cela peut parfois se faire au détriment du chiffre d'affaires.

Quid des « petits clients » ?

Une éventuelle baisse de chiffre d'affaires ne doit pas être crainte si les coûts y afférant sont également supprimés.
Il ne s'agit pas de supprimer systématiquement les « petits clients » ou les « petites commandes », mais d'inventer pour eux des traitements simplifiés ou des circuits courts.

Les enjeux d'une telle analyse sont extrêmement porteurs d'économies. Toutefois, il convient de croiser ces économies avec la stratégie de l'entreprise.

Ainsi, la multinationale Z souhaite que ses produits soient présents sur l'ensemble du territoire cible ; tout client devant pouvoir trouver son bol de céréales sur tout le territoire ainsi désigné, quel que soit le coût de leur approvisionnement vers certaines zones. En effet, il faut agir avec prudence, le choix d'être présent sur l'ensemble d'un territoire, par exemple, peut être prioritaire pour l'entreprise, par rapport à la seule réduction des coûts. Cela n'interdit cependant pas de conduire des efforts de productivité.

> *La règle des 20/80 est importante tant pour le portefeuille clients que pour le catalogue des références.*

L'analyse du catalogue produits/références

Ce qui est vrai pour les clients l'est également pour le catalogue des produits : 20 % des références représentent 80 % du chiffre d'affaires et donc 80 % des références ne représentent que 20 % du chiffre d'affaires !

Cette règle, appliquée aux références du catalogue, montre également combien l'absence du travail minutieux sur les références alourdit l'ensemble des traitements administratifs, ainsi que le montre le tableau ci-après, tiré de l'exemple de l'entreprise K, pour laquelle 48 % des références représentent 95 % du chiffre d'affaires ! Ce qui était vrai pour les clients l'est également pour les références : le croisement clients/références présente un potentiel important d'économies.

A contrario, 52 % des références ne représentent que 5 % du chiffre d'affaires ; comme on le voit, la loi des 20/80 est extensible.

Tableau 1.6. – Analyse du catalogue produits

	Produits spécialisés		Chiffre d'affaires		Observations
	Nombre	%	K Euros	%	
A	70	21	225,6	80	S'occuper de A
B	44	13,5	27,8	10	
C	44	13,5	14,4	5	
Sous-Total	158	48	267,8	95	
D	170	52	14,0	5	Eliminer D
Total	328	100	281,8	100	

Beaucoup d'interlocuteurs expliquent que les « petits produits » servent à vendre les autres plus rentables – cela est vrai. Mais ils ne sont pas tous dans ce cas.

On devine que pour 80 % de ces produits, les coûts engagés par les services fonctionnels et administratifs ont une contribution faible ou même négative. C'est une piste importante d'économie qui présente l'avantage supplémentaire de couvrir un champ large pour l'organisation de l'entreprise (nomenclatures, stocks, logistique…).

Exemple

Autre exemple : le showroom de l'entreprise Y prend des ordres clients. Tous les soirs, un état des ventes est dressé. Comme il s'agit d'engager la production au plus tôt (respecter les délais de livraisons), les ventes sont ventilés par SKU et dès la première semaine (les principaux clients passant au showroom en premier), il est possible d'obtenir un premier état de lancement en production, au moins pour les premières références au hit-parade. Progressivement, l'état des ventes se construit et la loi des 20/80 joue parfaitement. Les commandes représentant les 20 % des principales références vendues peuvent être lancées. A contrario, on constate que 80 % des références sont éparpillés à travers de multiples clients en petite quantité et ne pèsent que 20 % du chiffre d'affaires.

Anticiper la réduction de l'offre produits.

Première question pendant le showroom : doit-on supprimer la présentation des articles ayant de trop petites quantités commandées et à quel moment ? Comme souvent, cette décision n'est pas prise, l'état des ventes se retrouve finalement avec les 20/80. Devant cette situation, il est organisé une tournée de ces « petits clients », consommateurs d'un nombre réduit de références en vu d'augmenter les ventes. Qu'elle n'est pas la surprise de découvrir que quelques articles de la saison en cours (déjà achetés en petite quantité) servaient de produit d'appel. Sans doute vont-ils finir dans la garde robe du client !

Cette analyse sur les références a un impact sur l'ensemble du process. Ainsi, dans l'exemple de l'entreprise CL, nous avons vu que chaque référence mise au catalogue était le fruit de la création de deux prototypes. Si ce ratio était appliqué à notre entreprise K, les 170 références qui pèsent seulement 5 % du CA auraient également entraîné la création de 340 prototypes, submergeant ainsi le service développement produits.

Cet exemple illustre le process. Nous voyons que la réduction des coûts, partie de l'amont (analyse fonctionnelle, rentabilité commerciale des produits) peut être menée dans un deuxième temps depuis l'aval en partant de l'offre aux clients.

Établir un tableau de bord de suivi de la réduction des coûts

Le diagnostic identifie clairement les pistes de réduction des coûts et indique le montant des économies à réaliser. Il s'agit de passer à l'acte. À ce stade, les difficultés réelles apparaissent. Il importe donc de se doter de moyens pour piloter la réalisation de l'opération de réduction des coûts.

Définir un calendrier optimum pour la mise en place.

Selon la date de l'opération et de son urgence, ces objectifs peuvent s'inscrire directement dans le budget de l'année à venir. Cela présente l'avantage d'écrire les économies prévisionnelles et de mesurer les écarts dans le cadre de la démarche budgétaire. Pour appliquer cette phase avec succès, l'optimum consiste à retenir le calendrier suivant :

- diagnostic de mai à juillet (selon la taille du périmètre) ;

- août-septembre : validations complémentaires/approfondissement des propositions de réduction ;

- à partir du mois d'octobre : insertion des économies validées dans le processus budgétaire (N+1).

La réduction des coûts doit être pilotée.

Reste que l'urgence vient troubler ce calendrier. À ce titre, l'opération de réduction des coûts devrait faire l'objet d'un projet spécifique qui repose sur deux caractéristiques :

- l'établissement d'un tableau de bord de suivi de la réalisation des économies ;
- l'animation du projet.

Chaque entreprise constitue son propre tableau de bord en fonction de la nature des économies planifiées (un exemple de tableau de bord spécifique aux frais généraux est donné dans le chapitre 4). Ce suivi doit néanmoins comporter trois aspects :

- une description la plus concrète possible des économies. Pour être efficace, cette description doit être suffisamment lisible pour qu'une personne éloignée du projet puisse en comprendre simplement son évolution, et donc se reconnaître dans l'objectif ;

- évidemment, il convient d'indiquer pour chaque ligne d'économies l'objectif à atteindre et son poids par rapport au total ;

- l'avancement de la mise en œuvre des économies (un pourcentage, cela suffit).

À côté du tableau de bord, il est indispensable de mettre en place une animation de la réduction des coûts. Cet aspect est d'autant plus important que le périmètre concerné est large. Il est clair que si l'opération se déroule dans un service isolé, le responsable de l'unité peut mener tout seul le pilotage.

Un bon rythme pour s'assurer du succès reste de mener une réunion de pilotage mensuelle et, selon les cas, en communiquer quelques résultats.

Reste que, au-delà d'une opération spécifique, le suivi des frais fixes permet de mettre en œuvre une maîtrise continue des coûts. Or, une des caractéristiques des frais fixes est d'évoluer (!), mais progressivement, en catimini ! Ils sont le fruit de laisser-faire successifs des bonnes périodes économiques. Leur remise en cause se fait alors par à-coups. La mise en place souhaitable d'un suivi continu des dépenses peut en revanche se réaliser à travers une série d'indicateurs en fonction des objectifs poursuivis.

Tableau 1.7. – Huit types de ratios à suivre de façon régulière

Ratios	Unité d'œuvre	Définitions
Productivité globale de l'unité ou de l'entreprise[a]	Volumes/effectif	Il s'agit de mesurer l'évolution de la productivité de l'entreprise ou de l'unité.
Productivité spécifique du ou des services	Unité d'œuvre du service/effectif/jour	Ce qui est vrai pour l'unité ou l'entreprise l'est également pour les services. Il convient donc de mesurer l'évolution de leur productivité. Chaque service devant définir une unité d'œuvre spécifique (nombre de factures, nombre de commandes, nombre de lots, etc.).
CA (ou nombre d'unités) pour atteindre le seuil de rentabilité	CA (ou nombre d'unités minimum), pourcentage de marge sur coût variable	Combien de produits doit-on vendre pour atteindre le point mort ?
Principaux postes du compte de résultats	Montant de chaque poste/chiffre d'affaires	À « grosses mailles », il convient d'identifier le ou les postes qui n'évoluent pas au même rythme que le chiffre d'affaires.[b] Seul un niveau de ventilation suffisamment fin permet d'identifier des postes concrets.
Rentabilité globale	Marge brute d'autofinancement/chiffre d'affaires	Pas de commentaires particulier, cela va de soi.
Niveau prévisionnel et réel de trésorerie	Une entreprise qui gagne sainement de l'argent a son niveau de trésorerie qui augmente. Dans le cas contraire, stocks, crédit clients et crédit fournisseurs sont à mettre sous contrôle.	
Niveau d'endettement	Les frais financiers sont directement liés à la structure financière de l'entreprise et au niveau de trésorerie.	
Création de richesse	EVA – Economic Value Added	EVA = résultat opérationnel après impôts moins le coût du capital employé dans l'activité.

a. La démarche proposée couvre un champ d'action large ; elle permet de travailler au niveau d'une unité ou groupe naturel, mais également, ce qui est aujourd'hui le plus souhaitable, d'avoir une approche au niveau des processus principaux.

b. Par précaution, on demandera une ventilation détaillée.

Il convient de comparer ces données sur 3 ans minimum, si possible en intégrant des données relatives au secteur d'activité.

Par ailleurs, il existe des ratios standards publiés par la CEGOS (enquêtes frais généraux), dont les principaux ratios sont repris en annexes pour l'année 2007 (ratios et définitions).

EN GUISE DE CONCLUSION

> *Attention ! Ça ne marche pas à tous les coups !*

Les exemples relatés tout au long du présent chapitre et les expériences décrites montrent à souhait que les opérations de réduction des coûts font émerger des gisements d'économies souvent insoupçonnés ainsi que des améliorations notables dans les processus de l'entreprise et le service rendu aux clients.

Reste qu'il convient d'être prudent dans la recherche d'économies.

> *Ne pas aller aussi vite que les idées !*

La mise en œuvre des opérations de réduction des coûts insuffisamment préparées peut entraîner des complications, voire parfois détruire certains process entraînant une dégradation du service clients et souvent des surcoûts inattendus.

Les plus visibles et les plus sensibles sont les bien connues ruptures de stocks.

Exemple

C'est ainsi qu'une multinationale (5 milliards d'euros de CA) disposant d'usines répandues dans le monde entier et notamment aux États-Unis, en Chine et en Europe, ainsi que des entrepôts pour le stockage et la distribution, cherche à faire des économies. Cette recherche conduit à fusionner les différentes unités autour de pôles centralisés par grandes zones géographiques. L'objectif : « Dit et fait en moins de 2 ans ! »

Sur le papier, la réforme est spectaculaire et les enjeux très importants. Sauf que, furtivement d'abord et de plus en plus « chaudement » ensuite, les réclamations des clients pleuvent dans les différentes filiales de distribution. Le matériel livré n'est pas conforme pour tous types de raisons. Il convient de trouver des plans B dans l'urgence. Devant la panique, il est demandé aux filiales, notamment européennes, de retourner aux États-Unis – via bateaux – les articles défectueux. Les coûts de transport commencent à croître.

Face aux lamentations des différentes filiales commerciales, il est décidé de livrer les clients européens directement par les États-Unis, sans passer par les entrepôts des filiales. Sauf que, les questions de qualité n'ayant pas été réglées, elles se retrouvent chez les clients, totalement désemparés, en pleine saison. Les produits commencent à manquer.

Résultats :
- retards de livraison et annulations de commande ;
- retours de marchandises ;
- explosion des coûts de transport ;
- perte de CA, etc.

> *Pour mener une opération de réduction des coûts, la méthode est aussi importante que la solution.*

Ce qu'il faut retenir

Piloter les frais fixes et les frais variables

Deux indicateurs : le point mort et le positionnement concurrence.

Deux principes : le processus et l'optimisation continue.

Savoir où agir ?

Dans toute l'entreprise ou dans un ou plusieurs départements isolés ?

Dire l'objectif d'économie à atteindre

Analyser les coûts et résultats sur 3-4 ans.

Saisir l'opportunité de la réduction des coûts pour « agiter » l'organisation de l'entreprise

Éviter l'incantation « –10 % pour tous » et utiliser une réelle boîte à outils pour réduire les coûts

« La méthode est aussi importante que la solution. »

Mettre en œuvre une démarche entonnoir et participative.

D'abord, mener un diagnostic à « grosses mailles ». Ensuite, mener un diagnostic détaillé.

Les éléments de la boîte à outils

– l'analyse fonctionnelle ;

– l'analyse des principaux processus ;

– l'analyse de la rentabilité commerciale des produits :

– l'analyse de portefeuille clients,

– l'analyse du catalogue produits ;

– l'analyse des consommations et des contrats.

Donner la parole aux collaborateurs et faire parler les chiffres

Rédiger un « rapport d'étonnement ».

Identifier les idées de réduction de coûts et définir les priorités

– productivité administrative ;

– 20/80 clients ;

– 20/80 références ;

– définir le juste besoin de consommation ;

– utiliser les ratios de comparaison.

Mettre en œuvre les propositions retenues

Établir un tableau de bord spécifique au pilotage de la réduction des coûts

Chapitre 2

Réduire les frais commerciaux

L'activité commerciale peut faire l'objet de mesures de productivité et de réduction des coûts au même titre que les autres activités de l'entreprise, quand bien même la proximité des clients rend toujours l'analyse et la mise en œuvre des économies délicates.

La réduction des coûts porte sur deux champs d'action indépendants, même si parfois ils peuvent cohabiter :

- les activités de détail (*retail*) ;
- les ventes en gros (*wholesale*).

L'activité détail met l'entreprise en contact direct avec le consommateur final. Dans ce champ, les analyses de productivité et la réduction des coûts remettent en cause le traditionnel ratio : frais de personnel/chiffre d'affaires.

Son utilisation est, certes, très facile mais inappropriée à l'objectif de réduction des coûts. C'est l'occasion de revisiter :

- le point de vente et la mise en œuvre de l'offre produits, les périodes de ventes, l'affectation des effectifs de ventes tout au long de ces périodes, la zone d'autonomie des responsables et les missions des vendeurs ;
- la fréquentation des visiteurs/clients ;
- le pilotage et le management qui représentent les coûts indirects des points de ventes ;
- les activités autres que celles directement liées à la vente ;
- les frais généraux du point de ventes (voir chapitre 5).

Dans l'activé gros ou « wholesale », l'analyse de productivité porte sur cinq points :

- la force de vente proprement dit ;
- la durée des visites clients et la présentation de l'offre ;
- la vie du portefeuille clients ;
- le portefeuille produits ;
- les showrooms.

Dans tous ces domaines, des actions d'amélioration de la productivité et de réduction des coûts sont possibles et, là encore, non seulement sans diminuer la qualité de l'offre aux clients mais mieux, souvent, en augmentant le chiffre d'affaires.

> *Les frais commerciaux font partie intégrante de la réduction des coûts et le client s'en trouve mieux servi.*

LES ACTIVITÉS DE DÉTAIL (*RETAIL*)

Le temps n'est plus, où, après de longues minutes et parfois des heures pour entrer dans le point de vente, les clients devaient faire la queue pour trouver une vendeuse puis une nouvelle file d'attente pour payer et une autre enfin pour récupérer leurs achats.

Reste que le niveau de productivité de l'activité *retail* peut être mis sous contrôle avec efficacité. Encore faut-il se prémunir de trois myopies :

- le critère de mesure ;
- l'équilibre des équipes le long de la journée et des saisons ;
- le management trop dur : il faut éviter de prendre les vendeurs pour des pions et de changer en permanence leurs horaires.

Définir un réel indicateur de productivité

Par habitude et facilité, le ratio « A » :

$$\frac{\text{Frais de personnel}}{\text{Chiffre d'affaires}}$$

sert de base quasi permanente à l'évaluation des coûts de personnel des équipes de ventes détail. Si, globalement, ce ratio permet de maintenir le budget et les marges, il n'est pas adéquat à une mesure réelle de productivité.

Si le ratio A permet de maintenir et de suivre les coûts selon l'évolution de l'activité, il ne donne aucune indication pertinente sur le niveau de productivité et les économies potentielles.

Mesurer la productivité implique d'utiliser un ratio qui tienne compte des seuls volumes : le volume d'activité généré par les clients et le temps consacré par les vendeurs à la vente.

> *Seule la comparaison de volumes entre eux mesure la productivité.*

On retient donc comme ratio de mesure de la productivité « B » :

$$\frac{\text{Nombre de transactions (T)}}{\text{Heures de personnel (HP)}}$$

Ce ratio est d'autant plus pertinent que la fréquentation des points de vente est souvent différente suivant les variations saisonnières et selon :

- les périodes de l'année, semaines de soldes et semaines avant/après soldes ;
- les jours de la semaine : le samedi est souvent plus chargé. Toutefois, cela pourrait être une autre journée de la semaine et il convient de le déterminer ;
- les heures d'ouverture (l'amplitude, évidemment) ;
- la présence de clients/visiteurs, selon les heures de la journée.

Ainsi, dans un point de vente ayant en charge un service après-vente à valeur ajoutée, les clients arrivaient le matin pour déposer leur bien. La journée était beaucoup plus creuse et le soir, la fréquentation redevenait plus forte à la sortie du bureau, d'autres clients venant, après le bureau, reprendre leurs biens, etc.

Par ailleurs, le nombre de transactions permet effectivement de mesurer l'activité quotidienne sans le masque du C.A. dont le mix produit n'est pas toujours représentatif de l'activité.

> *Connaître les heures réelles de présence du personnel tout au long des périodes de vente est essentiel.*

Un des paradoxes induit par l'utilisation du ratio B est qu'il n'est pas toujours facile de connaître le nombre pertinent d'heures travaillées à la journée. Les rémunérations étant mensuelles, et globalement fixes, le suivi horaire n'est pas une priorité sauf pour calculer l'absentéisme, ce qui est une autre question.

Identifier les enjeux : une première approche d'économie à « grosses mailles »

Exemple

Nous utilisons, ici, l'exemple de l'entreprise Gamma 2 pour illustrer l'utilisation et la pertinence du ratio B : $\frac{T}{HP}$

Ce ratio B est très révélateur.

La signalétique de Gamma 2 est la suivante : elle est composée de 19 points de vente dont les surfaces de vente se répartissent entre 240 et 1 360 m², et le ratio B moyen est de 2,12.

Cette approche à « grosses mailles » donne une première indication : 10 points de vente sur 19 ont un ratio inférieur à cette moyenne.

Vaincre les freins culturels..

Sauf que, comme d'autres entreprises, Gamma 2 est habituée à d'autres ratios. Cette manière de mesurer la productivité ne « parlait pas » suffisamment à la direction, voire pensait-elle, risquerait d'être néfaste aux ventes.

Il est donc décidé d'employer en complément des ratios *retail* plus traditionnels et utilisés habituellement par l'entreprise :

* CA/surface (m^2) ;
* taux de marge.

Les 19 magasins furent donc reclassés en fonction de ces deux critères supplémentaires, ce qui rassurait les décideurs. Comme on pouvait s'y attendre, le nouveau classement n'est pas un copier-coller du précédent. En revanche, il confirme la pertinence du nouveau ratio de productivité ($\frac{T}{HP}$). En effet :

* les six premiers points de vente, au seul plan de la productivité, se retrouvent classés dans les 12 premiers ;
* mieux, trois d'entre eux se classent dans les quatre premiers du nouveau classement.

Ce calcul confirme que la mesure nouvelle de la productivité ne détériore en rien l'impact commercial sur les ventes qui, bien entendu, reste tout de même l'essentiel.

L'utilisation de ce nouveau ratio est donc pertinente. Il s'agit maintenant de définir les enjeux.

La moyenne n'est pas forcément le meilleur objectif.

Ayant rassuré Gamma 2 de l'intérêt du nouveau ratio, la recherche d'économies et de productivité est lancée et la démarche suivante, appliquée :

* établissement des hypothèses d'économies ;
* test sur un des points de ventes.

La définition des enjeux vise à mobiliser les esprits et faciliter le changement de méthode :

* premier enjeu : atteindre le ratio B moyen, soit 2,12, pour les 10 points de vente en-deçà de ce seuil. Cela dégagerait une économie de l'ordre de 180 000 € ;
* second enjeu : il convient de ne pas se référer à la moyenne mais, au contraire, viser l'objectif des six meilleurs points de ventes. Le ratio de productivité à atteindre est donc de 2,38.

Il s'agit d'un effort supplémentaire de productivité de 12 %. Nous l'avons déjà dit : pour améliorer la productivité, au-delà de la méthode, il convient de faire partager l'objectif par les acteurs.

Faire partager l'objectif aux équipes.

Encore fallait-il convaincre les équipes et mettre à plat l'ensemble des chiffres, ce qui fut fait.

Il fallait évidemment prendre les précautions d'usage, à savoir, qu'au-delà de la productivité stricto sensu, un point de vente a besoin d'une équipe minimale pour répondre à la présence des visiteurs, et de ce fait, les petites surfaces pourraient être désavantagées.

Avec ce nouvel objectif, l'enjeu d'économie passe à 500 000 €.

Cela devient donc un premier objectif, d'autant que l'effort supplémentaire de 12 % de productivité accroît les économies de l'ordre de 200 % !

Tester les pistes d'amélioration de la productivité sur un point de vente

Cette approche globale mobilise assurément les décideurs sur le niveau de productivité et des économies, encore faut-il mobiliser tous les acteurs et, ici, dans un premier temps, les 19 directeurs des points de vente.

> *La réalité se passe sur le terrain !*
> *Analyser la productivité, point de vente par point de vente.*

Toutefois, celle-ci n'intègre évidemment pas la réalité quotidienne d'un point de vente. Il s'agit donc de la tester dans sa globalité sur un point de vente représentatif.

L'amélioration de la productivité passe nécessairement, à ce stade, par une étude terrain, pour identifier tous les cas particuliers et la fréquentation quotidienne des points de vente.

> *Mener l'analyse sur une année entière, soit 52 semaines.*

Exemple

L'analyse porte sur un des plus importants points de ventes de Gamma 2. Quelques chiffres pour le situer :
- surface : +1 300 m^2 ;
- 70 000 transactions annuelles (près de 200/jour) ;
- CA moyen : 60 € par transaction.

Avec un ratio de 1,97, le point de vente se classe 15e sur 19 au classement de la productivité. Il en est de même avec les ratios traditionnels, soit 15e pour le CA par m^2 et 16e pour la marge. Ces chiffres expliquent le choix de ce point de vente pour le test. L'enjeu d'économie au départ est de l'ordre de 100 000 € en appliquant les ratios et les objectifs de base.

> *L'amélioration de la productivité ne doit pas être payée par le client*
> *en file d'attente.*

Il s'agit maintenant de définir les effectifs nécessaires à la réalisation des transactions, sans détériorer la qualité de service aux clients (ne pas provoquer de files d'attente). Ensuite, il s'agit d'intégrer la vie du point de vente qui ne se réduit pas aux seules transactions.

Identifier les heures réelles de présence des vendeurs

Que se passe-t-il sur le point de vente ?

L'analyse des transactions hebdomadaires[1], permet de dresser une typologie qui est essentielle. En effet, elle permet d'établir le nombre de personnel nécessaire pour réaliser les ventes (transactions).

---

1. Il peut se faire qu'il faille, dans certains cas, mener une analyse en fonction des jours de la semaine.

Exemple

Écart en % par rapport à la médiane du nombre de transactions par semaine

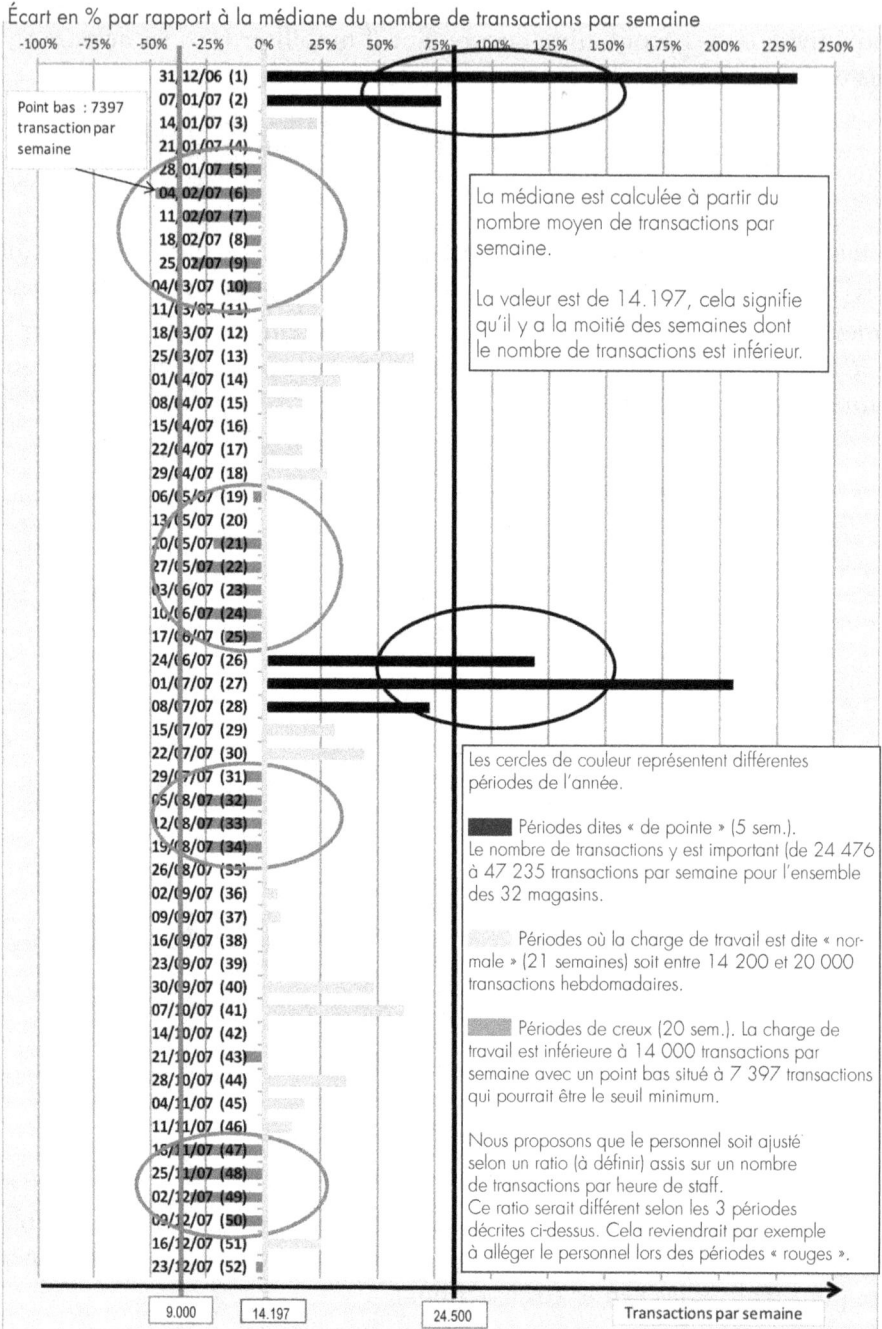

La médiane est calculée à partir du nombre moyen de transactions par semaine.

La valeur est de 14.197, cela signifie qu'il y a la moitié des semaines dont le nombre de transactions est inférieur.

Point bas : 7397 transaction par semaine

Les cercles de couleur représentent différentes périodes de l'année.

Périodes dites « de pointe » (5 sem.). Le nombre de transactions y est important (de 24 476 à 47 235 transactions par semaine pour l'ensemble des 32 magasins.

Périodes où la charge de travail est dite « normale » (21 semaines) soit entre 14 200 et 20 000 transactions hebdomadaires.

Périodes de creux (20 sem.). La charge de travail est inférieure à 14 000 transactions par semaine avec un point bas situé à 7 397 transactions qui pourrait être le seuil minimum.

Nous proposons que le personnel soit ajusté selon un ratio (à définir) assis sur un nombre de transactions par heure de staff. Ce ratio serait différent selon les 3 périodes décrites ci-dessus. Cela reviendrait par exemple à alléger le personnel lors des périodes « rouges ».

Figure 2.1. – Évolution des ventes sur l'année

Dans notre cas, la typologie met en évidence trois périodes de vente très différentes :

- une période de 5 semaines sur 52 – ce sont les pointes – dans cette période, le nombre de transactions explose et se situe entre 24 000 et 47 000. On devine instantanément l'activité très importante liée aux périodes de soldes ;

- une période de 24 semaines sur 52 (46 %) que l'on considère comme normale, avec un nombre de transactions situé entre 14 000 et 20 000 ;

- enfin, une période de 23 semaines (44 %) considérée comme creuse, avec des transactions situées entre 7 400 et 14 000.

La figure 2.1 représente les volumes de transactions hebdomadaires à l'année pleine. Elle montre que la médiane étant de 14 000 transactions, la moitié des semaines de l'année, les transactions sont inférieures à ce chiffre.

Déterminer le nombre minimum de vendeurs présents en même temps sur le point de vente

Les bases de travail étant posées, il s'agit à ce stade d'approfondir l'activité ventes et, en particulier, le comportement des visiteurs, dans le but de déterminer le nombre de vendeurs minimum qui doit être présent en même temps pour assurer les ventes, indépendamment des transactions.

> *Intégrer les informations autres que les seuls volumes de transactions.*

Exemple

Dans notre exemple, il s'agit d'intégrer :

- d'abord, le nombre de visiteurs. Au-delà des transactions, en effet, des visiteurs se présentent dans le point de vente et ne sont pas forcément consommateurs. Quand bien même feraient-ils du simple tourisme individuel, la présence de vendeurs est nécessaire pour les aider, argumenter, présenter les produits… et même les surveiller ! Dans notre cas, un tiers des visiteurs n'est pas consommateur ;

- ensuite, le temps de présence d'un client/visiteur dans le point de vente. Ici, il s'agit d'évaluer cette présence par sondage, de manière à l'intégrer dans l'analyse. Il se trouve que dans le cas présent, la présence moyenne d'un visiteur est de 15 minutes ;

- de plus, il convient d'intégrer les horaires d'ouverture du point de vente ;

- enfin, pour identifier les marges de manœuvre éventuelles, il convient d'analyser :
  - la nature des contrats des vendeurs,
  - leur planning de présence. L'analyse des plannings de présence est très symptomatique. Ainsi, une grande partie du personnel disposait d'un curieux planning. Certains vendeurs pouvaient ainsi avoir une semaine type où ils commençaient avec 4 horaires de début différents.

> *Attention ! L'amélioration de la productivité ne doit pas conduire à détériorer les conditions de vie au travail, ni créer des files d'attente pour le client.*

65

Affiner l'analyse de productivité, sur l'ensemble des transactions

Il s'agit d'appliquer le ratio $\frac{T}{HP}$ en tenant compte des différentes périodes de vente.

Exemple

Aux trois périodes identifiées initialement se greffent, dans le cas Gamma 2, après l'étude détaillée, une quatrième période.

Ainsi, la charge de travail, en termes de transactions, peut se ventiler selon le tableau suivant.

Tableau 2.1. – Charge de travail selon les différentes périodes de vente

Périodes	Nb de semaines	Transactions/hebdo	Transactions/jour
Extra-pointes	3	> 3000	> 500
Pointes	2	2000/3000	400
Normales	30	1000/2000	250
Creuses	17	< 1000	< 150

Comparons maintenant ces volumes de transactions au nombre d'heures de personnel présent. Le constat est clair : la baisse des transactions de plus de 80 %, selon les périodes, n'entraîne qu'une baisse des effectifs inférieure à 20 %.

En conséquence, le ratio de productivité ($\frac{T}{HP}$) se situe entre 9 et 1,8 !

En périodes normale et creuse, le ratio est très éloigné de l'objectif de 2,35. Cela confirme le potentiel d'amélioration de la productivité tout en le précisant.

Intégrer la charge de travail pour réaliser l'ensemble des activités (autres que la vente)

Si l'amélioration de la productivité est liée à la fréquentation du point de vente et aux ventes, et est essentielle pour réduire les coûts, il reste que la charge de travail relative aux activités complémentaires de *front* ou *back office* doit être intégrée.

Il s'agit donc, dans le point de vente, de prendre en compte la charge relative :

- au *visual merchandising* : la présentation des produits doit être conforme au cahier des charges produits ;
- au réassortiment du point de vente ;
- à la caisse, en particulier le nombre de caisses ouvertes pour éviter les files d'attentes ;
- aux stocks et approvisionnements, ce qui n'est pas aisé puisque le flux des articles vendus augmente de plus de 70 % entre un mois moyen et les semaines de soldes ;
- à la sécurité et aux vols ;

- à la préparation des soldes ;
- au ménage et aux frais généraux ;
- au rangement permanent du point de vente.

Tenir compte de la fréquentation du point de vente

Comme signalé précédemment, il importe à ce stade de prendre en compte la fréquentation totale, visiteurs et clients, du magasin. Celle-ci comprend :

- le nombre de visiteurs ;
- la moyenne de visiteurs par jour de la semaine. En l'occurrence, dans l'exemple de Gamma 2, il s'agit du samedi qui montre une pointe importante eu égard aux autres jours de la semaine ; mais ce n'est pas toujours le cas ;

> *Combien y a-t-il de visiteurs en même temps dans le point de vente ?*

- le nombre de visiteurs simultanés.

Une fois ces indicateurs définis, il convient de prendre en compte le nombre de visiteurs simultanés : le nombre de visiteurs divisé par le nombre d'heures de présence du personnel.

Exemple

D'ailleurs, ce ratio est très éloquent pour le point de vente étudié, comme le montre le tableau 2.2.

Tableau 2.2.

Périodes	Visiteurs simultanés par heure de présence
Extra-pointes	7
Pointes	5,7
Normales	2,4
Creuses	1,9/2,1

En dehors des périodes « extra-pointes » et « pointes », la présence simultanée des visiteurs chute fortement pour être toujours inférieure à 3 visiteurs par heure de présence. Cela pendant 47 semaines sur 52...

Cela confirme l'existence de marges de manœuvre importantes.

Si chacun connaît globalement ces différents types de fréquentation, leur calcul réel permet de redéployer les heures de présence (HP) en fonction des périodes et d'améliorer ainsi la productivité.

Appliquée à notre point de ventes test, cela permet d'économiser 30 % des heures de personnel, soit de l'ordre de 10 000 heures par an et une économie de 140 000 €.

Établir un planning type et reformuler, si besoin est, les contrats du personnel

Il s'agit d'entrer dans l'opérationnel et de redéployer un nouveau planning type des équipes. Cela peut conduire à reformuler les contrats de travail des vendeurs.

Compte tenu des différentes hypothèses, et essentiellement de l'écart du nombre de transactions entre les périodes d'extra-pointes et de pointes – soit 5 semaines – et les autres périodes, il convient, au-delà de son lissage, de s'assurer que le planning est compatible avec de bonnes conditions de vie au travail.

> *Attention ! La régularité des horaires des vendeurs doit être recherchée.*

Exemple

Dans la configuration précédente, seules 7 personnes, comme d'habitude les managers, avaient des horaires réguliers. Les vendeurs, au contraire, étaient soumis à des horaires peu conventionnels. En particulier, ces derniers débutaient leur journée avec des horaires différents trois jours sur cinq (sans tenir compte des périodes de soldes).

L'avantage complémentaire de cette mise à plat a été d'élaborer un planning plus humain, quand bien même le nombre d'heures a été réduit.

Généraliser la démarche

Il convient de noter que l'hypothèse théorique (à « grosses mailles ») de départ conduisait pour les 19 points de vente à une économie de l'ordre de 500 000 €.

Or, l'analyse détaillée réelle – certes du principal point de vente – génère à lui tout seul près de 30 % des économies envisagées au départ.

Exemple

La décision fut prise d'étendre la démarche à quatre autres points de vente. Cela a entraîné une économie de l'ordre de 14 000 heures par an, soit l'équivalent de 200 000 €.

Les cinq magasins sous contrôle (celui du test et l'extension à ces quatre derniers) permet une économie de 24 000 heures et de 340 000 €.

Cela permet de confirmer que l'hypothèse de départ des économies sera atteinte et sans doute dépassée.

L'amélioration de la productivité d'un point de vente est possible, et même parfois sensiblement, sans détériorer ni les conditions de vie au travail des équipes, ni provoquer la formation de files d'attente pour le client.

LES VENTES EN GROS (*WHOLESALE*)

Les ventes en gros concernent les ventes aux différents réseaux : indépendants, grands magasins et grande distribution.

Exemple

L'entreprise Alpha 3 revisite sa démarche commerciale et son réseau de ventes pour améliorer la productivité. C'est l'occasion pour elle de mettre sous contrôle le portefeuille clients ainsi que l'offre produits. Une photographie de la situation sur ces deux domaines montre le succès de l'opération.

Tableau 2.3.

	Avant	Après	Δ
Nombre de clients	1034	1130	+ 9 %
Nb d'articles/commande	342	465	+ 36 %

Le nombre de clients augmente et le nombre d'articles vendus par commande augmente également et de façon spectaculaire.

Si en apparence l'accroissement du nombre de clients peut paraître modeste (+9 %), l'intensité de chaque commande a, elle, sur une même période, explosé de plus 36 %. L'effort déployé sur le réseau vers les clients a entraîné une amélioration sensible de la productivité des ventes.

Encore faut-il souligner qu'entre les deux périodes, le prix moyen d'un article vendu a augmenté de 30 %.

Ces améliorations ne doivent pas cacher la transformation des clients, que la photographie des seuls chiffres bruts ne montre pas : le portefeuille clients s'est transformé.

Le changement a conduit à créer un nombre important de nouveaux clients. De plus, suite au diagnostic, la force de vente s'est trouvée libérée d'environ 200 clients (près de 20 %) dont l'analyse avait souligné qu'ils n'avaient ni contribution positive, ni présence qualitative (image...) compensatrice sur le territoire.

Ce nouveau maillage du terrain (clients/force de vente) a rendu également possible une réduction sensible de l'encadrement du réseau et du réseau lui-même. Au total, la productivité commerciale a été augmentée de 50 %.

Ne pas avoir peur des clients !

Le diagnostic du réseau

Maîtriser les frais de vente commence naturellement par la mise en œuvre d'un diagnostic de l'action commerciale. Celui-ci peut être élaboré à partir d'indicateurs permanents, par ailleurs nécessaires à la gestion de la force de vente.

> ### Indicateurs de l'action commerciale
>
> *Volumes et euros : de quoi s'agit-il ?*
>
> - *CA, base tarif et brut facturé, CA net facturé, CA net (hors ristournes), CA net-net (hors autres avantages accordés, différés ou non : budgets publicitaires en particulier) ;*
> - *ristournes diverses, remises et avantages valorisés (PLV, marge arrière, etc.) ;*
> - *en unités de vente : volumes en unités-produits, caisses, palettes, tonnes, kilos, litres, etc. ;*
> - *dégradation : montant des prises d'ordres/montant des facturations.*
>
> *Répartition : quoi ? à qui ? comment ?*
>
> - *par famille, sous-famille de produit, par produit ;*
> - *par client et type de client, par réseau, par circuit ;*
> - *par vendeur, équipe, région commerciale.*
>
> *Les clients : comment évolue le portefeuille ?*
>
> - *clients actifs, nouveaux, perdus, potentiels, ancienneté ;*
> - *classification A, B, C, D ;*
> - *par type, par région, par taille.*
>
> *Tableau de bord : rentabilité du réseau*
>
> - *contribution du réseau ;*
> - *contribution des vendeurs.*

Sous forme pratique, les statistiques de vente doivent rester un instrument de suivi, de gestion, d'animation et de dialogue. Pour l'essentiel, elles sont un sous-produit de la facturation et des prises d'ordre. Elles doivent être lisibles, accessibles et simples.

Mais aussi, il convient de :

- se méfier de la peste : du manque de totalisation... comme toujours ;
- et du choléra : de l'absence de comparatifs homogènes.

Le système d'indicateurs commerciaux est souvent révélateur de la culture de l'entreprise. Le soin apporté à leur mise au point, leur diffusion et leur utilisation constitue souvent des gisements de productivité. Par leur existence même, ils sont, de fait, le début de l'analyse et une réelle base de décision.

Au-delà des données statistiques elles-mêmes, il convient aussi de mettre en évidence les conditions de leur utilisation : à qui servent-elles ? comment sont-elles partagées par la force de ventes ? etc.

Deux situations laissent perplexes ; le curseur se positionne entre :

- les informations qui relèvent essentiellement du seul management et les données ne sont pas partagées (ou très peu) ;
- et celles dont une grande partie du temps d'animation de la force de vente est passée en réunion à écouter les bonnes et mauvaises fortunes des collègues sur le terrain.

> *L'analyse du portefeuille clients est au centre de l'amélioration de la productivité.*

Or, il s'agit d'un moment fort où, pour beaucoup, tout se joue à court terme.

Ainsi, dans une multinationale industrielle, les affaires étant très en deçà des prévisions de vente, le réseau commercial mondial était réuni tous les deux mois, parfois avec une fréquence plus grande. Après de longs déplacements au siège, la journée se passait à écouter les déboires, et parfois même les succès des collègues. Le commercial du Brésil était désespéré d'avoir passé la nuit en voyage pour écouter les mésaventures commerciales de son collègue japonais ! Ce n'est pas le fameux classement A, B, C des prévisions de vente clients qui changeait son état d'esprit.

Dans un deuxième temps, il s'agit d'optimiser les coûts en mettant en place les recommandations.

Dans tous les cas, un accompagnement de la force de vente sur le terrain est indispensable. Il s'agit de comprendre le métier, les clients et leurs besoins ainsi que l'activité déployée chez ces derniers. Le diagnostic a un spectre large. La plupart des indicateurs interagissent sur le portefeuille clients, comme l'indique la figure 2.2.

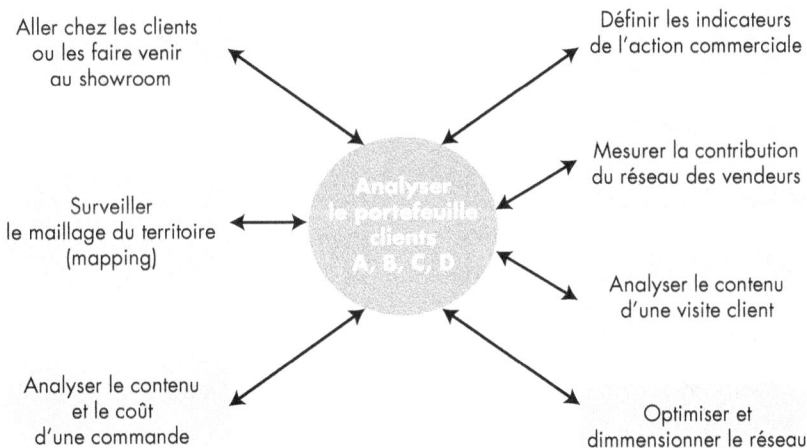

Figure 2.2. – Les facteurs influant sur le portefeuille clients

Coût du réseau et contribution

Réduire les coûts implique évidemment d'établir une base de départ. Il s'agit de construire le compte de résultat du commercial et de déterminer la contribution dégagée par le réseau : la marge qu'il dégage en propre.

Le coût de la structure commerciale sera pris dans sa globalité ! Il convient de calculer la contribution brute (en utilisant le mode de calcul utilisé par l'entreprise ; standard, prix de sortie usine…). Cette contribution brute est individualisée pour chaque membre de la force, ce qui permet un premier niveau d'évaluation des performances individuelles.

Il convient ensuite d'isoler et de défalquer de cette contribution brute le coût de l'encadrement du réseau (responsables régionaux, chef de ventes, comptes-clés...), et les coûts indirects de direction, d'administration commerciale, de transport, de livraison, etc.

L'analyse du seul chiffre d'affaires peut être trompeuse. Pour calculer la contribution réelle, il convient d'analyser la contribution brute globale, pour ensuite intégrer l'incidence du mix des ventes.

La prise en compte de la contribution brute et de la contribution dégagée par le réseau permet en général de s'assurer que le chiffre d'affaires n'est pas trop lié au produit – « le plus facile à vendre parce que le moins cher, mais pas toujours le plus rentable ».

Très souvent, l'étude de la contribution par commande-livraison permet de fixer au réseau des objectifs simples et clairs pouvant améliorer fortement le résultat commercial : par exemple, augmenter la diffusion des lignes-produits choisies, ou le nombre moyen de lignes par commande.

Pour améliorer la performance du réseau, il est important de ne pas se contenter d'indiquer aux vendeurs le prix de vente d'un produit, mais de lui donner également le coefficient de marge brute par produit et la marge brute globale de façon à fixer, certes, des objectifs de chiffre d'affaires, mais aussi un objectif de résultat.

> *Attention ! Connaître le coefficient de marge implique de s'assurer, évidemment, de la confidentialité de l'information.*

Cette indication de marge utilisée au moment de la définition des objectifs périodiques doit nécessairement faire l'objet d'une politique de confidentialité. Le risque de divulgation d'un quelconque coefficient (marge, ristourne, etc.) peut conduire à des surcoûts extrêmement lourds.

Dans certains secteurs, ce sont les remises qui doivent être sous contrôle, plus que la marge.

La vigilance des coûts directs est d'autant plus nécessaire que la grande distribution exerce une pression forte pour obtenir des avantages financièrement coûteux (marges arrières, têtes de gondoles, etc.) qui doivent être confrontés aux réalisations. Certaines entreprises ont ainsi filialisé leur département commercial, lequel doit acheter les produits aux usines, à un coût standard, devenant ainsi non seulement responsable du chiffre d'affaires, mais aussi du résultat dégagé par l'activité.

Reste qu'une telle décentralisation implique d'organiser des passerelles nécessaires avec les autres directions, et en particulier marketing, ordonnancement, logistique, etc.

Sans aller systématiquement aussi loin dans la décentralisation, et pour autant que les systèmes d'information s'y prêtent, il est souhaitable de mener l'analyse non seulement au niveau des coûts propres, mais surtout au niveau de la marge.

La mise en place d'une contribution du commercial permet un suivi régulier des coûts et résultats à chaque niveau de la structure commerciale (représentants, équipe de vente, encadrement direct, encadrement indirect et administratif) comme le montre le tableau 2.4 ci-dessous.

Tableau 2.4. – Contribution du commercial

En milliers d'Euros	Représentant JEREMIE		Représentant STEFAN		Représentant CHRISTOPHE		3 autres représentants	Total Région I		Total Région II	Total France Région I+II
1. Chiffre d'affaires net HT	2 000		1 900		2 120		7 000	13020			
2. Coût standard des produits vendus	1 538		1 500		1 700		5 460	10198			
3. = (1 – 2) Contribution brute	462	23,1 %	400	23,1 %	420	21,8 %	1 540	2822	22 %		
4. Frais de vente des représentants	140	7 %	130	7 %	169	7,9 %	450	889	6,8 %		
5. = (3 – 4) Contribution des représentants	322	16,1 %	270	14 %	251	12 %	1 090	1 933	15 %	1 800	3 733
6. Frais et encadrement régions								260		265	525
7. = (5 – 6) Contribution des régions								1 673	13 %	1 535	3 208
8. Autres frais commerciaux indirects											1 186
9 = (7 – 8) Contribution du commercial											2 022

4 = Rémunération, frais de route, frais de vie
6 = Inspecteur régional, rémunération + frais
8 = Frais Direction Commerciale + administration commerciale + frais divers

Exemple

Dans notre exemple, le représentant Jérémie engage un coût annuel (ligne 4) de 7 % du chiffre d'affaires et apporte une marge de 16,1 %. Dans le même temps, le représentant Christophe engage un coût de 7,9 % du CA et ne rapporte qu'une marge ou contribution de 12 %. En fait, Christophe a dégagé une contribution brute de 21,8 %, alors que Jérémie dégage, lui, une contribution brute 23,1 %. Les frais de vente propres à chaque représentant ont encore accentué cet écart.

> *Mesurer la performance du commercial : individualiser les différents niveaux de contribution.*

Cette même analyse doit être menée au niveau de chaque région, et au niveau de l'ensemble des réseaux. Cette présentation permet également une mesure de l'impact des coûts de la structure de l'administration commerciale et de la direction des ventes (lignes 7 et 8).

Le tableau 2.5 résume les différentes comparaisons pour mener d'éventuelles actions correctives.

Tableau 2.5. – Coûts et contributions par rapport au chiffre d'affaires HT de chaque région

	Région I	**Région II**	**Total Région I + Région II**
Coût des représentants	6,8 %	6,9 %	7,0 %
Contribution des représentants	14,8 %	14,6 %	15 %
Contribution de la région	12,8 %	12,5 %	12,9 %

Les deux paramètres retenus, coûts et contribution, ont l'avantage d'éviter d'asseoir le hit-parade des vendeurs et des régions sur le seul chiffre d'affaires qui risque de générer une myopie naturelle, en s'abstenant de toute référence au potentiel du marché. Il est plus facile – du moins le croit-on – de vendre un collant dans le Nord que dans le Midi ! Évidemment, comparer les contributions et résultats aux objectifs budgétaires permet de corriger cette vision.

Ce tableau de bord permet d'identifier la contribution de chaque vendeur et de chaque région ainsi que le coût du management et des traitements administratifs. Cette individualisation et l'isolement des frais directs facilitent l'évaluation de la performance du réseau.

Budget et objectifs ont alors un sens complet pour l'ensemble de l'équipe. En effet, maîtriser les coûts ne doit pas, bien au contraire, faire oublier la dimension humaine de la force de vente et la motivation qui sont un gage de succès ; la connaissance des résultats individuels en est un principe.

Par ailleurs, pour le réseau comme pour l'entreprise, une question se pose : faut-il aller chez le client pour y « pousser » les produits ou, au contraire, faut-il l'attirer dans l'entreprise, dans des showrooms/salons, en l'occurrence. Aux coûts du maillage du terrain se substituent alors les coûts de location des salles.

La comparaison doit être nécessairement faite. D'ailleurs, les principaux coûts sont rapidement identifiables, comme le montre le tableau 2.6 (même s'il n'est pas exhaustif).

Tableau 2.6. – Facteurs influant le choix de rencontrer les clients

Facteurs visites aux clients	Facteurs showrooms
Nombre de collections (une par vendeurs)	Loyers + charges (annuels/ponctuels)
Frais de routes	Nombre de collections
Frais de vie	Merchandising
Scénario de présentation	Frais de vie
Nombre de clients visités	Frais de routes
Temps disponible pour les prises d'ordres	Nombre de clients reçus
Traitement administratif	Temps disponible pour les prises d'ordres
Connaissance des ventes	Traitement administrative
Management	Connaissance des ventes
Prospection, etc.	Management
	Prospection, etc.

Reste la question essentielle : « Comment rencontrer les clients ? »

Il convient également d'être imaginatif. Si, pour des raisons d'ordre souvent psychologique, le client est perçu comme un « animal immuable » ou encore un « terroriste » qui ne voudrait en rien changer ses habitudes et donc ne « bougerait » pas, alors le choix est clair mais souvent… constitue une erreur !

Exemple

L'entreprise Beta reçoit ses clients dans différents showrooms en Europe. Certains sont fixes et loués à l'année. D'autres sont loués ponctuellement dans des hôtels de luxe. Chaque showroom dispose de tous les outils nécessaires à la vente qui sont finalement onéreux, en particulier tout ce qui touche au produit. Pour réduire les coûts, il fut envisagé de concentrer à Bruxelles les ventes des autres pays d'Europe et de mettre en commun les collections. Cet exercice, au demeurant coûteux, présentait le désavantage de retarder la connaissance des ventes pour les lancements en fabrication. Il fut proposé, au contraire, de fermer le showroom de Bruxelles et de le fusionner avec celui de Paris. Cette transformation radicale, très réductrice de coûts, se heurtait au risque de perte d'une partie des clients belges.

Ce ne fut évidemment pas le cas, du moins pour les gros clients. Ces derniers voyaient leur voyage à Paris offert selon le niveau de CA atteint.

On retrouve là le double effet réduction des coûts et application des 20/80.

Analyser les visites : coût et nombre

Dans la démarche globale de réduction des coûts, nous avons souligné l'importance de base de la règle des 20/80. En particulier, l'analyse du portefeuille clients, clé de voûte de l'amélioration de la productivité, a permis de rééquilibrer et de libérer le temps disponible aux équipes de ventes pour travailler les gros clients. L'exemple du début du chapitre illustre parfaitement cela.

> *Calculer le coût des visites et le comparer à la marge dégagée par le client.*

La sélection des clients est toujours une question compliquée. Il convient donc d'établir et d'intégrer le plus grand nombre de paramètres possible pour éviter les erreurs.

Il s'agit maintenant d'appliquer cette même règle des 20/80 en intégrant le coût du réseau et sa contribution. Le chiffre d'affaires et la marge dégagée par le client sont alors comparés aux différents coûts engagés pour les obtenir. L'application de cette règle met en évidence des disparités importantes entre clients, en termes de chiffres d'affaires et de marges brutes. Le calcul du coût d'une visite client est un indicateur essentiel pour cette sélection. À première vue, prétendre qu'un client n'est pas égal à un autre client soulève – comme par réflexe conditionné – des tempêtes dans un verre d'eau.

Les exemples sont nombreux où l'objectif de la force de vente vise essentiellement l'augmentation du CA. Pourtant, cette recherche effrénée cause non seulement des coûts importants mais peut aussi s'avérer particulièrement trompeuse, à terme.

Exemple

C'est ainsi que l'entreprise Delta voit son CA global baisser dans une des zones européennes. Devant cette baisse des deux réseaux (*retail* et *wholesale*), le management force à la création de points de vente en franchise qui compensent et même gomment cette baisse tendancielle. À court terme, ce développement des franchises masque une tendance très lourde. Les produits souffraient, la marque souffrait depuis plusieurs années, l'arrivée des franchises compensait la baisse du CA et évitait la remise en question des causes de baisse. Sauf que, très vite, ces nouvelles franchises subissaient le même et cruel destin de l'activité et des déboires signalés. Ce n'était que reculer pour mieux sauter !

> *Les clients sont différents !*

Le tableau 2.7, ci-après, montre qu'un représentant coûte de l'ordre de 100 000 €[1]. Pour ce coût, le nombre de jours disponibles pour les visites clients est de l'ordre de 160[2] et un parcours de 50 000 km par an. Cela correspond à 40 semaines avec 4 jours de visites par semaine. Dans cette hypothèse, la journée de visites revient donc à 625 €.

> *Différencier les clients !*

Le coût de la journée de visite implique une gestion particulière du nombre de visites possibles. De fait, le coût de la visite peut varier d'environ 313 € pour de 2 visites par jour à 157 € pour 4 visites.

---

1. 98 495€ dans l'exemple.
2. Selon l'organisation des tournées.

Dans le tableau 2.7 ci-après, le chiffre retenu est de 3 visites par jour avec un coût de 205 € par visite.

Mais attention : le représentant n'est pas seul en cause quant aux nombres de visites réalisées.

Ainsi, la même entreprise a pu constater que le temps de présentation d'une collection pouvait varier entre 2 heures et 4 heures. Dans ce dernier cas, il sera difficile au représentant d'effectuer plus de 2 visites par jour, même en prenant beaucoup de son temps personnel pour effectuer les déplacements et les travaux administratifs. De plus, un temps de présence « double » chez le client n'apporte pas nécessairement une rentabilité équivalente.

Tableau 2.7 – Exemple de rémunération d'un représentant

Paramètres de la simulation		
Jours de déplacements par an	160	Soit environ 4 jours par semaine sur 40 semaines
Kilomètres par an	50 000	
Repas par jour de déplacement	1,75	

Dépenses déplacement	Par jour	Par an	Notes
Frais de vie			
Hotel + petit déjeuner hors parking	85 €	13 600 €	Type 2 étoiles (plutôt 70-75€ en province et 100-120€ Paris et grandes villes)
Repas	18 €	5 040 €	15-20 € selon entreprises
Sous total frais de vie	103 €	18 640 €	
Frais routiers			
Parking	15 €	2 400 €	Parfois gratuit sinon 10 € et plus pour la nuit. Le jour ?
LLD : Véhicule + entretien + pneu	41 €	6 600 €	50 000 km par an : base BMW série1 550 € mensuel pour 3 ans 150 000 km
TVS + Assurance auto	9 €	1 420 €	Retenu 800 € d'assurance et 620 € de TVS
Carburant	26 €	4 225 €	Retenu 50 000 km par an et 6,5 litres au 100 km à 1,3 € par litre de GO
Péage	9 €	1 500 €	Retenu 0,03 centimes par km parcouru
Taxi			Non retenu pour cet exemple commercial itinérant
Sous total frais routiers	100 €	16 145 €	
Frais généraux			
Téléphone portable + forfait	8 €	1 200 €	100 € par mois internet 3G inclus 10 h et remplacement téléphone
Divers	5 €	800 €	
Sous total frais généraux	13 €	2 000 €	
Total des frais	216 €	36 785 €	
Salaires et charges	386 €	61 710 €	Soit 2 750 € net mensuel pour le salarié sans 13e mois ou 2 538 € net avec 13e mois
Total coût direct complet	615 €	98 495 €	Pour un salaire mensuel de 3 000 € net sur 12 mois ajouter 5 600 €

.../...

Analytique et ratios de base	Ratios	
Coût des frais routiers par jour en déplacement	101 €	
Coût des frais routiers par km	0,323 €	
Part salaires et charges sur total	63 %	
Km moyen par jour en déplacement	312,5	
Part des frais de vie sur total frais	51 %	
Part des frais routiers sur total frais	44 %	
Prix par jour visite	616 €	
Coût par visite	205 €	3 visites par jour

Détail prix au km pour le péage	
2 000 000	Kilomètres parcourus (sur 40 représentants)
60 000 €	Prix cumulés des péages
0,0300 €	Prix au km parcouru tous types

Il est possible d'intégrer cet indicateur complémentaire à l'analyse du porte-feuille clients.

Définir le temps optimum de présence chez le client.

L'analyse du temps de présence chez le client est une piste essentielle pour améliorer la productivité commerciale et la réduction des coûts.

Cela permet de définir le nombre quotidien de visites à effectuer par le commercial et aussi d'intégrer le temps nécessaire pour réaliser une visite efficace. Pour cela, il s'agit de prendre en compte à la fois :

▷ Le maillage du territoire, pour trouver un équilibre entre le suivi de l'existant et la prospection utile, après analyse des potentiels réels. Ce maillage est largement facilité et optimisé grâce à de nouvelles applications et des abonnements à des organismes spécialisés qui permettent non seulement de connaître le nombre de points de vente potentiel dans une ville donnée, mais encore les principales rues passantes et leur potentiel pour une catégorie de produits donnés. On peut connaître aussi le positionnement des marques concurrentes chez les futurs prospects.

▷ Le temps de présence nécessaire chez un client pour présenter l'offre produits, dont on sait qu'il varie. On choisira une clé simple par cycle de vente : nombre de visites par cycle et leur durée. Un client peut « peser » 2 visites de 1 heure par période et un autre 4 visites de 2 heures, etc. Là encore, l'analyse du portefeuille clients permet de projeter les besoins.

Les temps de déplacement et d'attente, toujours si importants et souvent sous-estimés, doivent être également mis sous contrôle. En général, on diminuera les visites de confort ou d'entretien pour augmenter les objectifs de prospection et développement.

Exemple

Ainsi, une analyse portant sur une équipe de 7 représentants de l'entreprise P pendant 18 semaines de présentation de la nouvelle collection a donné les résultats suivants :

- nombre total de visites : 1 743 ;
- nombre de visites avec présentation de la collection : 1 009 ;
- nombre de visites avec commande : 765.

Ce qui, pour les 80 jours de la période analysée et pour les 7 représentants, donne les résultats moyens suivants :

- nombre de visites par jour : 3,1 ;
- nombre de présentations par jour : 1,8 ;
- nombre de commandes par jour : 1,4.

Identifier et comprendre les causes de dégradations.

Ces éléments du tableau de bord opérationnel sont très significatifs. Ils montrent une forte dégradation qui amène à s'interroger sur l'efficacité des tournées de l'équipe de ventes :

- plus de 50 % des visites sont perdues ! Au mieux, elles constituent une simple prise de contact ;
- du strict point de vue de la productivité, seules 44 % des visites donnent lieu à des prises de commandes. Si une certaine déperdition est naturelle (fermetures de points de vente non annoncées, changement de commerce, etc.), un tel écart doit néanmoins être expliqué ;
- seules 60 % des visites donnent l'opportunité de présenter l'offre produits aux clients.

Ces trois indicateurs sont d'autant plus interpellants que, lorsque la présentation de l'offre produits peut avoir lieu, le taux de commande passe, lui, à 76 %. Si ce taux de commande peut encore être amélioré, il n'est pas la priorité. Ce dernier chiffre permet dans un premier temps d'évacuer ce qui est souvent une explication des mauvais résultats, l'absence de pertinence de l'offre produits, qui sert souvent d'alibi.

Limiter le nombre de « petits clients » !

L'urgence est donc de s'attaquer aux « pertes au feu » ; ces dégradations coûtent excessivement cher. Dans certains cas, « près de mille visites ne donnent lieu à aucune commande ! ».

En théorie (et seulement dans ce cas !), le nombre moyen de visites par jour est de 3,1. Pour l'équipe de 7 vendeurs, sur une période de 80 jours, ce sont près de 300 jours de visites qui pourraient être épargnés ou ventilés autrement, alors que le nombre de jours potentiels de tournées est de 560 pour l'équipe. Théorique, certes, mais une hypothèse de travail à approfondir.

En pratique, il convient de remettre en cause le maillage du réseau. La fameuse règle 20/80 doit servir de base à l'opération.

Quatre niveaux de remise en cause :

Premier niveau : sur les 765 clients actuels, il convient de donner la priorité aux 150 clients qui représentent 80 % du chiffre d'affaires. Le seul fait de mettre en avant ce chiffre est éclairant. Il ne s'agit plus de « travailler le terrain » de façon extensive mais de façon intensive.

Seuls 150 clients peuvent être considérés comme prioritaires, alors qu'il y a 1 743 visites sur la tournée ! Cela veut dire que, toutes choses égales par ailleurs, 1 500 visites couvrent 20 % du CA.

Dans notre exemple, et en tenant compte des visites doubles, chez les clients prioritaires, les visites complémentaires qui sont à intégrer sont de l'ordre de 200.

Du point de vue de la productivité et de la réduction des coûts, il s'agit donc en priorité de :
- remettre en cause le nombre de visites perdues ;
- « qualifier » les visites efficaces.

Deuxième niveau : envisager de changer le processus des prises d'ordre et de présentation de l'offre produits. D'ailleurs, ce changement devient de plus en plus présent, certains secteurs d'activité proposent 4 présentations par an au lieu de 2 ; progressivement, certains glissent vers 6, voire 8 présentations.

Troisième niveau : décider s'il convient de continuer d'aller chez les clients ou les prospects pour présenter l'offre produits ou de faire venir ces derniers en showroom ou en salon.

Quatrième niveau : quels que soient les choix des niveaux 2 et 3, il convient de repenser le maintien d'un portefeuille clients « fictif » : « les mille visites sans commandes ». Là encore, l'amélioration de la productivité et de la réduction des coûts vont de pair avec l'amélioration des performances qualitatives et économiques.

Différencier prospection et prise de commandes.

Dans une optique de maîtrise des coûts, la création de nouveaux clients – objectif évident – doit faire l'objet d'une réflexion plus large. Selon les métiers, celle-ci est souvent laissée aux équipes de ventes, censées connaître le terrain. Le mélange prise de commandes et prospection n'est pas toujours optimisé. Si tout dépend évidemment du positionnement du réseau et du métier, il importe d'examiner l'hypothèse de mettre en place une équipe spécifique consacrée à la prospection – des ouvreurs de portes – ou simplement recourir à une équipe centralisée (voire louée) en charge de la prise des rendez-vous pour le réseau.

La recherche d'amélioration de la productivité doit permettre de valider l'hypothèse de l'impact des ventes « pull » à celle des ventes « push ». Il s'agit de faire venir les clients et les prospects en showrooms (ou salons) plutôt que d'aller présenter l'offre sur le point de vente lui-même.

Il s'agit là évidemment d'une transformation assez radicale du process de vente. Au regard de la productivité, cette démarche présente des avantages théoriques (qu'il conviendra de confirmer selon le métier de l'entreprise) :
- la prise de rendez-vous avec les clients : cela permet plus facilement de donner la priorité aux clients classés A et de connaître rapidement les réactions qualitatives et quantitatives à l'offre produits ;

◦ ainsi, il est également possible de réduire très rapidement l'offre. Les clients les plus importants (20/80) ayant passé leur commande, il est beaucoup plus facile d'identifier les différents SKU qui n'ont pas rencontré une demande favorable de ces clients. Il devient plus aisé de les supprimer du catalogue. À ce stade, l'effort de réduction des coûts dépasse largement le niveau commercial pour se diffuser à l'ensemble des coûts de l'entreprise (matières premières, fabrication, traitement administratif, etc.) ;

◦ dès lors que le métier n'implique pas de ventes sur stocks ou de produits permanents, cette pratique permet également un enjeu de réduction des délais tant au niveau des achats que des fabrications et livraisons ;

◦ cette réduction de l'offre, rapide, permet une amélioration qualitative de l'offre aux autres clients. La sélection de produits effectuée par les principaux clients permet d'anticiper plus facilement l'impact commercial des produits. Ainsi, les clients de taille plus modeste pourront se concentrer sur des achats filtrés par des professionnels plus aguerris.

Toutefois, il est clair que cette pratique engendre des contraintes non négligeables, et notamment :

◦ le coût du déplacement pour le client (encore qu'il soit possible en fonction du CA de lui proposer des compensations) ;

◦ l'efficacité des prises de rendez-vous ;

◦ les coûts de location des showrooms ;

◦ la réticence des clients à « laisser leur point de vente » ; sauf l'habituel lundi évidemment, qui devient un jour de surcharge notable pour les équipes ! ;

◦ l'accueil des clients dans le showroom et la coordination des rendez-vous ;

◦ la disponibilité de l'offre produits à présenter, etc.

Par ailleurs, ce choix implique également une mesure de la productivité en showrooms ainsi que l'évaluation du temps de présence des clients et la charge de travail qu'elle représente.

Attention ! La durée des visites n'est pas forcément homogène.

La durée des visites influence naturellement les plannings de charge du showroom comme l'indique la figure 2.3.

Sur les 343 visites, la durée de la prise de commande, dans 42 % des cas, est inférieure ou égale à 2 heures. Et dans 80 % des cas (289 visites), elle est inférieure ou égale à 4 heures. En revanche, le graphique le montre parfaitement, les dernières visites sont extrêmement longues (de près de 5 heures jusqu'à 24 heures !). L'impact des franchises implique une planification spécifique.

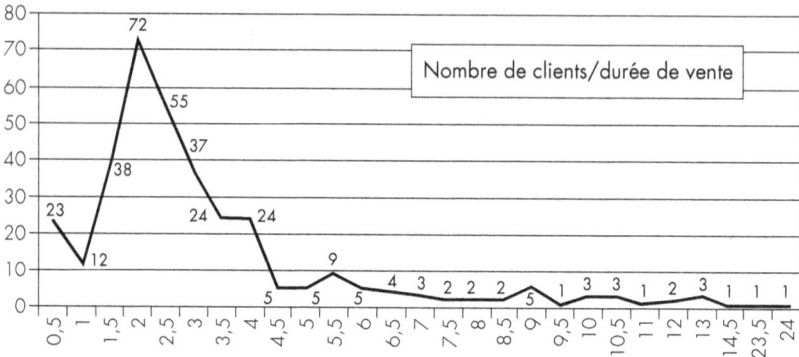

Figure 2.3 – Durée de présence des clients au showroom

Toucher les prospects ?

Reste qu'il ne s'agit évidemment pas d'abandoner le terrain si longuement « labouré ».

Selon les secteurs d'activités, un mix de plusieurs outils pourrait être mis en place. Dans tous les cas, il s'agit de connaître les prospects potentiels du territoire. Au-delà de l'utilisation des logiciels ad hoc, la force de vente dispose certainement d'une connaissance de proximité qui doit permettre un premier « remaillage ».

La place prise par le télémarketing et les résultats qu'il permet d'atteindre doivent faire réfléchir sur le dosage à concocter suivant la nature des produits, le marché et les clients, entre les visites traditionnelles et l'utilisation du téléphone et autres moyens technologiques (mails…).

D'une façon générale, les résultats escomptés d'une campagne téléphonique non ciblée, c'est-à-dire tous azimuts sur un fichier de clients potentiels, sont de l'ordre suivant pour 1 000 appels :

- nombre de contacts pris : 150 à 200 ;
- nombre de commandes : 30 à 50.

Ce taux de 5 % de prises de commande, constaté dans la majorité des expériences pratiquées, est loin d'être négligeable. Ce qui vaut pour les commandes peut être élargi à la prise de rendez-vous. Cette première étape diminue le nombre et le coût de visites « sans présentation ».

Reste alors à définir s'il vaut mieux faire appel à des « ouvreurs de portes » spécialisés ou à s'appuyer sur la force de vente elle-même.

La fin du face à face ?

La popularité exponentielle des transmissions Internet accentue la possibilité de prendre des commandes sans relations systématiques de face à face avec le client. Il est aujourd'hui possible pour les consommateurs de consulter un catalogue, renouvelé quotidiennement éventuellement, pour permettre aux clients de passer directement leur commande, connaître leur montant, les dates de livraisons, bénéficier de promotions, etc. Cette approche de marketing direct s'étend au B2B.

Par ailleurs, les coûts de création et de maintenance des sites Internet, s'ils sont bien présents, offrent un important retour sur investissement. Quelques exemples – voir les chapitres 1 et 3 – montrent que ces nouvelles pratiques diminuent notablement la charge de travail administratif autour des commandes pour la limiter à de simples validations.

Analyser le portefeuille clients et les classer A, B, C, D

S'il est indispensable de mettre en évidence les différents coûts, encore faut-il ne pas se focaliser exclusivement sur eux. La marge n'est dégagée que dans la mesure où les clients eux-mêmes s'avèrent rentables. Aussi, l'analyse du portefeuille clients devient-elle primordiale. Pour cela, il convient de connaître :

- le nombre de clients en portefeuille ;
- le nombre de clients mouvementés dans l'année ;
- la répartition des clients par chiffre d'affaires ;
- la répartition des clients par marge brute et contribution ;
- le nombre de nouveaux clients ;
- le nombre de clients perdus ;
- l'ancienneté des clients (il s'agit de mesurer la rotation des clients) ;
- la périodicité des commandes (surveiller l'impact de la saisonnalité).

La recherche de ce type de renseignements et leur mise à jour systématique peuvent réserver bien des surprises.

Exemple

Ainsi, l'entreprise Q, avec ses 5 423 clients, dispose d'une excellente couverture du territoire. La ventilation du portefeuille clients est donnée ci-dessous en fonction du chiffre d'affaires.

Sur les 5 423 clients, 1 662 (956 + 706), soit 30 % représentent 2,7 % du chiffre d'affaires total. Ils sont traités au même titre que les 100 premiers clients qui, eux, pèsent près de 15 % du CA !

Tableau 2.8 – Ventilation du portefeuille clients en fonction du CA

Chiffre d'affaires	Nombre de clients
< 1 000	956
de 1 000 à 2 000	706
de 2 000 à 4 000	975
de 4 000 à 10 000	1 408
de 10 000 à 20 000	766
de 20 000 à 40 000	426
de 40 000 à 60 000	90
de 60 000 à 80 000	32
de 80 000 à 100 000	21
> 100 000	43
Total	**5423**

Dans cette entreprise, le coût d'une visite se situe aux environs de 200 €. Si l'on ajoute 100 € pour le traitement administratif, on s'aperçoit que la plus grande partie de ces « petits » clients ne couvrent pas les frais engagés.

On peut raisonnablement s'interroger sur la nécessité de maintenir des rencontres en face à face avec cette classe de clients et même s'il convient de les traiter en direct, voire de les supprimer.

Toutefois, avant d'entreprendre une quelconque élimination des clients non rentables, il est indispensable de mener une analyse prospective à leur sujet.

En liaison avec le réseau, il importe d'identifier le potentiel de chacun d'eux. Pour mener à bien cette étude, chaque représentant devra préciser pour chacun de ses propres clients :

- l'état actuel et les perspectives selon ses propres connaissances ;
- l'environnement économique ;
- l'image régionale.

Par ailleurs, les informations suivantes assureront une meilleure sélection :

- le chiffre d'affaires total du client ;
- le chiffre d'affaires réalisé avec l'entreprise ;
- la marge brute (ou contribution brute) ;
- l'ancienneté du client ;
- la position vis-à-vis de la concurrence ;

▶ la situation dans la zone d'achalandage (seul, position et pression du principal concurrent du client).

Classer les clients A, B, C.

Si elle n'a jamais été réalisée, cette situation devrait faire l'objet, pendant une période donnée, d'une annexe systématique au rapport d'activité. De plus, il existe aujourd'hui des bases de données qui permettent non seulement de « peser » le client mais aussi de connaître la place qu'il accorde à la concurrence.

Une classification A, B, C des clients pourra alors être entreprise avec le portefeuille clients rénové.

De plus, comme le montrait la figure 2.2, toute analyse commerciale opérationnelle passe nécessairement par cette classification. D'autant que, une fois encore, une politique de réduction des coûts maîtrisée permet de créer un effet positif supplémentaire : libérer le réseau de quelque 1 500 visites permet d'approfondir la relation avec les 4 000 clients restant, ou selon les cas, d'en prospecter de nouveaux !

Toutefois, les technologies en vigueur aujourd'hui permettent de traiter ces « petits » clients, éventuellement, de façon différente et en réduisant fortement l'intervention humaine. Si ces clients, par exemple, passent des ordres directement sur Internet sans rencontre en face à face, il est clair que certains pourront être conservés dans la mesure où le traitement administratif de leur commande serait diminué et donc les coûts fixes réduits.

Exemple

Une telle analyse a conduit l'entreprise S à modifier totalement sa stratégie de vente. Ainsi, les produits de grande consommation, qui étaient distribués directement auprès de 40 000 clients, ne le sont plus maintenant qu'auprès de 25 clients ! Ceci est certes un cas extrême, mais qui présente l'avantage de montrer à quel point l'analyse des clients peut s'avérer opportune.

Conserver les clients ?
Quel est leur taux de rotation ?

Telle autre entreprise se donne pour objectif, comme c'est bien naturel, la création de nouveaux clients. Ceci est certainement nécessaire mais, dans le même temps, un dépouillement du portefeuille clients met en évidence que 80 % de ces nouveaux clients délaissent l'entreprise l'année suivante ; et cela dure depuis plusieurs années.

Aussi longtemps que les causes de cette hémorragie n'auront pas été cernées, la création de nouveaux clients s'avérera coûteuse à court terme. Mais surtout, elle risque de dégrader l'image de marque sur le long terme. Il convient de prendre immédiatement en compte cet aspect.

D'ailleurs, à force de prospection extensive et coûteuse, liée à la volatilité des clients, le territoire risque d'être couvert très rapidement. De fait, le potentiel de prospects va se trouver limité et le marché, lui-même, saturé ; tous connaissant l'entreprise mais de façon négative.

Cette situation particulière conduit à mettre sous contrôle régulièrement le taux de rotation des clients.

Exemple

L'entreprise W se trouve confrontée à la situation suivante. Toute orientée à l'augmentation du CA et du nombre de nouveaux clients, elle délaisse son portefeuille de clients actifs. Cette myopie a conduit à un effet ciseau entre l'augmentation du nombre de nouveaux clients et la baisse des clients anciens. Dans un premier temps, la création de nouveaux clients compense largement l'érosion du portefeuille clients. Après quelques années, le nombre de clients perdus croît fortement passant de 160 à plus de 300. Ce qui est vrai en volume se retrouve également au niveau du CA. Le CA. des clients perdus a plus que doublé en trois ans. Ainsi, sur la période, le nombre de clients perdus a augmenté de près de 95 %. Sur cette même période, le CA perdu a augmenté, lui, de plus de 140 %.

Au début, le phénomène est masqué par l'arrivée de plus de 350 nouveaux clients. Puis la création plafonne et le CA des nouveaux clients commence à baisser, ne compensant plus l'augmentation provoquée par les nouveaux clients ; comme le montre la figure 2.4.

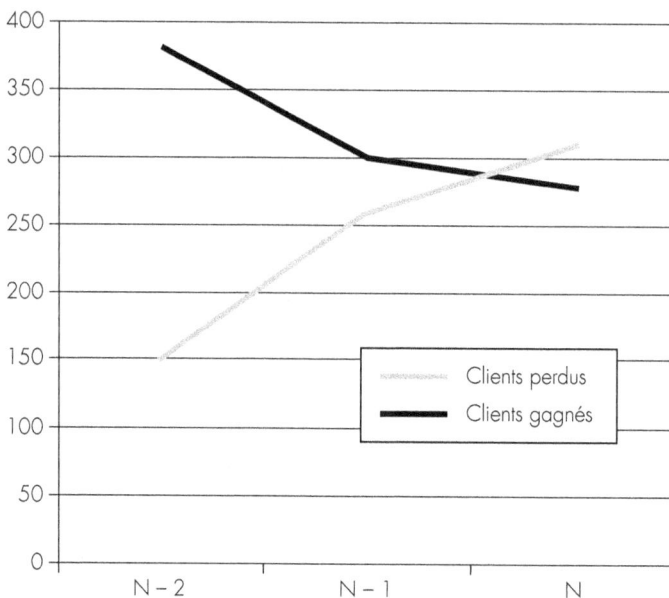

Figure 2.4 – Évolution du nombre de clients gagnés/perdus

Suivre les alertes lancées par les clients : analyser l'ancienneté des clients perdus.

Les clients perdus font des signes avant de partir ! Pour anticiper les événements, il convient d'approfondir ces données de façon à comprendre la situation. L'analyse du portefeuille clients n'est pas une simple photo instantanée. Il convient de l'analyser sur une plus longue période.

Exemple

L'entreprise Lambda 3 analyse les clients perdus selon leur ancienneté dans le portefeuille clients. Le résultat est édifiant : seul 10 % des clients perdus l'ont été brutalement et pour ainsi dire de manière inattendue.

Les 90 % autres s'éloignaient progressivement de l'entreprise. Il existait donc des signaux comme le montre les chiffres ci-après :

* pour 67 clients, le CA baissait depuis plus de 3 ans ;
* pour 63 clients, le CA baissait depuis 3 à 2 ans ;
* pour 66 clients, le CA baissait depuis 2 ans.

L'alerte n'a pas été anticipée.

Analyser les commandes

L'analyse des commandes permet d'évaluer l'efficacité de l'effort commercial à l'état brut. Par ailleurs, c'est aussi un moyen important de mesurer la rentabilité des clients, la productivité du réseau et celle de l'administration commerciale.

L'analyse des commandes a trois objectifs :

* d'abord, évaluer l'efficacité des vendeurs à partir de l'achat des clients ;
* ensuite, déterminer le seuil de rentabilité minimum exigé pour une commande ;
* enfin, améliorer la productivité administrative.

De fait, l'analyse des commandes peut être menée selon ces trois points de vue.

L'origine de la commande

Les modalités des prises d'ordre influent directement sur la productivité administrative. La figure 3.9 du chapitre 3 illustre l'impact des nouvelles technologies sur les traitements des factures fournisseurs. Il en est de même pour les commandes clients.

Aujourd'hui, les pratiques de l'EDI, des e-mails, des saisies directes à l'écran, etc., viennent simplifier notablement le travail administratif, tant du point de vue de la saisie des données que de la qualité des traitements, ce qui réduit sensiblement le nombre d'erreurs. Or, souvent ces transformations n'ont provoqué aucune amélioration de la productivité.

Ainsi, l'analyse de la provenance des commandes revient à déterminer son origine et les moyens utilisés pour les intégrer au système.

Notamment, on peut distinguer :

- La répartition entre commandes directes (envoyées directement par le client) qui génèrent de simples validations et commandes indirectes envoyées ou télé-transmises par le vendeur qui ont un impact direct sur les services commerciaux. D'abord, cette répartition illustre les différentes pratiques métiers et une démarche de réduction des coûts ne peut s'en abstenir, d'autant que c'est l'ensemble du processus commande qui est impacté. Il est nécessaire d'identifier les commandes passées en face à face et celles qui feront l'objet, avec parfois des décalages importants, de commandes différées. Ensuite, cela permet de mesurer la charge de travail administratif, en particulier, de saisies, de validations, et aussi les relations téléphoniques.

- La répartition entre les moyens utilisés : téléphone, courrier, fax, Internet, EDI. Ces points ont un impact direct sur la productivité administrative. Cela permet d'adapter l'organisation administrative au flux des commandes. Au-delà, c'est aussi un moyen de répondre aux clients dans des conditions de qualité. Une fois encore, la réduction des coûts est compatible avec la satisfaction des clients. C'est pourquoi on parle aussi d'optimisation.

La nature de la commande (et le processus de lancement en fabrication)

Quelle est l'efficacité du réseau commercial et des vendeurs en particulier ?

> *Analyser le portefeuille commandes permet d'améliorer la productivité.*

La maîtrise des coûts suppose aussi la maîtrise de la productivité tout au long du processus de l'offre produits.

Le réseau commercial dispose d'un catalogue de références qui, selon les métiers, ont un caractère permanent, saisonnier ou mixte. Clairement, le portefeuille commandes va se consolider, lui aussi, autour de la règle des 20/80. Reste que l'action des individus permet aussi de relativiser quelque peu cette règle. Ainsi, comme souvent, chacun le sait, le fait de mettre en œuvre une action commerciale spécifique et ponctuelle sur des produits peu vendus, améliore, comme par hasard, leurs ventes.

Reste que ces actions ont une influence importante sur la génération de coût, aussi convient-il d'examiner l'ensemble du processus.

La démarche sera sensiblement différente selon que le processus de l'entreprise s'appuie sur le cycle :

- prévisions de ventes/lancements de fabrication/stocks produits finis/ commandes ;
- ou lancements à la commande.

Encore faut-il mettre sous contrôle le délai (en nombre de jours) nécessaire aux premières consolidations pour les besoins internes. Répondre sur le délai optimise les lancements en fabrication et contribue à diminuer les dégradations (fabrications invendues, par exemple).

Par ailleurs, « mettre à plat » le portefeuille des commandes (achat d'une seule famille de produits ou de plusieurs, de produits complémentaires, etc.), permet non seulement de « mesurer » l'influence du vendeur dans l'acte d'achat, de son rôle de conseil, mais aussi de s'intéresser à l'offre produits elle-même.

Également, connaître la périodicité des ventes (saisonnalité) permet de mesurer l'impact des produits présentés, et d'esquisser une connaissance des causes structurelles éventuelles d'un refus d'achat.

Cette analyse se conduit à deux niveaux : un niveau global du portefeuille qui donne les grandes tendances ; un niveau spécifique, pour les principaux clients, qui permet « d'agiter » l'offre produits.

Dans tous les cas, ce constat, mené sur un échantillon représentatif de clients, permet des actions correctrices tant avec la force de vente qu'avec les chefs de produits. Comme nous l'avons vu lors de l'analyse du portefeuille clients, le portefeuille commandes risque de s'étendre à cause des dits « petits » clients. Le risque est de se retrouver dans une situation où les 80 % des clients qui pèsent 20 % du CA génèrent 80 % des références qui elles-mêmes pèsent 20 % du CA.

Cette chaîne est à mettre sous contrôle.

> *Prendre garde à la multiplication des coûts.*
>
> *80 % des clients pèsent 20 % du CA et risquent de générer 80 % des références qui pèsent elles aussi 20 % du CA.*

Le coût de traitement d'une commande clients

Chaque commande réclame un traitement administratif (codification, saisie, travaux manuels, validation, etc.), entraînant un coût fixe, parfois fort élevé.

> *Mesurer les coûts de traitement d'une commande.*

Le ratio : $$\frac{\text{Frais administratifs commerciaux}}{\text{Nombre de commandes}}$$

permet de déterminer le coût fixe de traitement d'une commande. On entend par frais commerciaux les coûts de la force de vente, l'encadrement et les frais administratifs commerciaux. Comparé à la contribution brute dégagée par la commande, il est alors possible d'en définir son point mort.

Comme nous l'avons vu à diverses reprises, la règle des 20/80 conduit à identifier les 80 % des clients qui ne pèsent que 20 % du CA. C'est dans cette masse que l'on va trouver les clients dont le coût de traitement d'une commande serait supérieur à ce point mort. Nous verrons plus loin l'impact de productivité et de réduction des coûts engendré par une telle démarche. Toutefois, certains évitent – rarement avec raison, mais toujours émotionnellement – de supprimer un certain nombre de ces clients non rentables.

Leur identification offre l'opportunité d'agir indirectement, néanmoins, en définissant de nouvelles conditions de vente qui coiffent un éventuel refus de vente, comme :

- accorder le franco de port à partir d'un seuil minimum par commande (80-100 articles par exemple) ou d'un montant minimum de chiffre d'affaires ;
- facturer des frais administratifs pour les commandes inférieures à un certain montant (par exemple, plus 10 % pour les commandes inférieures à un certain seuil, etc.) ;
- recourir à des ventes par un circuit grossistes.

Cette analyse du coût de traitement d'une commande conduit donc à prendre en compte la contribution brute dégagée par chaque client, de calculer leur point mort et d'indiquer ainsi, à la force de vente, les actions particulières à entreprendre vis-à-vis des clients non rentables.

On l'a vu dans de multiples exemples, bien que très délicate, cette refonte du portefeuille clients ouvre la voie, certes, à de forts gains de productivité mais, plus encore, à améliorer les performances commerciales.

Définir un niveau efficace d'encadrement du réseau

Toute force de vente a besoin d'encadrement. Le vendeur ne peut à longueur de temps être un homme « seul sur la route ». Au-delà de la motivation intrinsèque, liée aux contacts avec un collaborateur du siège, l'encadrement/animation vise à développer l'efficacité des tournées et des visites.

Cependant, on constate que l'aspect « animation » du réseau laisse place volontiers à l'aspect « encadrement ». De l'animation « sur la route », on passe à un « encadrement sédentaire ». D'ailleurs, démarche qualité aidant, et mal digérée de surcroît, la bureaucratie risque de prendre le pas sur l'efficacité.

Exemple

C'est ainsi que dans l'entreprise Netti, sous prétexte de respecter les procédures et de « signer » les documents supports – comme preuve du regard porté sur les ventes, recommandé dans le manuel qualité – le manager éditait sur papier les résultats lisibles à l'écran pour apposer son visa. Apparemment, ce paraphe apposé, le document était classé et il n'y avait aucune discussion sur son contenu ni aucun commentaire ; d'ailleurs, ce formalisme n'intéressait plus personne.

Le risque de ce type de trajectoire est d'accroître sensiblement le coût du réseau, sans bénéfices supplémentaires, et avec trois conséquences :

- le nombre de jours consacré au terrain tend à décroître ;
- la part administrative de « l'encadrement » est accrue ;
- l'encadrement se structure géographiquement et physiquement.

Attention à la nature de l'encadrement !

Exemple

L'animateur qui tourne avec le réseau devient responsable ou directeur régional ! Comme une vis sans fin, le maillage du territoire exige alors d'en accroître le nombre (il en faut un par région). Au début de sa nouvelle activité, l'animateur/encadreur exerce depuis son domicile. Peu à peu, l'idée vient qu'un bureau serait plus opérationnel. Au coût du bureau s'ajoute alors le coût de l'indispensable secrétaire, c'est bien un cadre qui existe maintenant. Si l'inflation des coûts est stoppée à ce niveau, il s'ensuit néanmoins une diminution sensible de la qualité de l'animation.

Dans d'autres cas, cette dynamique s'accentue ; en effet, les clients seraient, dit-on, mieux servis – sous prétexte de proximité – s'ils passaient directement par la direction régionale (point fixe permanent). Le personnel est alors accru, et une mini-administration commerciale se crée dans chaque région.

Ainsi, le directeur commercial de l'entreprise ER exige de voir toutes les commandes arrivant dans l'entreprise. De fait, un exemplaire supplémentaire est ajouté à la liasse-commande utilisée par le représentant, pour lui permettre d'accomplir ce « pieux devoir », sans pour autant retarder le traitement des commandes !

De pure courroie de transmission, la direction régionale devient un mini-centre de traitement. Toujours au nom du même principe « servir au mieux le client », le bureau est peu à peu transformé en dépôt ; des produits y sont stockés et un poste de magasinier y est créé : « Proximité, que de crimes on commet en ton nom ! »

L'entreprise rationalise alors les bienfaits d'une politique de décentralisation, mais les coûts ont excessivement crû. Il y a maintenant un véritable directeur régional… mais il y a moins d'animation sur le terrain ; au contraire, ce sont les représentants qui se déplacent au bureau régional pour la traditionnelle réunion du lundi matin.

Remettre en cause le discours sur la proximité pour redéfinir l'encadrement.

Au niveau des coûts, la structure d'animation est un point particulièrement important.

Un suivi est d'autant plus indispensable qu'à l'aspect quantitatif s'ajoute un bilan qualitatif. Bien souvent, en effet, l'animation est confiée aux meilleurs représentants, dans un but de promotion interne. Or, il s'agit souvent d'une fausse promotion car, au-delà de l'importance du salaire fixe, par rapport à la rémunération flexible d'avant la promotion, rien ne change spécifiquement dans le métier de l'animation. Ecartelé entre un métier sans doute difficile, mais motivant, et un travail sédentaire, quel que soit le titre attaché à la fonction nouvelle, le corps d' « inspecteurs » ainsi créé perd le sens de son travail. Cela coûte cher aussi ! D'autant que, dans certaines entreprises de services, le taux de départ de cette population tend à s'accroître fortement.

La réduction des frais de vente suppose donc une mise sous contrôle du coût de l'encadrement du réseau.

Sans être excessivement normatif, on retiendra cependant que la force de vente réclame un animateur pour un nombre de représentants situé entre 7 et 9. Le type de travail demandé aux vendeurs doit guider quant au nombre définitif. On veillera cependant à ne pas établir trop d'échelons hiérarchiques entre ces animateurs et la direction des ventes.

Le ratio : $\dfrac{\text{Effectif force de vente}}{\text{Effectif encadrement du réseau}}$

illustre le poids de l'encadrement commercial.

Au-delà des coûts eux-mêmes, le risque est le mélange des genres qui induit que le processus prend le pas sur les hommes et les femmes.

Exemple

Ainsi, dans l'entreprise de détail Lambda, le directeur du point de vente, impuissant, doit impérativement respecter les consignes du cahier de merchandising : « Vous n'êtes pas là pour réfléchir », dit même le merchandiser. « Appliquez le cahier ! ». Au point que le nécessaire respect du cahier de consignes est une priorité qui dépasse le besoin d'adaptation. Lors de la réunion d'animation des ventes, il rétorque que les consignes sont respectées !

Suivre le niveau des frais de vie, des frais de route et des frais divers.

Les frais de tournées (frais de vie et frais de déplacement) pèsent dans le coût du réseau (50 % environ). Aussi importe-t-il de les suivre régulièrement. De fait, les frais directs identifiés (voir le tableau 2.4. – Contribution du commercial) permettent un suivi individuel et global.

Trois ratios sont à utiliser :

▸ le suivi permanent des frais de déplacement : $\dfrac{\text{Montant frais de route}}{\text{Chiffre d'affaires HT}}$

▸ le suivi permanent des frais de séjour : $\dfrac{\text{Montant frais de vie}}{\text{Chiffre d'affaires HT}}$

◗ le suivi permanent des autres frais :

$$\frac{\text{Montant des autres frais}}{\text{Chiffre d'affaires HT}}$$

Le suivi de l'activité est facilité par l'automatisation des données fournies par le représentant. Il est alors possible d'effectuer à la fois un suivi individuel, un suivi collectif et de le comparer aux prévisions.

Attention, comparaison n'est pas raison !

Dans le suivi des frais, il convient de tenir compte du maillage du territoire et du fait que les frais ne dépendent pas du seul vendeur.

Il importe de différencier :

◗ les frais relatifs aux consommations directement liées à l'activité terrain (essence, consommation de téléphone, etc.) ;

◗ les frais induits par la nature des contrats passés par l'entreprise avec les fournisseurs (véhicules, assurances, abonnements téléphoniques) ;

◗ les frais liés aux libéralités plus ou moins importantes définies par l'entreprise (utilisation de numéro Azur, Indigo, Audiotel, frais d'hôtel et de restauration – les « frais de vie »).

Les frais de consommation sont largement tributaires du territoire couvert par le vendeur. Les autres frais dépendent des négociations et des contrats signés par l'entreprise avec les fournisseurs. L'analyse de la nature des contrats du parc de véhicules peut conduire à des économies non négligeables. Ainsi, il convient de confronter régulièrement les kilomètres parcourus par les véhicules aux kilomètres prévus par les contrats, ce qui permet d'économiser entre 5 et 15 %. Encore faut-il mettre à plat les contrats et leur utilisation et vérifier s'il vaut mieux les modifier plutôt que de payer les dépassements kilométriques.

Calculer le seuil de rentabilité des vendeurs et du réseau

Le réseau de vente engage des coûts directs (rémunération fixe, commissions, frais de route et de vie, etc.) et des coûts indirects (encadrement, traitement des commandes, etc.).

Il s'agit de définir le chiffre d'affaires minimum que doit réaliser un vendeur pour couvrir ses coûts et définir ainsi son seuil de rentabilité.

Soit un chiffre d'affaires X, à la marge brute dégagée par les ventes et C le coût direct d'un représentant ; la relation (1) indique le seuil de rentabilité :

$$aX = C$$

Cependant, il convient de prendre en compte dans la définition du seuil de rentabilité des frais indirects, soit C'. La relation devient :

$$aX = C + C'$$

Définir le montant minimum d'une commande.

L'introduction, dans le calcul du seuil de rentabilité, des coûts indirects du commercial laisse nettement apparaître l'importance de la définition d'une structure d'encadrement du réseau optimum.

Il peut s'avérer nécessaire d'introduire dans l'indicateur du seuil de rentabilité, le nombre de visites journalières effectuées par les représentants.

Dans ce cas, si V est le nombre de visites quotidiennes, la relation devient :

$$aX = \frac{C}{V}$$

qui calcule le seuil de rentabilité par visite.

Cette nouvelle relation permet de tenir compte de l'impact de la zone géographique affectée au vendeur dans les résultats. Le nombre de visites sera évidemment différent selon, d'une part, que la zone sera urbaine ou rurale et, d'autre part, que les clients seront classifiés comme nécessitant un nombre de visites supérieur.

Le calcul du seuil de rentabilité est indispensable à la refondation du portefeuille clients.

Exemple

Ainsi, dans le cas particulier de l'entreprise Beta 3, pour un coût de réseau de 5 millions d'euros, les frais directs des 21 représentants de la force de vente s'élèvent à plus de 3 millions d'euros. Par ailleurs, la marge brute moyenne est de 52 % et le coût d'un client ressort à 4 000 €.

Le seuil de rentabilité d'un client s'établit donc en moyenne à 4 000/0,52 = 7 692 € !

Or, il se trouve que 310 clients (25 %) sur 1 250, ont un CA inférieur à ce seuil.

Par hypothèse, la suppression totale – qui reste évidemment à examiner au cas par cas – engendrerait une perte d'1 million de CA tout en améliorant sensiblement la productivité, et correspondant à une marge brute de 520 000 €, compte tenu du taux de marge brute ci-dessus.

Utiliser la marge brute, et non le CA, relativise l'impact qu'aurait l'hypothèse de la suppression des 310 clients.

Encore faut-il remarquer que nous avons conservé pour ce calcul le taux de marge brute moyen ; il est fort probable qu'une analyse client par client abaisserait cette moyenne et, de ce fait, diminuerai encore l'impact sur le résultat.

Ainsi, toutes choses égales par ailleurs, un simple calcul théorique conduit à fixer une hypothèse d'enjeu d'économies. 1 250 clients pour 21 représentants, cela représente un portefeuille de 60 clients par représentant.

La suppression théorique de 310 clients, dont le seuil de rentabilité n'est pas atteint, ramène le portefeuille clients de l'entreprise à 940. En conservant le même nombre de clients par vendeur, cela représente un enjeu de productivité de 5 vendeurs sur 21, soit un gain de l'ordre de 25 % et une économie potentielle de 700 000 €. Ce qui couvre largement la perte de marge brute. Il est clair, toutefois, que pour confirmer un tel enjeu, il importe au préalable de :

• redéfinir le nombre de visites par client et en particulier les visites aux clients qualifiés (A, B, C) ;

- redéployer la force de vente à la création de nouveaux clients.

De plus, cette réorientation devrait améliorer la performance du réseau commercial avec les 940 clients restants dont le CA devrait s'améliorer, quasi automatiquement.

Optimiser le réseau

Exemple

L'entreprise T dispose de deux réseaux de vente ; l'un distribue une gamme de produits « Grand Public », destinée à toucher une clientèle populaire – principalement à travers les canaux détaillants, les grands magasins et la grande distribution ; l'autre distribue une version haut de gamme, à travers le canal détaillants spécialisés de luxe. L'équipe de vente « Grand Public » est composée de 80 vendeurs exclusifs, divisée en régions avec 10 responsables régionaux, un responsable du circuit détail, une direction des ventes et un directeur commercial.

L'équipe « Luxe », composée de 15 représentants, est encadrée par deux responsables régionaux et un directeur général des ventes.

L'idée latente de fusionner les deux réseaux, longtemps repoussée, devient réalité, suite à une étude d'optimisation portant sur une analyse :
- des tournées des vendeurs (par sondage) ;
- de la clientèle de deux réseaux ;
- des caractéristiques de la vente dans chacun des réseaux.

Cette fusion a conduit à :
- réduire la force de vente à 70 vendeurs, soit une diminution d'effectifs de 25 représentants, avec une réduction des coûts indirects correspondants ;
- éliminer certains clients non rentables ;
- définir un nouveau découpage du territoire.

L'année suivant la réorganisation, au-delà des économies réalisées, les ventes ont augmenté en volume de 5 %.

La réduction des frais de vente implique avant tout un réseau optimisé. Cela conduit à une réduction des frais tant au niveau de la masse salariale qu'au plan des frais de route et des frais de vie.

Optimiser l'effectif de la force de vente

Toute entreprise se pose traditionnellement la question : combien faut-il de vendeurs pour couvrir le territoire national (pour le moins) et réaliser les objectifs ?

Dans une optique de réduction des coûts, la réponse à cette question est essentielle.

Définir le nombre optimal de représentants implique de disposer d'informations approfondies qui couvrent :

- les performances des représentants en clientèle ;
- la qualité du portefeuille clients ;
- le maillage du territoire ;
- un minimum d'indication sur le parc clients dans son ensemble.

Toutefois, cette analyse des performances doit s'accompagner d'un diagnostic du réseau lui-même. Il est paradoxal de constater qu'alors que la présence des vendeurs sur le terrain conduit à privilégier des relations de face à face avec les clients, le taux de rotation des équipes relativise, voire annihile la qualité de cette relation.

Être vigilant au taux de rotation de la force de vente.

Négliger ce taux de rotation risque de rendre myope.

Exemple

Ainsi, l'entreprise 128, à la suite d'un diagnostic, découvre que le taux de rotation des vendeurs s'élève d'année en année, avec pour conséquence une difficulté de plus en plus évidente à recruter.

Si diverses contraintes peuvent expliquer la situation, il en est une beaucoup plus culturelle et managériale. En réalité, l'équipe de vente est fissurée en deux composantes : les « anciens » qui, grands seigneurs sur le terrain, travaillent à moindres efforts auprès de leurs « gros clients » et les « nouveaux », qui ne bénéficient d'aucun des avantages managériaux réservés à la première catégorie.

Aussi est-il souhaitable d'accompagner les analyses statistiques – essentielles – par une analyse sur le terrain, et de tournées avec les vendeurs.

Nous préconisons la démarche suivante, illustrée par l'exemple de l'entreprise U qui distribue des produits de grande consommation et subit une forte saisonnalité, avec deux présentations de l'offre produits par an, sur deux périodes courtes. L'analyse porte sur la clientèle « gros ».

Dimensionner le réseau

Il s'agit, comme nous allons le voir, de :
- constituer un échantillon représentatif des différents types de client ;
- calculer le nombre moyen de visites par jour ;
- analyser le déroulement d'une visite ;
- calculer le temps réel de contact avec le client ;
- identifier les temps indirects (déplacements, etc.) ;
- calculer la durée moyenne d'une journée de travail ;
- tenir compte des disparités régionales ;
- calculer le nombre de points de vente par vendeur ;
- sélectionner les clients (A, B, C) : cible ;
- redéfinir le nombre de visites par client et leur durée ;
- redécouper le territoire ;
- définir les objectifs des vendeurs.

Constituer un échantillon représentatif des différentes zones géographiques des clients

Exemple

Cela a conduit à accompagner 19 tournées de vendeurs, soit 141 visites clients. Trois zones géographiques de clients à analyser ont été retenues :
- 7 tournées dans l'agglomération parisienne ;
- 5 tournées dans les grandes villes de province ;
- 7 tournées en zone rurale.

Calculer le nombre moyen de visites par jour

Exemple

Cette analyse a montré qu'en moyenne, un représentant effectuait 8 visites par jour dont :
- 2,3 visites sans contact véritable ;
- 5,7 visites avec présentation de l'offre produits.

Ce chiffre peut être considéré comme élevé.

Selon la taille de l'offre produits et la zone géographique à parcourir par le vendeur, il conviendra, après analyse, de reconsidérer ce chiffre.

Analyser le déroulement d'une visite

Il s'agit d'analyser le déroulement d'une vente et calculer le temps passé dans les différentes phases de présence chez le client.

Exemple

Ainsi, dans notre exemple, la durée moyenne d'une visite est de l'ordre de 50 minutes (en réalité 52 minutes).

Elle se décompose comme suit :
- attente : 6 minutes ;
- prise de contact : 4 minutes ;
- réassortiment : 6 minutes ;
- présentation de l'offre : 26 minutes ;
- commandes spéciales : 3 minutes ;
- reprises : 6 minutes ;
- divers (litiges…) : 1 minute.

Que se passe-t-il lors d'une visite de face à face ?

Attention ! L'intérêt de l'analyse porte plus sur la compréhension de la situation que sur un simple calcul taylorien, ce que l'exemple ci-dessus pourrait laisser penser.

Dans notre cas, le temps consacré à l'offre nouvelle est de 50 % ! Cela donne nécessairement lieu à un approfondissement. En particulier, les réassorts, s'ils montrent un certain succès de l'offre précédente, peuvent-ils être traités autrement ? Faut-il, dans ce cas, maintenir un contact en face à face ? Peut-on passer ces réassorts via Internet ?…

De plus, cela ouvre une piste pour réfléchir au processus commercial. Est-il toujours pertinent de conserver des réassorts en mobilisant des stocks, donc des coûts, et pour quelle durée ?

On ne peut négliger également l'impact des « reprises » dans la visite qui semble être un indicateur de non-qualité.

La réduction des coûts de la force de vente, comme la réduction d'autres types de coûts, engendre des gains qualitatifs qui sont parfois plus significatifs que les seules économies dégagées. D'ailleurs, les tournées avec les vendeurs sont très significatives car elles récoltent également le discours des clients, tant vis-à-vis de l'offre produits que du service offert par l'entreprise.

Exemple

Ainsi, dans le cadre de tournées grand public de l'entreprise M, il est apparu très souvent qu'une tournée de maintenance SAV offrait l'opportunité de ventes complémentaires, et même l'ouverture à des clients potentiels, sans que le réparateur focalisé sur sa mission première soit à l'écoute de ces opportunités.

Calculer le temps de contact réel avec le client

Pour notre échantillon de vendeurs, le temps de contact réel avec le client représente : 5,7 visites × 50 min = 4 h 45.

Compte tenu des remarques précédentes, ce chiffre demande à être revisité, c'est-à-dire corrigé des anomalies constatées sur le terrain, faute de limiter la mesure à une situation figée et sans progrès.

Calculer le temps indirect

Outre la présentation des produits aux clients, le vendeur utilise nécessairement une partie de son temps de travail en déplacements (entre clients et domicile-clients) et en travaux administratifs qui doivent être pris en compte.

Exemple

Dans l'exemple, les temps de déplacement, estimés eux aussi, sont :
- domicile-secteur : 1 h 10 ;
- entre clients : 1 h 40.

Les temps de travaux administratifs à domicile sont estimés à 1 h 25, soit un total de temps indirect de 4 h 15.

À ce stade, améliorer la productivité consiste à :

- classifier les clients en A, B, C ;
- revoir les causes des temps de déplacements ;
- revisiter la nature des travaux administratifs.

Le choix d'organisation se situe entre deux pôles :

- un nombre intensif de clients qui ont pour caractéristique de générer à la fois du chiffre d'affaires, des coûts, une faible marge et, parfois, des pertes. Les chiffres ci-dessus montrent, à l'envi, que cet « abatage » risque d'être peu fructueux ;
- un nombre plus réduit de clients, générateurs de chiffre d'affaires et de marges, avec lesquelles le temps de face-à-face peut être allongé au bénéfice de commandes plus riches.

> *La perte de marge chez les petits clients peut être largement compensée par un gain, même modeste, chez les clients classés A et B.*

Cette dichotomie peut paraître étrange dans la mesure où elle conduit à privilégier un nombre plus réduit de clients. En fait, ce choix théorique évident est loin de l'être dans la réalité. La perte de chiffre d'affaires semble tétaniser trop souvent la décision, nous l'avons déjà évoqué. En réalité, ce choix est naturel.

Exemple

La définition de clients cibles issus de l'analyse A, B, C montre que pour l'entreprise Alpha, la perte de petits clients – en l'occurrence près de 300 clients ! –, pouvait être compensée par une légère augmentation du CA des 450 clients cibles, A et B. Une augmentation moyenne du chiffre d'affaires de 4 % chez ces derniers compenserait pour le moins la perte de chiffre d'affaires théorique. Concrètement, il s'agit de faire passer le chiffre d'affaires de ces clients de 60 000 à 62 500 €. Cet objectif ouvre la voie à un gain important de productivité, assis sur une meilleure efficacité des vendeurs et améliorant la rentabilité.

Calculer la durée moyenne d'une journée de travail

Il s'agit évidemment d'additionner le temps direct (4 h 45) et le temps indirect (4 h 15) ; soit au total 9 heures. Ce qui paraît acceptable, compte tenu des exigences administratives.

Reste que l'on perçoit clairement les progrès potentiels à mettre en œuvre tout en diminuant les coûts. Globalement, près de la moitié de la journée de travail n'est pas consacré au face-à-face avec le client !

L'analyse des tournées permet évidemment d'identifier comment améliorer le temps de présence avec le client. Au-delà des temps de déplacement eux-mêmes, ce peut être l'occasion de revisiter les pratiques quotidiennes.

Exemple

Ainsi, dans l'entreprise de service Alpha 2, la mise en place des 35 heures a conduit à revisiter l'ensemble du processus. L'objectif était clairement défini : comment faire en sorte que ce changement n'engendre pas de coûts supplémentaires. Les missions du SAV sont déclenchées à deux occasions :

• des visites programmées par contrats et des rendez-vous fixés à l'avance, c'est le cas le plus fréquent ;

• des interventions de dépannages aléatoires et urgents qui s'intègrent dans ce planning.

L'analyse montrait que, tous les matins, les dépanneurs arrivaient avec leur voiture de service prendre leur programme d'intervention de la journée. Cette journée terminée, il rentrait directement chez eux. Il y avait dans cette pratique un côté très convivial ; chaque matin se déroulait une « cérémonie du café ». Elle permettait des échanges entre dépanneurs plutôt isolés dans la journée. Finalement, le départ chez les clients avait lieu vers 9 heures du matin.

L'analyse des tournées montrait que beaucoup de clients étaient exaspérés d'attendre le dépannage pour pouvoir eux-mêmes partir travailler. Les dépanneurs insistaient, eux, pour ne pas partir trop tôt chez les clients, de crainte de les déranger… Finalement, il fut décider de faire venir les réparateurs en fin de journée pour prendre le planning d'intervention du lendemain, ce qui permettait de maintenir le contact avec le staff. Le matin, les dépanneurs partaient directement chez les clients, de plus en plus satisfaits grâce à un temps d'attente réduit. Le passage aux 35 heures fut absorbé sans coûts supplémentaires.

Tenir compte des disparités régionales

Le nouveau maillage du territoire doit être réinventé dans l'exemple, au regard de la situation actuelle. Une tournée dans l'agglomération parisienne est différente d'une tournée en zone rurale. Les déplacements sont largement constitutifs des coûts.

Exemple

Dans l'échantillon des 19 tournées, l'écart par rapport à la moyenne varie comme suit.

Tableau 2.9

	Paris	Ville Province	Zone rurale
Durée de la visite	– 3′	+ 4′	0
Déplacement entre clients	– 2′	– 4′	+ 3′
Déplacement domicile secteur	+ 21′	– 22′	– 3′

Dans l'exemple, l'analyse terrain et la spécificité des clients ont conduit à ne pas tenir compte des variations ci-dessus. Hors ce cas particulier, il importe d'intégrer ces disparités dans l'analyse. Cela aura d'autant plus d'impact que le recentrage sur les clients A, B, C risque d'accroître la zone de chalandise.

Calculer le nombre de points de vente par vendeur

Il s'agit là d'une phase très délicate qui doit tenir compte des spécificités du secteur (saisonnalité, concurrence, gamme, objectif de présence sur le territoire, etc.).

Exemple

Dans notre exemple, la durée efficace d'une présentation de l'offre est de 8 semaines ; la charge de travail pendant cette période est de :

- 4,5 j de visites avec présentation de l'offre × 6 semaines = 27 j. ;
- 4 j de visites avec présentation de l'offre × 2 semaines = 8 j.

Soit un total efficace de 35 jours.

Au cours de cette période réduite, le nombre de présentations efficaces possible est donc de 5,7 visites (voir plus haut) × 35 jours = 200.

Notons que les visites sans contact ont été éliminées. De plus, on considère que 5,7 visites représentent une activité normale, ce qui n'est pas le cas dans tous les métiers.

Dans notre exemple, le secteur type d'un représentant est donc d'environ 200 points de vente.

Sélectionner les clients cibles : déployer le A, B, C

À ce point de l'étude, il convient de s'interroger sur la « qualité » des clients en portefeuille. On a vu précédemment l'importance de cette analyse pour définir un portefeuille client optimal.

Exemple

Dans notre exemple, l'entreprise dispose de 17 000 clients sachant qu'un secteur type permet à un représentant de couvrir 200 points de vente. Toutes choses égales par ailleurs, le nombre de représentants nécessaire, sans sélection, serait de : 17 000/200 = 85 représentants

Notons qu'au moment de l'analyse, l'équipe de vente est composée de 90 représentants. De fait, cet écart est non discriminant.

Peser les clients !

La sélection s'opère en tenant compte des critères suivants :

- chiffre d'affaires nécessaire pour atteindre le seuil de rentabilité ;
- marge brute et contribution du client ;
- clients susceptibles d'acheter des ventes promotionnelles spécifiques ;
- potentiel et évolution favorable ;
- situation géographique intéressante ;
- positionnement image ;
- positionnement concurrence.

Les éléments nécessaires ont été fournis par les représentants. Puis les directeurs régionaux ont procédé à une classification des clients en tenant compte des critères ci-dessus.

> **Exemple**
>
> Cette analyse a conduit à éliminer 3 900 clients, soit un taux de sélection de 78 %. Le porte-feuille clients est donc maintenant de 13 100, réclamant une visite (au moins) pour présentation de l'offre produits.

Définir le nombre de visites par client

Sur l'ensemble des clients, certains réclament des visites supplémentaires. Il importe donc de déterminer avant tout le nombre de visites supplémentaires à effectuer.

> *Combien de clients doivent être vus en face à face plus d'une fois ?*

Pour cela, il convient d'opérer une classification des clients sélectionnés afin de déterminer ceux d'entre eux qui auront des visites supplémentaires, et le nombre de visites auquel chaque client aura droit.

La classification de type A, B, C peut s'avérer suffisante. Les clients du type A auront par exemple 3 ou 4 visites, voire plus. Les clients de type B auront 2 visites, les clients C, 1 visite.

On obtient ainsi le nombre total de visites supplémentaires à effectuer (en déduisant pour chaque catégorie la visite minimale obligatoire).

> **Exemple**
>
> Dans notre exemple, l'analyse conduit à prévoir globalement 300 visites supplémentaires.
>
> Le nombre de visites à effectuer par le réseau de vente est donc de 13 100 + 300 = 13 400 visites.
>
> On en déduit le nombre théorique de représentants, soit 13 400 clients/200 points de vente = 67 représentants.
>
> Ce chiffre est à comparer à la situation de départ de 90 vendeurs, soit un gain de productivité théorique de l'ordre de 30 %.
>
> Là encore, au-delà des économies, le ciblage des clients améliore sensiblement la performance du réseau.

Découper le territoire

Le territoire national doit être découpé en départements et régions, de façon à délimiter le territoire de chaque représentant.

> **Exemple**
>
> Dans notre exemple, les critères retenus par l'entreprise pour le découpage ont été les suivants :
> * pour des raisons d'animation : 8 à 9 représentants par région ;
> * un nombre entier de régions de façon à faciliter les analyses statistiques et marketing ;
> * une entité géographique centrée autour d'une métropole régionale importante.

Cela a conduit à retenir, par exemple pour la France, 8 régions, et à augmenter le nombre de représentants théoriques de deux unités.

L'équipe de vente de cette entreprise a donc finalement la composition suivante :

- 1 directeur des ventes ;
- 8 directeurs régionaux ;
- 69 représentants.

Définir les objectifs par vendeur et par région

Cette dernière phase peut être menée en parallèle avec la phase précédente de façon à ce que le découpage intègre la notion de taux de pénétration.

Cette démarche, apparemment simple, nécessite principalement la recherche d'informations certaines, pour disposer d'une base de données fiables nécessaire aux conclusions de la démarche.

Aujourd'hui, ces informations sont disponibles par abonnement avec une bonne fiabilité et une précision qui favorise le choix de points de vente à prospecter de par leur positionnement géographique (dans la rue principale d'une ville par exemple) et celui de la concurrence également.

L'encadrement du réseau

Il s'agit avant tout d'analyser les principaux objectifs et tâches assignés à l'encadrement.

Certains utilisent des éléments mathématiques pour définir l'encadrement optimum. Nous souhaitons n'en rester ici qu'à des remarques qualitatives. D'une part, le représentant est par principe autonome, avec des objectifs à atteindre souvent rémunérés. Lui, plus que d'autres dans l'entreprise, est extrêmement sensible aux résultats. De plus, celui-ci ayant été, par hypothèse, correctement recruté, et normalement formé, on peut penser que l'animation par un supérieur hiérarchique, certes nécessaire, ne doit pas être la préoccupation de tous les instants, encore que...

D'autre part, un encadrement-route trop important implique, soit une immixtion trop forte dans la zone d'autonomie du vendeur, soit un laisser-aller connu de tout le réseau et démotivant par principe.

Enfin, il existe aujourd'hui des procédures administratives simples ou automatisées favorisant le contrôle du réseau sans pour autant intervenir en permanence sur les vendeurs. À condition toutefois de ne pas exiger (comme cela arrive), l'envoi quotidien du tachymètre pour contrôler la réalité des déplacements et des visites.

Le nombre optimum d'encadrement direct devra donc à la fois tenir compte des éléments précédents, ainsi que du secteur d'activité dans lequel le réseau vit.

Le choix multicarte exclusif

Dans une optique de coûts réduits, l'entreprise est parfois conduite à s'interroger sur l'embauche de représentants multicartes. Ces derniers entraînent, en effet, un coût de commission élevé, mais dont le montant n'est dû que pour des ventes certaines, et limité : 10 % du chiffre d'affaires par exemple.

De la même manière, l'entreprise disposant de représentants multicartes, pour mieux maîtriser sa progression, peut aspirer à embaucher des exclusifs.

Chacune de ces opérations a un coût qu'il est indispensable de chiffrer au préalable, cela avant d'intégrer les éléments qualitatifs qui ne sont pas l'objet de ce livre, mais qui peuvent s'avérer cependant plus révélateurs.

Le calcul économique du choix consiste à déterminer le seuil de rentabilité d'une hypothèse par rapport à l'autre.

Exemple

Dans l'hypothèse où il s'agit d'une création de poste, le calcul serait le suivant :
- soit un VRP multicarte rémunéré par une commission de 10 % sur le chiffre d'affaires HT. Cela représente, pour un chiffre d'affaires de 4 000 000 €, un coût de 400 000 € ;
- soit un représentant exclusif rémunéré dans les mêmes conditions qu'au tableau 2.7. Les frais fixes se situent alors à 98 495 €.

La marge brute est la même dans les deux cas, soit 10 %.

Le point mort, ou seuil de rentabilité est donc de :

frais fixes/marge unitaire = (98 495/0,10) = 984 950 €

C'est le chiffre d'affaires minimum que doit réaliser le représentant exclusif pour être rentabilisé par rapport au VRP multicarte.

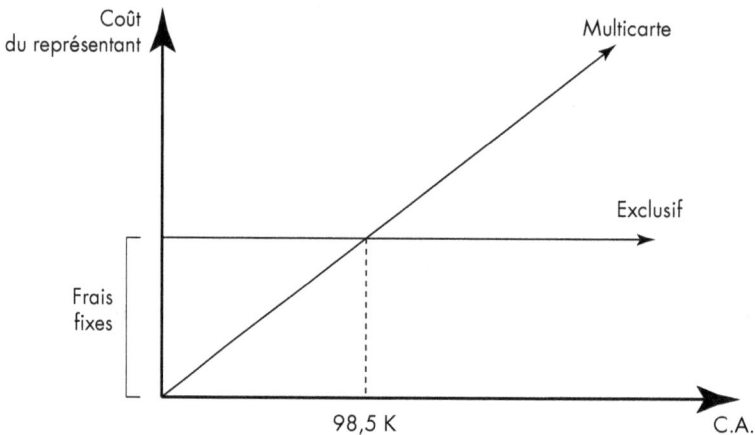

Figure 2.5. – Rentabilité du représentant

Entre 0 et 98,5 K€ de CA, il est préférable de choisir un représentant multicarte qui sera moins onéreux.

> Au-delà de 98,5 K€ de CA, il est recommandé de recruter un représentant exclusif.
>
> En d'autres termes, le représentant exclusif doit avoir, et atteindre, un objectif minimum annuel de 98,5 K€ de CA pour être rentabilisé par rapport au multicarte.

Notons que, dans l'hypothèse où il ne s'agit plus d'embaucher un représentant, sans remplacement, mais au contraire de remplacer le multicarte par un exclusif, il convient d'augmenter les frais fixes de l'indemnité d'éviction versée au multicarte remplacé. On pourra amortir cette somme sur 5 ans. Cela élève cependant sensiblement le coût de l'opération ; l'intégration de données qualitatives permet néanmoins de justifier ce choix.

On gardera ce calcul à l'esprit lors de l'embauche d'un multicarte, en pensant particulièrement à l'avenir. Cependant, il convient sans aucun doute de vérifier si le seuil de rentabilité que doit atteindre l'exclusif est réalisable, compte tenu du potentiel du secteur. Si cela n'était pas le cas, il s'agit alors de se demander :

- faut-il élargir le secteur ?
- faut-il distribuer, dans le même secteur, des produits complémentaires ?

Une réponse affirmative à ces interrogations s'avérera souvent judicieuse.

Optimiser l'efficacité des tournées

L'effectif déterminé, il convient encore d'améliorer la performance des tournées, tout en diminuant les coûts indirects entraînés par des tournées trop hétérogènes.

On a vu précédemment que, dans une journée de 9 heures de travail, bien souvent, seules 4 à 5 heures sont utilisées en clientèle ; le solde étant absorbé par les temps de déplacement et des travaux administratifs. De là, l'idée d'un plan de tournée pour chaque vendeur.

Au moins deux écoles s'affrontent sur cette idée. La première, purement rationnelle, consiste à penser qu'il est possible, grâce à un effort préalable de préparation du travail, de déterminer un plan de tournée optimum intégrant les contraintes potentielles rencontrées sur le terrain. La deuxième école estime au contraire que le vendeur, par ses qualités propres, son autonomie et sa connaissance du terrain, peut définir lui-même son plan de tournée et ses rendez-vous. De plus, il serait le mieux placé pour faire face aux situations aléatoires qui se présentent à lui.

La vérité étant sans doute à l'intersection de ces deux approches, on doit penser qu'un minimum d'organisation préalable peut améliorer sensiblement le « temps de travail utile en clientèle », tout en diminuant le coût des déplacements. Cela est d'autant plus pertinent que le secteur couvert est large. D'ailleurs, la période de définition des objectifs est également un moyen de les atteindre. C'est une occasion pour préciser « ce plan ».

> **Exemple**
>
> Ainsi, dans l'entreprise L, une TPE, le représentant qui couvre les Alpes-Maritimes définit lui-même ses tournées. Les visites sont très hétérogènes du fait des appels des clients. Son domicile est à Grasse. Un client à Menton (situé à environ 50 kilomètres), lui demande un passage le matin ; il s'y rend bien qu'ayant un rendez-vous à Grasse l'après-midi. Finalement, alors que la zone de visite est très réduite, que la clientèle ciblée permet dix visites quotidiennes, le représentant ne verra dans la journée que 3 à 4 clients. Le temps disponible pour la prospection de nouveaux clients est absorbé par des temps de déplacement trop importants, et entamé par un certain manque de préparation des tournées.

Il s'agit donc, tout en laissant une zone de liberté au représentant, de définir un certain niveau de planification des tournées. Pour cela, il convient de dresser un circuit de visites à l'aide d'une carte géographique et pour cela effectuer :

- un relevé de l'implantation géographique de chaque point de vente ;
- une cotation pour chaque point de vente du nombre de visites souhaitées par période ;
- un inventaire des grandes routes, routes principales et secondaires reliant ces différents points ;
- une sélection d'itinéraires, avec comme critères :
  - la desserte d'un maximum de points de vente pour un minimum de déplacements,
  - l'utilisation aussi fréquente que possible des routes à grande circulation,
  - les circuits de longueur voisine (dans le cas de différences appréciables, le circuit le plus long sera le moins chargé en visites),
  - l'imbrication des circuits, au moins deux par deux, afin qu'un client non disponible lors d'un premier passage puisse être revu sans grand détour ;
- un établissement de l'ordre chronologique des circuits, afin d'optimiser les visites supplémentaires aux clients sélectionnés ;
- une répartition des visites en fonction d'un nombre de visites maximum par jour.

Cette démarche doit permettre d'amorcer un minimum de planification des tournées sans pour autant réduire le vendeur à n'être qu'un simple utilisateur d'un plan technocratique.

Réduire les frais de vie et les frais de déplacement

Les frais de séjour et les frais de route représentent environ 50 % du coût du réseau de vente. Il est possible de maîtriser ces types de frais sans pénaliser pour autant la force de vente. Le tableau 2.7 indique les coûts réels actuels, sans pour autant qu'ils soient un standard de référence.

Les frais de vie

Les frais de vie recouvrent principalement les frais de déjeuners et de dîners ainsi que les nuits d'hôtel. Tous les modes de remboursement de ces frais sont généralement utilisés.

Les frais réels

Le remboursement des frais réels sur justificatifs est la formule la plus simple. Elle présente cependant l'inconvénient de ne pas fixer de limite aux dépenses, Or, celles-ci peuvent s'élever considérablement avec le « niveau de vie » habituel de l'entreprise.

Les frais réels plafonnés

Dans cette formule, les frais sont aussi remboursés sur justificatifs, mais jusqu'à un plafond fixé soit par journée, soit par nature de dépenses (repas, hôtel…). Il appartient à l'entreprise de fixer ce plafond en tenant compte, certes, des habitudes du secteur d'activité, mais avec rigueur.

Le forfait

Le forfait représente une somme mensuelle ou quotidienne allouée quel que soit le niveau réel des frais engagés. Ce type de remboursement permet bien sûr une meilleure prévision budgétaire et est utilisé par près de 30 % des entreprises.

Cependant, il faut noter que cette formule peut présenter l'inconvénient, pour le bénéficiaire, d'être considérée comme un avantage en nature, et comme tel, soumis à cotisation.

Il semble que la formule des frais réels plafonnés assure une meilleure maîtrise des coûts. En effet, elle permet au départ de limiter les diverses dépenses.

Il s'agit donc principalement de fixer des limites aux divers remboursements, tout en surveillant en permanence l'évolution des différents types de coûts de façon à ne pas pénaliser les bénéficiaires.

D'ailleurs, le maillage du territoire permet de définir, et surtout de mettre à jour, selon les zones géographiques, les frais, en particulier d'hôtel, compatibles avec l'objectif.

Les frais de déplacement

Un représentant passe près de 50 % de son temps de travail en déplacements et le coût des trajets s'élève de plus en plus. Ainsi la maîtrise des différentes composantes des coûts s'avère-t-elle indispensable dans une optique de réduction des frais de vente, particulièrement en ce qui concerne les véhicules de transport.

Cette réduction doit néanmoins tenir compte, avant d'être appliquée, de la satisfaction des besoins engendrés par le type de véhicule utilisé. En particulier, le confort, la sécurité, etc., permettent au vendeur une meilleure efficacité dans le temps de travail disponible.

La volonté de maîtriser et réduire les frais de déplacement implique l'élaboration de procédures et le suivi d'une démarche qui touchent principalement :

- aux conditions de choix et d'achat de véhicules ou de la location ;
- aux procédures de remboursement de frais de vente.

Véhicule personnel ou véhicule d'entreprise ?

Quels que soient les moyens utilisés pour gérer les frais de déplacements, il importe avant tout d'effectuer un choix : le représentant doit-il utiliser son véhicule personnel ou une voiture de société ? Ce choix conduit à quelques observations.

Exemple

L'entreprise V a testé le coût des deux solutions. L'utilisation du véhicule d'entreprise est d'un coût supérieur de 10 % par rapport aux remboursements nécessités par l'utilisation d'un véhicule personnel. Ce surcoût est principalement lié à la TVA qui n'est pas récupérée. Dans d'autres cas, cependant, on a relevé une hausse légèrement plus importante des coûts d'entretien.

L'utilisation de véhicules de société conduit en outre à devoir prendre en compte les coûts indirects de gestion du parc. Ainsi, l'entreprise W a dû détacher un cadre quasiment à plein temps pour la gestion du parc de 200 véhicules. Par ailleurs, la préoccupation dominante de ce gestionnaire devenait alors la revente des véhicules et l'adaptation des contrats au kilométrage parcouru réellement.

En revanche, le choix du véhicule de société, en fonction des besoins quantitatifs, permet une meilleure négociation des conditions d'achat ou de location. Cependant, il faut noter que cette solution présente l'inconvénient, acceptable ou non, d'imposer à l'utilisateur un véhicule choisi à l'avance qui ne correspond pas toujours à son souhait.

Dans tous les cas, on peut considérer que, pour un kilométrage annuel inférieur à 6 000/7 000 km, le choix d'un véhicule personnel est plus adapté. Au dessus, il convient d'utiliser un véhicule de société.

Ce choix effectué, il convient de respecter une certaine démarche.

Les économies de consommation de carburant et de TVS

La taxe sur les véhicules de société (TVS) est assise sur les émissions de CO_2 provoquées par le véhicule. La réduction des coûts est donc un mix entre consommation et émission de CO_2. Toutefois, pour une flotte de 50 véhicules, l'économie de TVS peut atteindre jusqu'à 60 000 €.

En ce qui concerne la consommation elle-même, il conviendra d'étudier les écarts de consommation d'un véhicule à l'autre qui peuvent aller jusqu'à 20 %.

Certaines grandes flottes ont créé des concours internes de réduction des consommations. Il s'en est suivi des économies situées entre 3 et 7 % de la consommation.

Les économies de frais financiers

L'utilisation d'une flotte de véhicules implique une immobilisation financière importante.

Il conviendra donc, comme pour tout investissement, de procéder à une comparaison des différents moyens de financement et, en particulier, sur l'option achat ou location. Il faut noter que la formule du « *buy-back* », qui garantit la reprise du véhicule par le fournisseur au bout d'une certaine période, peut permettre d'atténuer les coûts indirects et directs de gestion.

Ainsi, il peut être signé un contrat pour 60 000 kilomètres avec une valeur de rachat du véhicule de :

- 69 % du prix d'achat au bout de 15 mois ;
- 68 % du prix d'achat au bout de 16 mois ;
- jusqu'à 66 % du prix d'achat au bout de 18 mois.

Dans tous les cas, il importe de dresser un tableau comparatif des différentes solutions et cela pour une période d'utilisation moyenne du véhicule.

Les économies sur la mise en concurrence des fournisseurs

Le choix du type de financement établi (achat/location), il convient comme toujours de mettre en concurrence différents fournisseurs.

Exemple

L'entreprise Z, pour l'équipement de sa flotte de 200 véhicules et avec un même système de location, a réalisé une économie de 17 % sur une période de 15 mois grâce à la mise en concurrence des fournisseurs.

Toutefois, de grandes possibilités d'économies sont liées à l'adéquation entre le kilométrage réel effectué et le nombre de kilomètres prévu au contrat. Le principe de base consiste à modifier le kilométrage prévu au contrat plutôt que de payer les dépassements kilométriques.

Les procédures de remboursement de frais

Généralement, deux types de procédure de remboursement de frais sont utilisés :

- Le remboursement au kilomètre parcouru.

    Une somme fixe au kilomètre parcouru est attribuée en fonction des types de véhicules admis dans l'entreprise, ceci dans le cas où le véhicule n'appartient pas à l'entreprise.

Si cette formule présente l'avantage de la simplicité, elle est sans doute la plus onéreuse pour l'entreprise.

En revanche, elle est avantageuse et sécurisante pour l'utilisateur qui amortit très rapidement son véhicule. Une analyse minimale des avantages et inconvénients au plan fiscal pour l'entreprise et le salarié sera menée, ne serait-ce que dans le souci de prévenir tout conflit.

Pour un véhicule de 7 CV, on peut retenir les trois critères suivants :

– pour un kilométrage inférieur à 5 000 km = 0,56 €/km ;

– pour les distances entre 5 000 et 20 000 km = distance parcourue × 0,318 € + 1218 € ;

– pour un kilométrage supérieur à 20 000 km = 0,368 €.

▷ Le fixe et le kilomètre roulant.

Cette formule consiste à payer au représentant annuellement le coût fixe de son véhicule, puis à rémunérer la part variable en fonction du kilomètre « roulant » (carburant, huile, réparation).

Cette procédure permet de différencier, en outre, les kilomètres parcourus pour l'entreprise et ceux parcourus à titre privé. Elle a l'avantage d'impliquer un système de suivi analytique de l'activité.

Ainsi, si un véhicule roule 9 mois sur 12 pour l'entreprise, seuls les 9/12 de l'assurance et les intérêts sur le capital amorti seront remboursés dans les frais fixes.

Les frais de vente impliquent une vigilance d'autant plus constante que les habitudes naissent rapidement lorsqu'il s'agit de confort. Cependant, là encore, une approche participative devrait être privilégiée, c'est un point névralgique.

Dans tous les cas, il est utile de rapprocher gestion des frais et suivi de l'activité.

Ce qu'il faut retenir

Différencier les activité de vente : détail/*retail* (A) et gros/*wholesale* (B)

VENTES *RETAIL*

» **Définir un réel indicateur de productivité : nombre de transaction/HP**

» **Identifier les enjeux d'économies : une approche à « grosses mailles »**

» **Tester sur un point de vente les pistes d'amélioration de la productivité et de réduction des coûts :**
- identifier les heures de présence des vendeurs,
- déterminer le nombre minimum de vendeurs qui doivent être présents ensemble sur le point de vente,
- affiner l'analyse de productivité : analyser les transactions sur l'année,
- intégrer la charge de travail complémentaire pour réaliser l'ensemble des activités autres que les ventes,
- tenir compte de la fréquentation des points de vente,
- établir un planning type des heures du personnel et reformuler éventuellement les contrats.

» **Généraliser progressivement à l'ensemble des points de vente.**

VENTES EN GROS (*wholesale*)

» **Définir les indicateurs de l'action commerciale**

» **Mesurer la contribution du réseau et des vendeurs**

» **Surveiller le maillage géographique du territoire**

» **Choisir d'aller chez le client ou le faire venir en showroom**

» **Analyser les visites clients :**
- durée,
- contenu,
- présentation ou non de l'offre produits ;

» **Analyser le portefeuille clients :**
- classer les clients A, B, C, D,
- mesurer la contribution de chaque client,
- suivre le taux de rotation des clients.

» **Définir comment toucher les prospects**

» **Analyser le contenu des commandes :**
- origine, modalité, contenu et technologie,
- calculer le coût de traitement d'une commande.

» **Optimiser et dimensionner le réseau :**
- définir le nombre de visites cibles,
- calculer les effectifs de la force de vente,
- définir le niveau d'encadrement,
- calculer le seuil de rentabilité des vendeurs,
- limiter le nombre de « petits » clients.

» **Maîtriser les frais de vie et de déplacement.**

Chapitre 3

Réduire les frais de structure

La structure de l'entreprise est naturellement génératrice de coûts et principalement de frais fixes.

La diminution des frais de structure est toujours une action spécifique. La réduction des coûts, on l'a vu, n'est souvent envisagée qu'en dernier ressort, dans des situations conjoncturelles difficiles, brutalement…

Or, il s'agit bel et bien d'une question de productivité. Alors que l'amélioration de la productivité apparaît comme consubstantielle au monde industriel, elle l'est beaucoup moins, à tort, dans les services administratifs et fonctionnels. Cette situation laisse d'ailleurs des poches importantes d'amélioration de la productivité et de réduction des coûts.

Les entreprises qui prennent le parti d'analyser leurs départements ou unités de gestion régulièrement (deux départements par an, par exemple) évitent les à-coups engendrés par les aléas de la conjoncture. Or, l'absence de normes[1], la diversité sectorielle et les spécificités des entreprises laissent a priori l'organisation sans repères pour identifier les lourdeurs.

Reste que les progrès technologiques bouleversent les pratiques. La dématérialisation des documents dans les relations avec les clients, les fournisseurs et les banques, transforme le travail. Il est aujourd'hui possible de mixer la réception de documents papiers, les mails, les échanges données informatisées (EDI), ERP, contrôle automatique, etc. Encore faut-il tirer parti des conséquences organisationnelles, dans les processus et au poste de travail, de tels changements. De plus, les exemples sont nombreux où, quand bien même une technologie dernier cri serait présente, les pratiques, elles, restent encore anciennes.

Par ailleurs, par manque d'habitude, pour évaluer une structure, la tendance consiste à s'appuyer sur des ratios à « grosses mailles », ou encore à comparer l'évolution des coûts au seul chiffre d'affaires. Au coup par coup, ces indicateurs peuvent servir de repères, parfois même permettre de limiter ponctuellement la

---

1. On trouvera en annexe quelques ratios de synthèse issus de l'enquête Frais Généraux 2007, réalisée par la CEGOS.

croissance des effectifs. Plus rarement, cela conduit à mettre sous contrôle la « productivité administrative ».

Les frais de structure concernent les effectifs de l'entreprise. Les frais généraux liés à l'existence de ces mêmes effectifs seront traités dans le chapitre 4. Il est clair, cependant, que la croissance va de pair avec la croissance des effectifs.

La démarche de réduction des frais de structure comprend trois axes (voir figure 3.1, ci-après) :

» **Connaître le terrain.** La connaissance du terrain implique de mener des analyses, non seulement globales ou statistiques, mais dans le détail des postes de travail là où, précisément, se joue et se situe les « turpitudes » de l'organisation. Pour cela, il convient d'utiliser des outils et une méthode de travail ; l'empirisme est peu efficace. Cette connaissance présente de nombreux avantages :

– le tout premier est d'impliquer des acteurs. Certes, ce n'est pas toujours simple dans la mesure où une opération de réduction des coûts remet nécessairement en cause les pratiques et le personnel. Or, une bonne connaissance du terrain nécessite la participation des acteurs. Il importe donc de définir une démarche où les participants auront l'occasion de s'exprimer, parfois dans un contexte d'angoisse ou d'incertitude. Ce n'est pas toujours simple.

> *La méthode est aussi importante que la solution.*

– ensuite, au-delà de la description du travail et des processus eux-mêmes, c'est l'occasion de connaître « comment ça fonctionne » et d'identifier les forces et les faiblesses dans la réalisation du travail au quotidien ;

– encore, connaître les principaux volumes – les unités d'œuvres – du travail administratif. Par exemple, connaître le coût de traitement d'une commande client n'est pas le plus habituel, ainsi que le nombre de commandes ;

– enfin, il convient de souligner que mesurer la productivité, donc remettre en cause les postes, ne veut pas systématiquement dire des suppressions de postes immédiates. Connaître le potentiel d'économie permet aussi de lisser les départs. Toutefois, l'urgence risque de primer.

Souvent, la crainte de diminution d'effectifs freine l'ardeur à l'analyse. Le fait de connaître un éventuel sureffectif ne conduit pas nécessairement à une application immédiate, mais ouvre des marges de manœuvre pour l'entreprise. De fait, disposer de zones de sous-charges permet aussi d'anticiper la gestion des ressources humaines.

» **Évaluer/mesurer la charge de travail et faire parler les chiffres.** Le travail administratif ne se laisse pas aisément saisir et il fait rarement l'objet de mesures. Lorsqu'une évaluation est esquissée, elle est volontiers, là encore, empirique et globale. Or, non seulement cette mesure est indispensable pour évaluer la charge, ou éventuellement la surcharge, mais elle est relativement simple. Reste qu'évidemment, il importe ensuite de faire parler ces chiffres.

» **Identifier les axes d'amélioration.** L'analyse pour l'analyse, et à plat, ne propose évidemment qu'une efficacité limitée. Il convient donc, au fur et à mesure de l'avancement des connaissances, de formuler systématiquement des hypothèses d'amélioration, quitte, après les avoir testées, à revenir en arrière. Une bonne pratique consiste à mettre en avant tout ce qui étonne a priori, voire surprend au cours de l'analyse. Pour cela, il convient de rédiger, au fil de l'eau, un « rapport d'étonnement » qui servira de base à l'information courante des décideurs. Par ailleurs, les analyses nécessaires à la réduction des coûts permettent des améliorations qualitatives qui sont loin d'être négligeables. En effet, cette mise à plat des fonctions et des procédures permet, au-delà des simplifications, de remettre en cause les pratiques. En ce sens, l'opération réduction des coûts peut aussi entraîner des progrès souvent inattendus parce que non recherchés a priori.

> *Réduire les coûts administratifs ne consiste pas à diminuer la qualité du service rendu, au contraire, il l'améliore.*

La figure 3.1 reprend les grandes étapes à mettre en œuvre pour réduire les frais de structure.

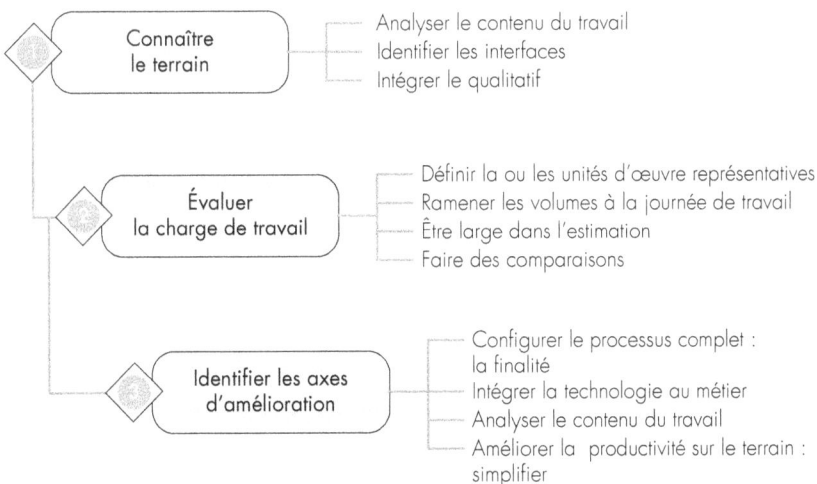

Figure 3.1. – Trois étapes pour réduire les frais de structure

CONNAÎTRE LE TERRAIN : L'ANALYSE FONCTIONNELLE

Comme souligné plus haut, la connaissance du terrain administratif et fonctionnel est, sinon difficile, souvent limitée à une estimation empirique. Chacun connaît volontiers une sorte de « qui fait quoi » qui permet de vivre dans l'organisation ; c'est bien le moins, et l'entreprise fonctionne correctement du simple point de vue des procédures et des flux.

Sauf que le travail au poste, lui, est beaucoup moins connu. Quand bien même l'influence des démarches Qualité favoriserait-elle l'écriture des procédures et le dessin des circuits administratifs.

Cependant, la connaissance est bien moindre du double point de vue de la productivité (donc de la réduction des coûts) et de la qualité du fonctionnement. Aussi l'estimation empirique ne favorise-t-elle pas suffisamment le progrès.

Il convient donc d'analyser le terrain avec un réel outil et une démarche : l'analyse fonctionnelle.

> *Ne pas s'en tenir à une connaissance empirique des métiers.*

L'analyse fonctionnelle vise à :

- décrire, de façon logique, l'activité développée par une entité. Elle commence par la description du métier (mission et fonctions, etc.) et se termine par l'identification des tâches réalisées par les collaborateurs et la description des supports utilisés. Elle permet aussi de déterminer l'unité d'œuvre représentative de l'activité et d'identifier les principaux volumes. Il s'agit d'une réelle mise à plat du contenu du travail administratif. Les différentes tâches doivent être identifiées et isolées de façon à préparer la mesure de ladite activité. Par exemple, on décrira les tâches nécessaires au traitement d'une facture (client ou fournisseur), il sera aisé de connaître le volume desdites factures sur une période donnée ;

- noter les points forts et les points faibles de l'entité analysée de deux points de vue. Celui des collaborateurs pour lesquels l'analyse fonctionnelle offre l'opportunité de s'exprimer de façon spécifique, et parfois unique, sur leur travail. Celui de l'analyste (interne ou externe) qui pourra mettre en relation tout aussi bien ses propres analyses du travail, recherche des doubles emplois, simplifications... que les propos, suggestions ou critiques formulés par les collaborateurs ;

- « faire parler les chiffres ». Il s'agit de récolter les principaux volumes :
  - soit parce qu'ils existent naturellement, comme le nombre de factures clients, de factures fournisseurs ou le nombre de bulletins de paies, etc.,
  - soit en mettant en place une grille d'auto-pointage pour permettre aux collaborateurs d'indiquer sur une période courte l'impact des aléas survenant dans leur travail, comme le nombre d'appels téléphoniques, le nombre de visites, etc.

Ces volumes recueillis, il conviendra de les comparer à une activité ou de mesurer leurs évolutions de façon à leur donner un sens ; les faire parler.

L'analyse fonctionnelle repose sur une série d'entretiens menés auprès de collaborateurs de l'unité analysée. Elle vise à établir un diagnostic.

> *Qui est concerné ? D'une façon générale, dans le cadre d'une démarche participative, il convient de faire participer toutes les personnes du périmètre concerné par l'analyse.*

À de rares exceptions, il est préférable de mener les entretiens auprès de l'ensemble des collaborateurs du périmètre concerné.

En effet, nous l'avons souligné, les analyses se déroulent en général dans un contexte de recherche d'économies. Le fait de ne rencontrer qu'un simple échantillon représentatif du personnel, comme on dit, peut engendrer des angoisses inutiles auprès des personnes non interviewées. Cette angoisse est peu propice à une analyse sereine.

> *Les entretiens doivent être préparés. Chaque personne relevant du service analysé doit connaître, au préalable, le thème et les objectifs de l'entretien.*

Il importe donc de définir, au préalable, le nombre de personnes concernées par l'analyse. Toutefois, faire participer les collaborateurs ne se limite pas à une séance de discussion… Pour être efficaces, les entretiens doivent être préparés par les collaborateurs. Pour cela, il convient d'utiliser un document préparatoire à l'entretien dont un exemple est donné dans la figure 3.2.

Au-delà de son contenu, ce document doit être écrit et présenté au cours d'une réunion de lancement où l'objectif de l'analyse (premier cadre du tableau) sera commenté par le responsable de l'unité concernée.

Cette préparation n'est pas un vain mot, il convient pour chacun des collaborateurs de fournir, pendant l'entretien, les supports représentatifs de l'activité et d'en donner un exemplaire pour permettre à l'analyste de « toucher » réellement l'activité.

> **Attention !**
> *Les différents supports doivent concerner un même événement (une même commande par exemple) pour permettre un suivi complet du travail.*

Étude diagnostique de l'organisation du « service gestion administrative »

(Document préparatoire à l'entretien)

Ce document présente le plan du futur entretien afin de vous permettre d'y réfléchir au préalable. Ces entretiens s'inscrivent dans le cadre d'une mission dont l'objectif est d'analyser les différentes fonctions du service gestion administrative, de définir les besoins nouveaux et de préconiser des solutions de progrès.

Thèmes abordés	Objet
1 • LE MÉTIER ou LA FONCTION	Il s'agit de préciser : – les missions (en général de 5 à 6) qui constituent vos principales activités dans le service ainsi que les différents travaux permettant de les réaliser ; – les éléments les plus représentatifs de chaque mission citée, en particulier les « produits, services ou informations » fournis aux clients ; – les principaux volumes mensuels correspondants.
2 • LES RELATIONS	Il s'agit de préciser quels sont vos principaux clients et fournisseurs ainsi que la nature et la fréquence des contacts que vous avez avec eux pour réaliser vos missions.
	– Au niveau de votre unité de travail – Au niveau de la Direction – Au niveau de l'entreprise
3 • AUTO DIAGNOSTIC	Il s'agit, à la lumière des deux points précédents, de préciser vos principales observations (Points forts/Points faibles) techniques, humaines, etc. qui concernent la réalisation de vos missions. C'est votre opinion qui importe.
4 • SUGGESTIONS D'ACTION DE PROGRÈS*	Il s'agit, plus généralement, de préciser ce qui à votre avis, permettrait à vous même et à votre unité de faire des progrès*.

---

* On entend par progrès toute action d'adaptation au changement ou de réduction d'écart entre la situation présente et celle souhaitée.

Figure 3.2. – Document préparatoire à l'entretien

À ce stade, tout se joue. Les collaborateurs doivent avoir confiance. Et la confiance ne se décrète pas !

> *Donner confiance : respecter une déontologie et la confidentialité des informations.*

Chacun le sait : une opération de réduction des coûts intervient dans une histoire du service, dans les relations chefs/subordonnés et évidemment dans un contexte.

Dès la réunion de lancement, les collaborateurs doivent être rassurés et sécurisés. Il convient d'affirmer, et c'est essentiel, que leurs propos individuels ne seront jamais remontés individuellement aux différents responsables de l'entreprise. Cet engagement n'est pas de pure forme. Les collaborateurs doivent croire à la confidentialité de leurs propos. Cela est sans doute plus facile lorsque l'analyste est un élément extérieur à l'entreprise, mais cela ne doit pas interdire de mener des opérations de réduction de coûts en interne.

Nous-mêmes avons notre propre code de conduite qui nous oblige vis-à-vis de nos clients au sens large, de l'entreprise et de ses collaborateurs. Ce code de conduite est destiné à établir une relation de confiance et concerne l'engagement de discrétion, d'honnêteté, d'intégrité et d'impartialité qui s'inscrit dans une charte de déontologie, signée de tous les consultants.

Le diagnostic vise donc à :

- connaître le terrain. Cela veut dire :
  - analyser le contenu du travail,
  - identifier les processus, donc les interfaces entre fonctions,
  - mettre à jour les forces et faiblesses ;
- évaluer la charge de travail ;
- identifier les axes d'amélioration ;
- simplifier et refondre le contenu du travail.

Analyser le contenu du travail de chaque fonction

Il s'agit de décrire dans le détail le fonctionnement de l'entité analysée, poste par poste.

Après une première description globale des missions buts/objectifs/résultats de l'entité, il s'agit de mettre à plat l'activité de chacune des ressources disponibles.

Cette description globale permet à l'analyste (externe ou interne) de s'imprégner du métier de l'entité sous revue. Dès lors, il lui est possible de préparer le rapport d'étonnement où il indiquera ses observations au fil de l'eau. Celles-ci concernent tout aussi bien les commentaires des collaborateurs que ses propres observations ou étonnements. En effet, les descriptions détaillées devront être mises en perspective et il devra les faire vivre tout au long de l'analyse.

Un premier entretien sera mené avec le responsable de l'entité analysée qui est a priori le mieux placé pour « parler le métier » analysé, de son histoire et des perspectives. L'analyse détaillée, elle, sera ensuite menée directement avec les collaborateurs sur le terrain et au poste de travail.

> **Attention !**
> *Éviter la fâcheuse tendance qui consiste à mener l'entretien dans un bureau hors du poste de travail.*

En premier lieu, cela présente l'avantage de permettre à chaque collaborateur de montrer leur travail concrètement, souvent à l'appui des informations « à l'écran ».

Quatre étapes sont nécessaires pour mener à bien cette analyse.

Étape 1 – Décrire le métier ou la fonction

La description comprend donc deux niveaux.

D'abord, il s'agit avec le responsable de l'entité analysée, de décrire la mission, les principales fonctions, ainsi que, selon son point de vue, les forces et faiblesses de l'entité et, si elles existent, ses principales pistes de progrès.

Ensuite, il s'agit avec les collaborateurs d'entrer dans le détail des postes de travail et en particulier :

- d'étudier, pour chaque fonction analysée, le métier, ses grandes activités et sa finalité. Cela permet de connaître le cadre de l'analyse et les objectifs de la fonction, ce qui donne à l'analyste la possibilité d'écouter les descriptions à la lumière des buts et objectifs de l'entité et d'identifier ce qui pourra l'étonner. Ainsi, dès le départ, l'analyste peut confronter la vision globale donnée par le responsable, celle de ses collaborateurs et sa propre expérience ;
- de décrire les fonctions nécessaires à la réalisation de la mission du poste concerné ;
- d'identifier, pour chacune de ces fonctions, les principales activités ;
- de détailler, pour chaque activité, les éléments, les opérations et les supports utilisés pour l'exercer.

> *Pour chaque fonction, identifier l'unité d'œuvre représentative.*

Pour chacune de ces fonctions ou activités, il convient d'identifier, et c'est essentiel, l'unité d'œuvre représentative. Cela permettra de recueillir les principaux volumes et/ou le poids de chaque fonction dans l'ensemble des activités. Cette identification se fait directement avec les collaborateurs. Il est également indispensable d'identifier pour les mesurer les aléas survenant au quotidien dans l'exercice de l'activité.

Enfin, il convient de recenser les « livrables » de chaque fonction analysée, c'est-à-dire les « *output* » du système, en termes de clients et de produits ou services finis.

Quel est le résultat de notre travail ?

Répondre à cette question oblige à une réflexion qui dépasse la simple narration des tâches. Parfois, il s'agit d'un rapport ou d'un document à émettre. Mais, il peut aussi s'agir de résultats plus qualitatifs comme « satisfaire mon client ».

Cette ouverture nouvelle offre l'opportunité de relancer l'analyse pour l'approfondir. « Comme mesurez-vous la satisfaction du client ? »

Souvent, cette simple interrogation devient un moyen pour recouper les informations fournies par les autres intervenants dans le travail. On ne sera pas étonné de mettre en évidence, alors, le rôle du manager plus ou moins présent. Ce sera un début d'indice dans la définition de la zone d'autonomie des collaborateurs.

De plus, cette recherche va permettre de définir des indicateurs nouveaux permettant de mieux évaluer la situation.

> *Le progrès qualitatif est loin d'être absent d'une opération de réduction des coûts, au contraire.*

La reconstitution des processus d'élaboration des différents livrables assure la cohérence des analyses. Surtout, celle-ci met en évidence les doubles emplois, les incohérences, etc.

Le coût des livrables peut être éventuellement chiffré en euros, certes, et même en délais.

Notons toutefois que l'identification des « livrables » n'est pas forcément aisée. En effet, très (trop) souvent le travail est exécuté sans grandes réflexions sur le « client » qui se trouve de l'autre côté de la fonction !

À ce stade, il est possible de mener une première analyse de la valeur de l'activité.

Deux niveaux d'analyse sont à retenir : d'une part, celui de la pertinence du « livrable » par rapport aux besoins, et d'autre part celui du « livrable » lui-même par rapport à la méthode et aux coûts d'obtention de ce dernier.

Le but n'est pas d'être exhaustif mais de donner surtout une mesure du niveau de productivité. Rajouter trop de détails n'améliorera pas la mesure.

Aussi est-il important d'être à même de présenter un métier ou une fonction sur une seule page ! Nous appliquons ci-après à une fonction isolée – un gestionnaire de paie (voir figure 3.3 ci-après) – la même démarche entonnoir que celle décrite dans le chapitre 1.

Ensuite, il convient de répondre à la question « peut-on faire autrement ? ». Et souvent même « peut-on simplifier, voire supprimer telle ou telle tâche ? ». La technologie, et par exemple la numérisation des données, facilite grandement cette analyse. Se doter d'une technologie adaptée impacte directement l'activité. Concrètement, cela revient aussi à proposer de travailler autrement et de tester avec les collaborateurs ces suggestions nouvelles.

Étape 2 – Identifier les relations

L'entreprise est fondée, on le sait, sur le principe selon lequel l'interaction est la clé de l'organisation. Il s'agit de construire le processus. Cela implique d'identifier l'amont (les fournisseurs) et l'aval (les clients) de chaque fonction et de mettre en évidence la chaîne administrative nécessaire à la réalisation des opérations. Il s'agit donc ici d'identifier :

- les relations formelles/informelles[1] ;
- les relations internes/externes ;
- la périodicité, les volumes, les fréquences ;
- la nature des échanges et le « livrable » lui même. Le « livrable » comprend les supports, les informations livrées au client interne/externe et aussi leur périodicité.

Cette périodicité est essentielle ; elle indique le délai final pour « livrer ». Or, précisément ce délai, souvent connu à l'avance, est difficile à respecter pour des causes liées à des retards en amont de la fonction.

Cette nécessaire identification amène à sortir du cadre habituel, à aller à la rencontre des clients pour élargir le champ des points de vue et à passer à un deuxième niveau d'analyse de la valeur de l'activité : « le service, l'information, ou le produit livré correspondent-ils aux besoins des clients ? », cela tant au niveau du contenu que des délais de transmission.

Les « clients » de la fonction sont-ils satisfaits ?

D'ailleurs, lorsque l'on définit le périmètre de l'analyse, il faut s'assurer d'inclure dans celui-ci les fournisseurs et les clients. Le donneur d'ordres ne le

---

1. Référence au « management invisible » qui joue un rôle facilitateur vis-à-vis des procédures officielles. Parfois, il vaut mieux « travailler » avec une personne qui fera avancer le dossier plutôt que de passer par la hiérarchie. S'il s'avérait que les relations dans l'entité analysée étaient excessivement informelles, ce serait alors une piste de progrès à ouvrir.

fait pas spontanément, en première analyse, seul son périmètre le concerne, ce qui est vrai... et insuffisant.

Cette pratique permet aussi de connaître l'opinion des clients de la fonction.

L'analyse fonctionnelle est, certes, un moyen essentiel pour analyser le travail ; elle permet d'obtenir un premier niveau d'amélioration de la productivité. Toutefois, le progrès passe également par le regard des autres et, en particulier, des clients internes (de la fonction). D'ailleurs, étendre l'analyse aux besoins des clients externes permet d'engranger des informations complémentaires aptes à de nouveaux progrès, au minimum qualitatif.

Compte tenu des traditionnels « châteaux forts », ce déplacement de l'analyse vers les clients – internes et externes – réserve souvent des surprises.

Exemple

C'est ce qu'illustre l'entreprise de service W. Les trente personnes représentant les cinq directions régionales organisent un séminaire bilan annuel, pour dresser un diagnostic de la situation. Soulignons que cette pratique, simple, peut servir d'exemple à l'amélioration continue. Comme c'est fréquemment le cas, pas forcément avec raison, les services centraux du siège sont mis sur la sellette. Ils sont d'abord perçus comme des contrôleurs, certes, mais surtout comme n'apportant aucune contribution à l'évolution du métier... ce qui est plus ou moins avoué par les uns et les autres.

En parallèle, dans un autre séminaire, les services centraux de notre entreprise W se livrent à leur propre diagnostic annuel : ils ont mis, disent-ils, à disposition de ces mêmes directions régionales, près de 40 outils ou procédures nouvelles dans la même année ! Et de fait, de les lister comme pour s'auto-conforter. Le rapprochement des deux diagnostics « services centraux » et « directions régionales » montre que chacun, au cours de l'année, travaillait mécaniquement sur sa propre strate ; conformément, d'ailleurs, à leurs fonctions respectives, sans vraiment se rencontrer... mais tout en utilisant, chacun, la plupart des nouveaux outils mis à leur disposition !

> *Connaître les besoins du client va de pair avec la connaissance des contraintes du fournisseur.*

Dans un processus, faire porter l'analyse sur le client doit s'accompagner nécessairement d'une connaissance des contraintes des fournisseurs de la fonction. Oublier cet amont risque de ne pas prendre en compte les contraintes éventuelles qu'il crée pour la fonction.

Selon le système, la comptabilité fournisseurs dépend des validations des factures fournisseurs par les ordonnateurs.

Étapes 3 et 4 – Formuler un (auto-) diagnostic et proposer des actions de progrès

La richesse d'une firme, ou d'une unité, est insuffisamment exploitée du fait du manque d'occasions données aux acteurs de faire part de leurs observations sur leur travail quotidien. Or, ils sont en première ligne pour, par exemple, répondre à l'appel d'un client et connaître les causes des réclamations. Ils ont une opinion sur la manière dont leurs missions sont réalisées, sur les difficultés rencontrées, sur les besoins, et ils connaissent évidemment les questions auxquelles ils sont confrontés quotidiennement. Enfin, ils sont encore en première ligne pour contribuer aux changements ou les subir. Il est essentiel dans cette étape que chaque acteur donne son opinion, librement, pour qualifier la situation.

Faire des acteurs le moteur du changement.

Si le recueil des opinions n'éclaire pas nécessairement sur les causes, au moins permet-il d'obtenir de bons indices pour ouvrir des pistes de travail. En effet, même si un entretien n'est jamais totalement naturel dans un contexte donné, la formulation d'opinions libres permet de préciser ce qui permettra d'enrichir le « rapport d'étonnement ».

Les deux premières étapes décrivent les activités et identifient les produits ou services finis livrés aux clients. La troisième étape fournit aux collaborateurs l'occasion de donner leur opinion et de dire leur vision des points forts et des points faibles du service ou de l'entreprise, selon leur vécu quotidien.

Une écoute positive – empathique pourrait-on ajouter – des acteurs, n'implique certainement pas une acceptation systématique, ni des points positifs, ni des aspects négatifs mis en avant. En effet, chaque acteur développe ses propres intérêts et les défend avec raison ; il appartient donc à l'analyste de trouver le bon équilibre. Quoi qu'il en soit, appliquer l'adage « il n'y a pas de fumée sans feu » ne sera jamais inutile.

Il est important de souligner ici deux aspects essentiels de l'analyse fonctionnelle. Si la description du métier et des relations est aisément réalisée par les collaborateurs, les phases d'autodiagnostic et de suggestions de progrès sont, par manque d'habitude ou de connaissance, voire par peur, plus difficiles. Elles révèlent des craintes, justifiées ou non, quant à la liberté d'expression. C'est tout le talent de l'intervieweur d'aider l'interviewé à vaincre ces difficultés pour poser, à travers elles, les jalons de son propre diagnostic et lui donner confiance.

Donner confiance.
La liberté d'expression va de pair avec la confiance qui s'instaure entre l'intervieweur et l'interviewé.

Cela est d'autant plus important qu'à l'évidence, les craintes des uns ou des autres pour n'être pas mises sur la place publique existent néanmoins et alimentent simplement rumeurs et mécontentement.

Il est par ailleurs indispensable que les étapes 1 et 2 soient validées par les collaborateurs concernés. Cette validation est un préalable à leur utilisation et à leur diffusion. Il est préconisé de redonner aux collaborateurs les éléments d'analyse factuels décrivant leurs métiers. C'est d'ailleurs le meilleur moyen de s'assurer de la pertinence de l'analyse et d'éventuels oublis.

Exemple

L'entreprise Delta a un effectif de 1 300 personnes. Il y est mené un diagnostic du service administration du personnel.

L'objectif est d'identifier les causes d'une surcharge de travail occasionnant des dysfonctionnements répétitifs. Le service, composé de 7 personnes, exerce des fonctions classiques d'administration du personnel, depuis la saisie des variables de paie et les déclarations sociales, jusqu'aux relations sociales avec les délégués et le personnel.

Pour illustrer l'analyse fonctionnelle, nous avons décrit les missions d'un gestionnaire de paie qui assure la paye de 392 personnes.

L'analyse fonctionnelle met en évidence 4 activités principales (voir figure 3.3 – Exemple d'analyse fonctionnelle) :

- l'enregistrement des événements quotidiens qui surviennent sur les 195 personnes « en direct »[1] représente une charge estimée à 3 heures de travail par jour. Il y a en moyenne 20 événements par jour. En première approximation, ce volume peut être considéré comme élevé. En effet, cela correspond à 10 % des effectifs gérés. En particulier, le traitement des maladies, dont l'analyse fonctionnelle décrit sommairement les principaux éléments, représente 40 interventions par mois, soit 2 par jour ;
- le traitement, dit de « spécialités », représente une charge estimée de 2 heures par jour. Pour des raisons d'efficacité, il a été décidé que chaque gestionnaire de paie traiterait chacun des dossiers spécifiques concernant l'ensemble du personnel de l'entreprise (visites médicales, mutations, intérimaires…). Cela permet d'avoir dans le service une expertise dans chacune de ces missions ;

> *L'estimation de la charge est fournie par le collaborateur ou estimée entre l'analyste et ce dernier.*

- la troisième grande fonction est la préparation mensuelle de la paie où il convient d'expliquer et de justifier les mouvements particuliers ;
- la quatrième fonction concerne la mise à jour de la base de données.

À première vue, ce poste « paie » du service du personnel est en sous-charge, en effet, seules 5,5 heures de travail par jour sont clairement identifiées. Il importe de se demander si d'autres événements, masqués eux, n'interfèrent pas dans la fonction. Il ne faut pas aller trop vite en besogne et tirer des conclusions trop hâtives.

> *Pour estimer la charge, ne pas oublier d'intégrer les événements aléatoires ou ponctuels.*

---

1. Les variables de paie des autres personnes sont saisies par les pointeaux, en atelier.

Mise à jour de la base de données signalétiques
(0,5 h/j – 2 Changements/jour)

Saisie des changements de situation : signalétique, fiche individuelle du salarié (en continu pour les 392 p)

MISSION DE GESTIONNAIRE DE PAIE

(392 personnes dont 197 avec interlocuteurs ateliers et 195 sans interlocuteur)

Mise à jour des temps (quotidien) (3 h/jour)

Saisie des évènements (retards, heures sup., primes etc …) pour la population gérée en direct (195 p, 20 événements/jour)

Traitement des maladies avec subrogation (40/mois)

- saisie en gestion des temps à réception de l'arrêt maladie
- établissement du formulaire de Sécurité sociale et envoi à la Sécurité sociale
- vérification des droits
- enregistrement sur fiche manuelle de suivi, à réception du bordereau Sécurité sociale
- contrôle des indemnités Sécurité sociale, reçu et saisie en paie

Traitement des maladies sans subrogation (4/mois)

- saisie en gestion des temps à réception de l'arrêt maladie
- établissement de l'attestation de Sécurité sociale et envoi à l'intéressé
- décompte effectué en paie

Réception des états à justifier par « nature d'évènement » à dispatcher aux pointeaux et vérification hebdomadaire des compteurs

Préparation de la paie (mensuel) (392 p) – 3 j/mois

Édition des états à justifier par « nature d'évènement » pour toutes les populations juste avant l'injection en paie, transmission aux gestionnaires de population

Transmission après injection en paie aux interlocuteurs d'ateliers des états à justifier

heures complémentaires, majorations des heures de nuit, heures négatives…

Réunion mensuelle avec interlocuteurs ateliers pour l'analyse des variables et contrôle des justificatifs

Saisie des modifications

Traitement de « spécialités » pour l'ensemble du personnel de l'entreprise (1300 pers.) – 2h/jour

Traitement des coupons de visite médicale pour les Directions régionales

Mutations

- Réception des fiches de l'atelier
- Saisie en signalétique

Gestion des intérimaires et stagiaires

- Accueil
- Contrôle des temps passés
- Contrôles des factures fournisseurs
- Saisie en paie pour les stagiaires

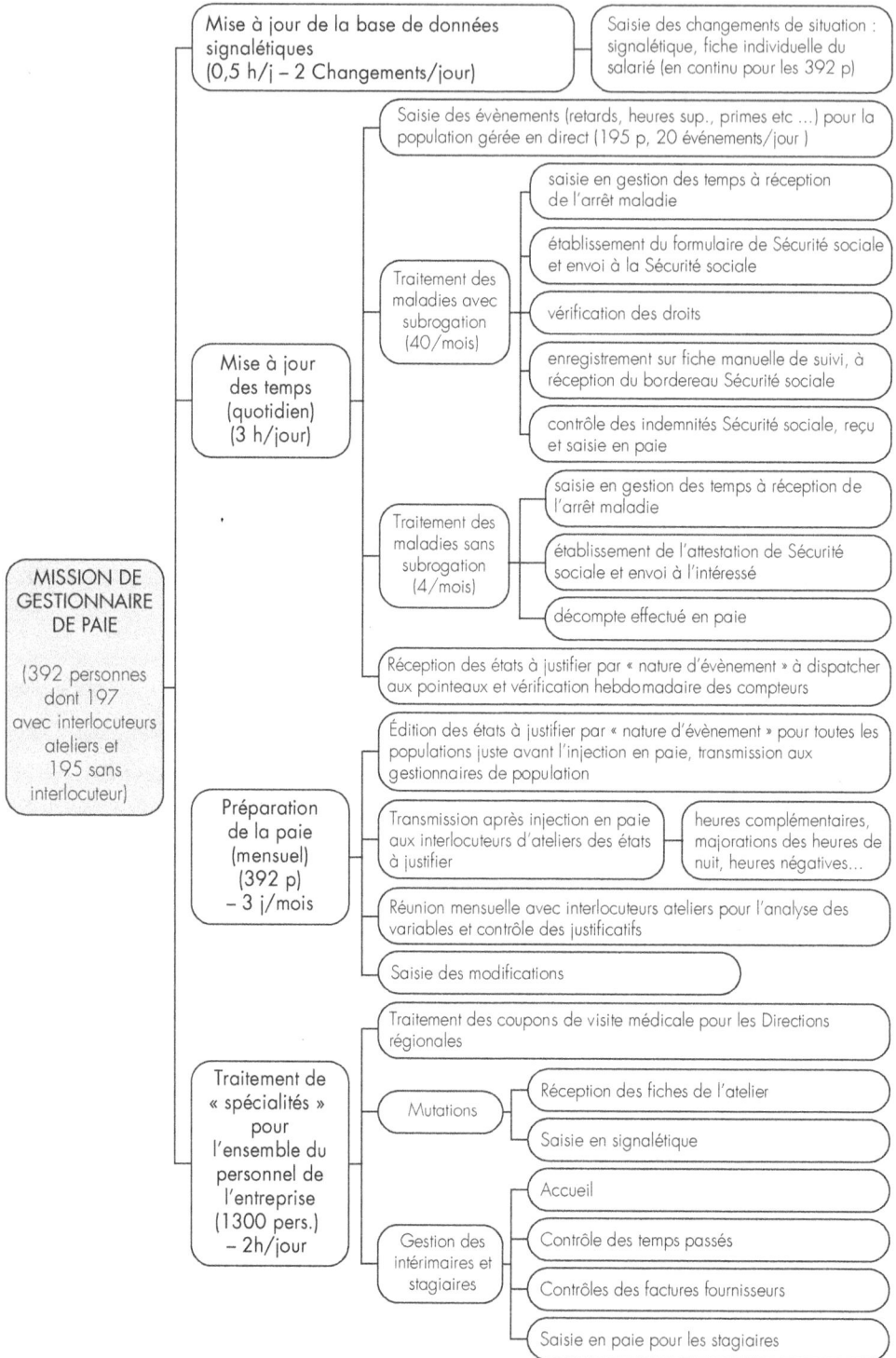

Figure 3.3 – Exemple d'analyse fonctionnelle

Pour donner une image fidèle, il convient d'ajouter à l'analyse les événements aléatoires de type appels téléphoniques, visites, etc.

Exemple

Dans notre cas, une grille d'auto-pointage, élaborée pour la circonstance, montrait qu'il y avait 30 appels téléphoniques et 8 visites de membres du personnel par jour, chacun relevant de questions personnelles à traiter. Compte tenu de ces derniers éléments, la charge de travail fut considérée, a priori, comme normale.

> *Mesurer.*
> *Quand il n'existe pas de mesures automatiques, il convient de créer un support pour recueillir des volumes sur une période donnée.*
> *L'auto-pointage est un bon moyen de mesure.*

Quand la mesure s'avère difficile, et cela arrive, une première estimation consiste à demander au collaborateur une estimation du pourcentage de son temps quotidien passé à chacune de ses fonctions. Cette appréciation n'est jamais déraisonnable, quand bien même elle serait improvisée au moment de l'entretien.

À ce stade, l'analyste connaît les différentes activités développées, dispose d'une première identification des unités d'œuvres représentatives et des volumes correspondant. Il connaît également les supports nécessaires à l'activité et la manière de les utiliser.

L'expérience montre qu'il est parfois nécessaire de réaliser quelques allers-retours avant de compléter la photographie de l'existant.

Notons que pour faciliter l'analyse, il conviendra d'utiliser les supports complets nécessaires à un traitement. Ce point est important car les collaborateurs ont tendance à donner des copies de leur support mais souvent en ordre dispersé, selon l'avancé de l'entretien.

De ce fait, les supports ne conduisent pas facilement à repérer la chaîne de traitement.

Identifier les interfaces du processus : reconstituer les relations entre les différentes fonctions analysées

Pour être efficace, l'analyse fonctionnelle ne doit donc pas se contenter de décrire la situation mais contribuer, déjà, à la faire évoluer. Si la réduction des coûts reste évidemment l'objectif, les informations sur le fonctionnement qu'elle met en évidence permet aussi une amélioration du travail au quotidien.

La consolidation des différentes interfaces entre les clients et les fournisseurs de la fonction permet une première approche des processus.

La figure 3.4 présentée ci-après, montre qu'il y a 5 fournisseurs et un minimum de 6 clients.

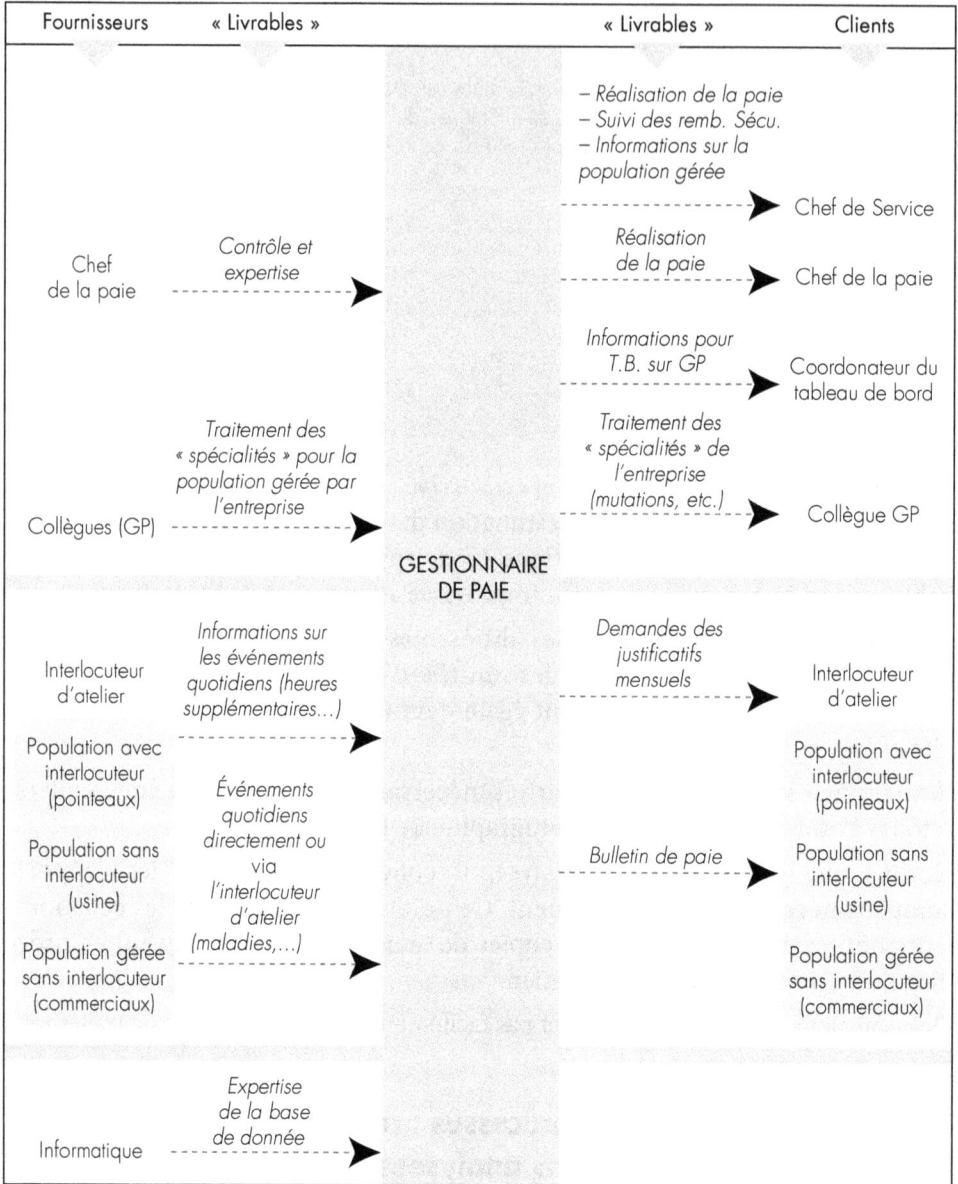

Fournisseurs	« Livrables »		« Livrables »	Clients
			– Réalisation de la paie – Suivi des remb. Sécu. – Informations sur la population gérée	Chef de Service
Chef de la paie	Contrôle et expertise		Réalisation de la paie	Chef de la paie
			Informations pour T.B. sur GP	Coordonateur du tableau de bord
Collègues (GP)	Traitement des « spécialités » pour la population gérée par l'entreprise	GESTIONNAIRE DE PAIE	Traitement des « spécialités » de l'entreprise (mutations, etc.)	Collègue GP
Interlocuteur d'atelier	Informations sur les événements quotidiens (heures supplémentaires...)		Demandes des justificatifs mensuels	Interlocuteur d'atelier
Population avec interlocuteur (pointeaux)	Événements quotidiens directement ou via l'interlocuteur d'atelier (maladies,...)			Population avec interlocuteur (pointeaux)
Population sans interlocuteur (usine)			Bulletin de paie	Population sans interlocuteur (usine)
Population gérée sans interlocuteur (commerciaux)				Population gérée sans interlocuteur (commerciaux)
Informatique	Expertise de la base de donnée			

Figure 3.4 – Les clients/fournisseurs du poste de gestionnaire de paie

La fonction de gestionnaire de paie a été créée pour donner à chaque salarié un interlocuteur unique à l'administration du personnel. De fait, chacun des salariés est un client potentiel. Par ailleurs, dans cette figure sont identifiés les différents livrables à fournir aux clients et ceux attendus des fournisseurs.

À ce point, et compte tenu de l'objectif de départ, une question apparaît : le nombre de clients et de fournisseurs de la fonction est-il à l'origine de la surcharge ? Il convient d'aller plus avant en intégrant les opinions.

Intégrer le qualitatif : forces et faiblesses et rapport d'étonnement

L'analyse fonctionnelle serait incomplète sans intégrer les éléments qualitatifs.

À un ami qui voulait changer de métier et lui demandait ce qu'il convenait de faire, François Truffaut fit la réponse suivante : « Hervé, vous devriez être curieux, curieux n'est pas encore un métier mais ça le deviendra ! »[1].

Cette curiosité permet de décoder le travail analysé. L'identification des enjeux, des démotivations, des dysfonctionnements, des joies, des relations, des responsabilités, etc. est indispensable à la réalisation d'un véritable diagnostic. Les enjeux du changement se situent d'ailleurs plus dans la compréhension de ces variables que dans la narration isolée du travail.

« *Si la mesure demeure le but à atteindre, une bonne description, une analyse juste et des idées originales valent toujours mieux que la quantification rigoureuse de facteurs sans intérêts. L'exploration permet normalement de découvrir les facteurs importants, les variables qui jouent un rôle.* »[2]

> *Intégrer le qualitatif : rédiger systématiquement un « rapport d'étonnement ».*

Exemple

Revenons à notre gestionnaire de paie…

L'autodiagnostic formulé par les collaborateurs durant l'entretien (point 3 du document préparatoire de l'analyse fonctionnelle, figure 3.2) met en évidence plusieurs éléments :

- la qualité relative des badges de pointage, compliquant régulièrement le travail ;
- les informations pour la paie des commerciaux arrivaient hors délai et le document support de l'information était peu convivial ;
- le logiciel de gestion des temps souffrait de défaillances relativement nombreuses, mais la paie n'était jamais jugée prioritaire par le service informatique. Ainsi la situation se répétait-elle tous les mois !
- progressivement, le travail de spécialité prenait le pas sur le travail concernant les groupes de populations désignées. Chaque gestionnaire de paie transmettait les questions du domaine concerné à l'expert désigné ;
- le personnel était débordé (alors que les volumes ne le montrent pas) ;

---

1. Dédicace de François Truffaut à Hervé Thibault, peintre, repris de Daniel Boeri et Stéphane Bernard, « Organisation & Changement », MAXIMA.
2. Madeleine Grawitz, Méthodes des Sciences sociales, Dalloz, 1990.

> • une situation vécue comme humiliante s'était créée lorsque le chef de service, pour répondre aux questions de surcharge, avait élaboré un plan de charge, heure par heure, spécifique à chaque collaborateur. Progressivement, le taylorisme se réimplantait. La charge relative au traitement a pris le pas sur la charge de l'activité elle-même.

Ces éléments illustrent certains aspects qualitatifs tout aussi importants que la description de la fonction elle-même : ils font partie de l'analyse fonctionnelle. En particulier, ils montrent une certaine démotivation du personnel. En fait, il apparaît très vite que la surcharge n'est pas le fait des différentes fonctions en tant que telles, mais bien dans le contexte et les aléas dans lesquels elle s'exerce.

Dans ce cas, il ne s'agit pas de refondre le process ou le circuit mais bien de travailler sur les « petits ruisseaux » qui irriguent la vie du gestionnaire de paie et dont il subit les conséquences.

D'ailleurs, c'est bien cette situation qui crée la surcharge :

- la mauvaise qualité des badges entraînant des erreurs, des réclamations, du « re-travail » et des récriminations du personnel, toujours recommencés ;
- pour les commerciaux, les relances téléphoniques prenant le pas sur la fabrication de la paie elle-même, etc.

Finalement, d'une charge de travail normale, voire faible, une surcharge est créée par l'amont de la fonction. En bout de chaîne, le gestionnaire de paie subit les conséquences de l'organisation.

Une fois les modifications ad hoc mises en œuvres, le service a retrouvé sa sérénité et, à vrai dire, s'est retrouvé en sureffectif. C'est ainsi que, progressivement, le service a été ramené à un effectif de 5 personnes, soit un gain de productivité de l'ordre de 30 %.

L'analyse fonctionnelle, par son ambition de décrire et comprendre les faits et d'identifier les perceptions des différents acteurs, permet de traiter des questions locales, en les reliant à l'ensemble des symptômes. Toutefois, sous son apparence technique, elle réclame une grande perspicacité, une lucidité et une écoute qui permettent de décoder le système pour formuler des hypothèses innovantes et surtout des progrès. À l'opinion des collaborateurs se joint l'opinion de l'analyste.

À cet effet, il est conseillé de rédiger un « rapport d'étonnement ». C'est-à-dire, de noter systématiquement, comme elles viennent, toutes les observations surprenantes qui apparaissent sur le terrain ou au cours de l'analyse. Ces données qualitatives révèlent des faits. L'étonnement vient plus du discours de l'autre, et du décalage qui peut apparaître entre l'analyse stricte et l'expérience de l'analyste.

> *Après avoir fait parler les chiffres, il convient de faire parler les situations.*

C'est une tâche difficile car la tendance naturelle est d'accepter, a priori, comme normaux des fonctionnements qui ne le sont pas forcément. Il convient donc d'être en permanence à l'affût de toutes différences, de toutes opinions, même si elles peuvent, à un moment donné, apparaître comme peu intéressantes ou isolées. Par ailleurs, dans la mesure où les analyses fonctionnelles rencontrent l'ensemble des salariés concernés par celles-ci, il y a des chances (ou des risques) que des répétitions existent dans les discours des différents acteurs.

Toutefois, comme l'écoute est un exercice difficile, nous reprenons dans le paragraphe ci-après un bref résumé des techniques d'écoute (voir tableau 3.1).

L'analyse fonctionnelle et le rapport d'étonnement conduisent à répondre à la question : peut-on simplifier, modifier, supprimer les pratiques ou bien faire autrement ?

L'approche des structures fonctionnelles et administratives ne doit pas s'en tenir à la description ni à l'amélioration de la structure existante mais doit permettre aussi la remise en cause, au besoin radicale de la fonction, par la reconstruction du processus concerné. Là encore, la recherche de simplification doit intégrer les progrès de la technologie.

> *Un rapport d'étonnement efficace permet souvent et rapidement d'identifier les grandes questions d'organisation et d'amélioration de la productivité qui se posent.*

Les outils de l'écoute

L'analyse fonctionnelle repose essentiellement sur des entretiens individuels. Or, les techniques d'entretien sont rarement enseignées. Il s'ensuit que chacun agit selon son bon sens. Malheureusement, ce bon sens n'est pas forcément celui de son interlocuteur.

Si, pour une description de fonction, le pragmatisme peut s'avérer suffisant, il n'en est pas de même pour la partie qualitative de l'entretien. Or, en l'absence d'un minimum de pratiques, l'expérience montre que l'analyste, même de bonne volonté, a du mal à écouter réellement son interlocuteur. Cela se traduit par deux situations :

- d'abord, l'interlocuteur est interrompu par l'analyste dans son argumentation. Il risque alors de se fermer très vite à la discussion ;
- ensuite, la coupure se traduit par un changement de sujet. Au lieu d'accompagner l'interlocuteur pour lui permettre d'approfondir son idée, l'analyste change de sujet ! Il risque de passer à côté du plus important.

Dans ce cas, le risque bien réel est de limiter l'analyse fonctionnelle à une description de fonction, tout en provoquant une incertitude chez l'interviewé.

Or, précisément, les pistes de progrès sont largement le fruit des idées et des critiques formulées par l'interlocuteur ; sinon à quoi servirait-il de mener un entretien ? L'interlocuteur doit avoir confiance dans l'intervieweur. Cela commence par les explications sur les objectifs donnés au moment du lancement de l'action de réduction des coûts. Ensuite, il s'agit de permettre un discours libre, sans objections de la part de l'analyste.

> *Écouter de toutes ses oreilles.*
> *Seule une écoute positive permet à l'interlocuteur d'approfondir et de dire son opinion.*

Les informations qualitatives mais éparses, parfois teintées d'acidité, voire éloignées du sujet, vont être la base du rapport d'étonnement.

Lorsque se déroule un entretien, indépendamment même de l'angoisse qui peut être provoqué par l'opération réduction des coûts, chaque interlocuteur en confiance apporte son vécu, ses mots, sa perception du travail.

Parfois, les propos pourront même paraître excessifs. Il y a toujours à tirer partie, parfois même plus, d'une personnalité qui remet en cause, et remet en cause encore ; il y a toujours une partie de vrai à décrypter dans ses propos.

D'autant que l'expérience montre qu'un rapport d'étonnement efficace et constructif permet souvent d'identifier près de la moitié des questions d'organisation qui feront ensuite parties du livrable du diagnostic.

Toutefois, l'écouteur ne doit pas être dupe pour autant. Dans l'entreprise, chaque interlocuteur est un acteur. Il joue son propre jeu, défend ses propres intérêts. Comme l'a depuis longtemps formulé Michel Crozier, un acteur « *veut gagner sur l'autre* », en termes de pouvoir. Cela est une facilitation formidable pour comprendre l'organisation.

Cette mise en avant des interlocuteurs est essentielle. En effet, réduire les coûts ne se réduit pas à une simple opération technocratique où il suffirait de couper arbitrairement dans les dépenses, à partir d'un bureau et éloigné du terrain.

C'est aussi une voie pour améliorer la productivité qui est certainement le moyen le plus doux pour réduire les coûts, et comme nous l'avons vu dans le chapitre 1, une piste pour améliorer les processus et progresser.

> *Écouter et ne pas être dupe !*

Exemple

Voici un exemple qui illustre l'importance de la méthode et de la participation du personnel, donc de l'écoute.

Dans cet atelier de 150 personnes, l'objectif initial visait à améliorer les conditions de travail. De fait, le bruit, les sols, la propreté, le travail en 2x8… tout semblait devoir être changé. Cette dégradation étonnante avait une logique. L'usine devant déménager, un minimum de remise en état était effectué… sauf que le déménagement annoncé était sans cesse repoussé !

Mais par où commencer ? À vrai dire, devant l'importance du chantier, il était difficile de choisir les priorités. Il fut décidé de demander leur avis aux opérateurs. Cette démarche était une réelle innovation dans l'entreprise.

Un petit questionnaire fut proposé aux 150 personnes. Ensuite, les réponses furent discutées par les opérateurs eux-mêmes, en petit groupe, au cours de journées spécifiques, avec le personnel de l'atelier mais en dehors de l'atelier[1] !

Ces travaux ont permis non seulement d'établir les priorités, d'approfondir les forces et faiblesses et d'améliorer la productivité, mais le plus remarquable se déroula lors des opérations de suivi de la mise en place des améliorations. Le jour de la présence du pilote de la méthode, la productivité faisait une pointe supplémentaire d'amélioration et le lendemain, la tendance reprenait son cours… Ceci, plusieurs mois de suite.

Cet exemple montre que l'écoute et la mise en avant des acteurs ont une influence sur le niveau de productivité tout aussi importante que l'organisation du travail lui-même.

Vu le manque général de pratique, des précautions sont à prendre pour mener des entretiens ; le tableau 3.1 propose quelques formulations classiques à utiliser par l'intervieweur, selon l'objectif qu'il poursuit.

Tableau 3.1. – Exemples de formulations de questions

OBJECTIFS	TYPES DE FORMULATION	EXEMPLES DE QUESTIONS
Questions ouvertes :		
Faciliter l'expression de l'interlocuteur	*Ce sont les idées de votre interlocuteur qui comptent*	Que pensez-vous de ?
		Comment voyez-vous ?
		Pourquoi ?
L'inciter à développer ou à préciser sa pensée		Dites-moi ce qui est important pour vous ?
		LE SILENCE EST D'OR : laissez parler l'interlocuteur
Questions fermées :		
Rechercher une information précise	*Ce sont vos idées ou hypothèses qu'il convient de valider*	Préférez vous ceci ou cela ?
		Vous désirez améliorer votre situation n'est-ce pas ?
Confirmer une hypothèse		Entraîne une réponse binaire Oui/Non
Favoriser un choix		

…/…

---

1. Il faut dire que pour l'ensemble du personnel de l'usine, c'était la première fois de leur vie qu'il était payé, non pour travailler mais pour parler de leur travail !

OBJECTIFS	TYPES DE FORMULATION	EXEMPLES DE QUESTIONS
Questions intermédiaires :		
Relancer l'interlocuteur, pour lui permettre d'approfondir, lui donner du temps pour réfléchir	*Permet d'avancer dans la connaissance d'une situation sans changer de plan (neutralité)*	C'est-à-dire
		Mais encore ?
		Par exemple ?
		Qu'entendez-vous par là ?
		Ou encore, répéter le dernier mot significatif prononcé

Il paraît opportun d'insister sur la mise en place d'une écoute. Au-delà de la facilitation de l'analyse, la mise en valeur réelle des interlocuteurs conduit à améliorer et approfondir la partie qualitative.

Donner la parole, c'est reconnaître les hommes et les femmes et les faire participer à l'élaboration d'un projet, quand bien même celui-ci serait confiné à la réduction des coûts.

> *Écouter c'est reconnaître.*
> *L'écoute va bien au-delà du simple outil de communication.*
> *C'est un moyen de motivation.*

Mais on l'a vu, une opération de réduction des coûts menée selon les principes développés tout au long de ce livre, permet de dépasser l'objectif initial. C'est une opportunité forte pour adapter l'organisation et aussi pour instaurer une amélioration continue en s'appuyant sur le rôle des salariés.

ÉVALUER LA CHARGE DE TRAVAIL

Il ne s'agit pas de décrire ici les mille et une manières de calculer ! Toutefois, l'expérience montre qu'en l'absence d'une évaluation ou d'une estimation spécifique, la charge (surcharge ou sous-charge) dans le travail repose sur la seule perception des responsables ou sur des considérations d'ordre budgétaire assez éloignées de la réalité et qui dans tous les cas ne permettent pas de mesurer (ou d'estimer) le niveau de productivité.

Cette carence freine l'amélioration continue et la maîtrise des coûts. L'absence de mesure entretient des retards, des files d'attentes, des réponses inadaptées… qui sont mesurés, eux, par les clients et engendre des surcoûts cachés pour l'entreprise.

Bâtir des indicateurs pour estimer la charge de travail est un complément naturel et indispensable à sa description. Encore faut-il déterminer quoi mesurer. Il s'agit d'abord d'identifier les unités d'œuvre représentatives de chacune des activités (fonctions), puis d'établir une volumétrie.

> *L'absence de mesures freine l'amélioration de la productivité administrative.*

Des ratios significatifs sont à définir à partir du terrain.

Exemple

Pour en revenir à l'exemple du service paie, notre gestionnaire traite deux bulletins maladie par jour et intervient 20 fois par jour sur les événements variables de paie ; par ailleurs, les résultats d'un sondage ad hoc mis en place montrent qu'il reçoit, ou donne, environ 30 appels téléphoniques par jour. Croiser ces chiffres avec le détail du travail donne une indication assez précise de la charge.

D'autres indicateurs peuvent être retenus selon l'activité, à l'exemple du tableau 3.2 ci-après.

Tableau 3.2. – Quelques indicateurs

Domaines	Éléments à prendre en compte
Infrastructure et locaux	Superficie/salariés administratifs et fonctionnels
Finances et comptabilité	Nombre de pièces comptables/jour/personne
Ressources humaines Administration du personnel	Effectif de la fonction/effectif total Nombre de paies/effectif de la fonction
Administration des ventes	Nombre de commandes/lignes clients/effectif de la fonction
Informatique	Pourcentage du CA
Planning/ordonnancement	Nombre de lancements en fabrication/personne
Magasins *retail*	Nombre de transactions/visiteur
Maintenance	Taux de pannes/jour
Secrétariat	Nombre de courriers/jour Nombre d'appels téléphoniques donnés, reçus/jour
Méthode et outillage	Nombre de gammes/effectif du service
Productivité globale	CA/personne Effectif indirect/effectif total
...	Nombre de réclamations et délais de résolutions

La recherche des chiffres a deux origines. Soit ils existent dans le système (enregistrements, numérotations, etc.), soit il convient de mettre en place des auto-pointages (appels téléphoniques, nombre de visiteurs, etc.).

L'auto-pointage ne doit entraîner aucune crainte. L'expérience montre que les chiffres obtenus sont toujours de bonne qualité. Au contraire, le personnel devant noter les événements a plutôt tendance à craindre d'en oublier de peur de ne pas être correct ! Par ailleurs, si quelques événements sont oubliés, cela ne change en rien l'évaluation globale.

La description du terrain et l'explication de la situation ne sont complètes que si elles permettent d'estimer globalement la charge de travail. Il n'est aucunement question de mesurer « scientifiquement » le travail administratif et fonctionnel, comme le proposait les tayloriens d'un autre âge. L'entreprise vise à créer des fonctions où les acteurs ont un véritable rôle professionnel, ce qui implique autonomie, initiative, responsabilité, capacité de répondre aux imprévus, etc. Ces activités sont indépendantes d'un mode opératoire quelconque ou encore des procédures ISO. Cela ne doit pas empêcher d'estimer le temps, le coût ou la charge de travail. Toutefois, pour être « à la mode » et ne pas paraître trop technocratique et froid, il convient de souligner que ce nouveau « travail complet », avec de nouvelles responsabilités peut engendrer du stress chez quelques personnes fragiles… Aussi convient-il d'être prudent lors du changement.

> *S'obliger à estimer la charge de travail. Définir les unités d'œuvre représentatives.*

Ainsi, sous couvert du « respect de la qualité du travail », le responsable d'une unité d'audit refusait d'estimer la durée des missions de ses collaborateurs. Une analyse menée avec ces derniers montrait que, pour un travail strictement comparable, certains utilisaient 6 mois par homme, alors que d'autres un mois seulement ! Dans les deux cas, la qualité des résultats était appréciée !

Outre la recherche des volumes et l'établissement de ratios, la meilleure manière de confirmer la charge de travail est de demander aux acteurs de l'évaluer eux-mêmes ; en effet, ce que l'œil extérieur appréhende difficilement est connu par celui qui opère.

Dans un premier temps, dès le début de l'analyse fonctionnelle, lors de l'entretien, il est possible, nous l'avons dit, de demander à l'interviewé de répartir en pourcentage le temps consacré à chacune des fonctions. Cette estimation donne un premier repère qui sera affiné au fur et à mesure de l'analyse.

Pour y parvenir, les quatre pistes suivantes sont à retenir.

Définir les unités d'œuvre représentatives de chaque entité analysée

Pour mesurer, encore faut-il savoir quoi ? Cela change à chaque métier.

Par exemple, pour un comptable, on retiendra le nombre de pièces comptables ou le nombre de factures fournisseurs. Pour le responsable de paie, le nombre de bulletins de paie et, pour le gestionnaire de commandes, l'unité d'œuvre sera en général le nombre de commandes clients et le nombre de lignes d'une commande.

Identifier une unité d'œuvre permet de comprendre la réalité des activités et de donner une première estimation de la charge globale de l'activité d'un poste.

> *Tenir compte des aléas.*
>
> *Quelles que soient la qualité et la précision de l'analyse fonction-nelle, il convient d'intégrer dans l'évaluation les aléas qui survien-nent au quotidien (téléphone, erreurs, etc.) dans le travail.*

Ramener l'ensemble des volumes à la journée de travail

Il s'agit, dans un premier temps, de « faire parler » les unités d'œuvre ! Personne n'est capable d'estimer d'emblée la charge de travail que représente le traitement de 20 000 factures fournisseurs par an ou 30 000 commandes clients par an. La meilleure approche consiste à ramener la charge de travail à une journée par personne.

Ainsi, les quatre comptables du service comptabilité fournisseurs d'une entre-prise traitent 16 000 factures par an. Cela représente 20 factures par personne et par jour[1]. Or, un standard serait de l'ordre de 50 pièces comptables par personne et par jour (hors l'existence d'un EDI).

À ce stade, l'analyse fonctionnelle permet d'estimer si ce standard est adéquat ou non. Le travail réalisé par le comptable, sur une facture fournisseurs, par exemple, n'est pas identique dans toutes les entreprises. De plus, la technologie intervient évidemment dans l'évaluation. Il est ainsi clair que, si les factures fournisseurs sont numérisées à leur arrivée dans l'entreprise, le travail du comptable fournisseurs sera totalement modifié et le standard non adéquat. D'ailleurs, dans ce cas, c'est toute la chaîne fournisseurs qui serait revue (voir figure 3.8 page 145, Circuit factures/fournisseurs, comptabilisation et paie-ment). Avec l'EDI, c'est une transformation supplémentaire puisqu'il n'y a plus de factures papiers (voir figure 3.9 page 151). L'écart entre ces deux données pose un premier diagnostic : la sous-charge est-elle réelle ou les procédures sont-elles inadaptées ? Il invite à approfondir l'analyse.

> *Une année de 200 jours !*
>
> *Pour calculer les volumes à la journée, ne compter que 200 jours dans l'année.*

Exemple

L'analyse fonctionnelle précédente du gestionnaire de paie montre que la mise à jour des variables de paie est estimée à 3 heures par jour ; le traitement dit de spécialités à 2 heures par jour et 40 bulletins maladie par mois. Si la charge de 40 bulletins de maladie par mois est

---

1. En divisant par 200 jours.

difficilement estimable, la charge ramenée à la journée – soit 2 bulletins par jour – clarifie la situation d'autant que l'analyse fonctionnelle a décrit les opérations nécessaires au traitement du bulletin de maladie. Clairement, ce poste est a priori en sous-charge, hors aléas.

« Faire parler » les chiffres !

Pour estimer la charge de travail, il est donc suffisant de diviser les volumes annuels (et les unités d'œuvre) par 200 jours, ce qui permet d'intégrer les aléas et l'absentéisme. Cette précaution évite aussi des mauvaises surprises. La mesure de la charge doit être juste. Il ne s'agit en aucun cas de réduire le service rendu ni de créer des surcharges propres à dégrader les conditions de vie au travail des collaborateurs.

La découverte du terrain implique donc d'être en mesure de faire parler les chiffres. À travers les dépouillements statistiques, la découverte de données enfouies dans les listings permet de compléter la connaissance du terrain.

Pour réduire et optimiser les coûts, il s'agit à la fois de :

- calculer la charge de travail. C'est un premier niveau de réduction des coûts. Il indique si tel ou tel département est ou non en sureffectif.

- intégrer toutes les informations autour du travail lui-même qui impliquerait des pertes de productivité ou des dégradations à colmater.

Ainsi, dire le niveau de productivité brute, telle qu'il ressortirait des calculs, serait incomplet sans intégrer la vie autour de ces éléments, c'est-à-dire toutes les informations qualitatives qui ont pu émerger au cours de l'analyse.

Il n'est pas question de compliquer l'analyse par des calculs sophistiqués, mais tout simplement de tenir compte de quelques observations de bon sens et de la réalité du travail.

> *Identifier les causes réelles de surcoût.*

Nous avons vu dans un exemple du chapitre 1 qu'en moyenne, une commande client faisait l'objet de deux livraisons ; cela double le travail administratif de chaque livraison et alourdit évidemment la charge du service expéditions, le travail des comptables ainsi que celui de l'administration de ventes. Mais il s'agit d'aller au-delà de la mise en évidence des volumes. À partir de la mesure en valeur absolue, un travail en profondeur peut alors commencer.

Exemple

Ainsi, dans le diagnostic de l'entreprise CL présenté dans le chapitre 1, il était apparu que, pour la fonction développement produits, le service devait créer en moyenne deux prototypes pour intégrer une référence au catalogue produits. Cette « perte au feu » a un coût important.

Or, il se trouve que la même mesure, sur les quatre années précédentes, laisse apparaître une forte dégradation du ratio. Ainsi, celui-ci est progressivement passé de 1,05 en 2007 à 1,11 en 2008, et 1,83 en 2009 pour atteindre presque 2 aujourd'hui. Nous entrons là dans le cœur du métier du service développement produits.

Quelles sont les causes d'une telle dégradation ? Est-elle inéluctable ? Ou, au contraire, peut-on revenir aux ratios anciens ? Cet exemple illustre la nécessité d'aller plus loin que de s'en tenir à seulement « faire parler » les chiffres.

Cela implique, dans ce cas, d'entrer dans la vie du service développement produits bien au-delà de l'analyse fonctionnelle. Une fois levée l'hypothèse d'une mauvaise qualité de travail fournie par le service, il apparaît des raisons bien plus importantes et pesantes sur les coûts.

Identifier les causes cachées de surcoût.

D'abord, un changement dans le management et dans la structure financière de l'entreprise. Jusqu'en 2008, celle-ci est indépendante et le patron est inflexible avec les chefs de produits. Ceux-ci ne peuvent demander en permanence des modifications au cahier des charges initial pour modifier les prototypes.

Avec le changement de propriétaire, la culture change progressivement et la priorité est donnée aux chefs de produits. Ceux-ci de s'en donner à cœur joie et de provoquer, sans le vouloir, la dégradation mentionnée ci-dessus. De plus, dans un contexte de baisse du marché, ces chefs de produits, eux-mêmes angoissés, ont tendance à demander de nombreuses modifications, voire des changements de prototypes (et donc multiplier le nombre de ces derniers).

Dans un premier temps, le ratio objectif a été ramené à 1,40, entraînant à la fois une forte amélioration de la productivité, une réduction des coûts de développement et curieusement, une adaptation plus rapide aux besoins des clients et un gain de productivité de l'ordre de 30 %.

Mesurer la productivité : dire le niveau de productivité n'est pas simple. Toutefois, l'analyse fonctionnelle qui décrit les différentes activités, l'intégration des différents volumes, la prise en compte des aléas et de la parole des collaborateurs doivent faciliter cette mesure et identifier les surcharges ou les sous-charges.

Faire des comparaisons

Se donner des repères peut conforter l'évaluation. Une seule recommandation toutefois : être prudent, car « comparaison n'est pas raison ».

L'utilisation de *benchmark* ou encore la participation à des observatoires peuvent faciliter la recherche de comparaisons. Reste qu'il convient d'être soupçonneux dans leur application. Le contexte et le métier, même sous des appellations similaires, ne sont pas forcément comparables.

Toutefois, les décideurs peuvent être ébranlés dans leurs convictions grâce à ces mêmes comparaisons.

IDENTIFIER LES AXES D'AMÉLIORATION

Il faut partir du principe que l'analyse ne peut se limiter à photographier et évaluer une situation, puis à réduire les coûts. Au contraire, c'est l'occasion d'« agiter » le travail ou l'organisation et donc, sinon de la reconstruire, du moins de l'adapter aux besoins anticipés. C'est un gage de pérennité.

Les propositions d'amélioration se développent autour de trois principes :

- identifier le processus complet : la finalité ;
- intégrer la technologie au métier ;
- améliorer la productivité sur le terrain.

Identifier le processus complet : la finalité

L'analyse fonctionnelle a permis d'identifier les différentes activités de l'entité, les livrables ainsi que ses clients et ses fournisseurs. Pour remettre en cause plus profondément la structure ou améliorer la productivité, il convient d'identifier les processus, (voir tableau 3.3), c'est-à-dire l'ensemble des activités nécessaires pour satisfaire le client final.

Tableau 3.3 – Les principes d'une approche par processus

| 1. Définir le perimètre |
| 2. Identifier les clients |
| 3. Définir les données de sortie |
| 4. Identifier les fournisseurs |
| 5. Définir les données d'entrées |
| 6. Identifier les acteurs concernés |
| 7. Décrire les activités |
| 8. Mesurer la charge de travail |
| 9. Intégrer les processus associés |
| 10. Indiquer la fréquence d'utilisation du processus |
| 11. Trouver les indicateurs de performance |
| 12. Définir les procédures associées |
| 13. Simplifier |
| 14. Établir un rapport d'étonnement |

La redéfinition des finalités peut parfois conduire à remettre en cause le schéma traditionnel et même l'organigramme par fonction représenté par la figure 3.5 ci-après[1].

---

1. D'après Daniel Boeri, Stéphane Bernard, *Organisation et changement : comment tirer le meilleur du potentiel de votre entreprise*, Ed. Maxima.

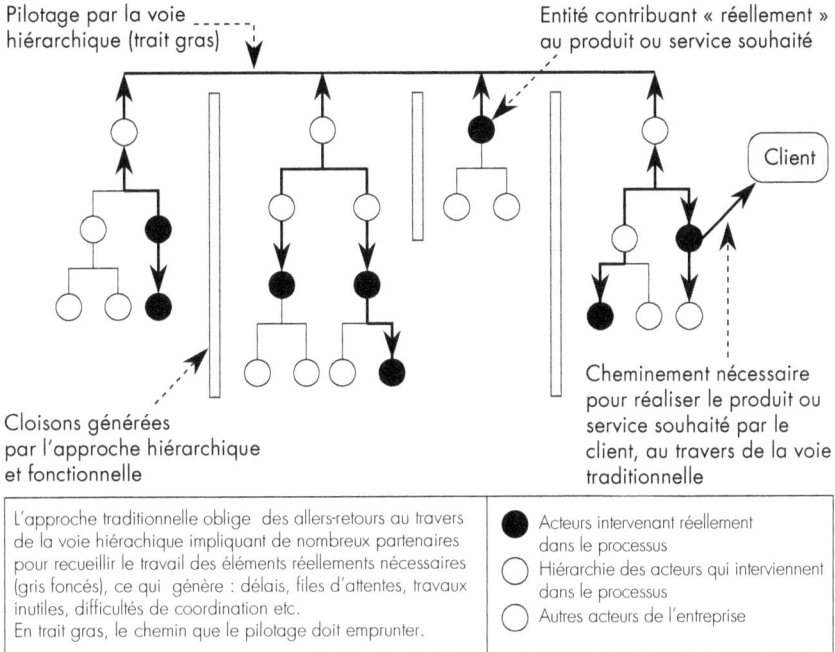

Figure 3.5. Organisation traditionnelle

Vis-à-vis d'un client, toute une série de services et d'acteurs sont concernés pour réaliser et livrer le « produit/service » commandé.

Retenons trois observations relatives aux conséquences de cette organisation pour les clients externes (et souvent même, internes) :

▶ Quand bien même chacune des cellules autonomes ferait de son mieux pour exécuter les travaux dans sa zone d'autonomie, les seuls allers-retours avec la hiérarchie de chaque cellule, pour passer de l'une à l'autre, créent des files d'attente, des conflits de priorité, des incompréhensions, etc.

▶ Chacune des cellules développe son expertise et celle de ses collaborateurs, elle l'approfondit au risque de perdre de vue les besoins réels des clients. Les questions de coordination, elles, perdurent.

▶ Personne n'a véritablement en charge le client. Le processus d'élaboration du produit/service est sous la surveillance partielle de managers, centrés sur leurs objectifs. En conséquence, le processus n'est pas maîtrisé dans son ensemble. Il devient difficile de donner des réponses simples et rapides au client. Ce dernier paie les conséquences de l'organisation en termes de délais et de réponses aux réclamations.

> **Attention !**
> Peu d'acteurs ont une vision globale du client.

Cette approche traditionnelle, fondée sur une division entre les fonctions opérationnelles et fonctionnelles, ne prend en compte que partiellement les finalités et éclate les différentes responsabilités.

Par exemple :

▶ le responsable de la comptabilité fournisseurs est le seul à pouvoir passer l'écriture de centralisation ;

▶ le responsable des services généraux a la responsabilité de certaines lignes budgétaires, mais ce sont les autres divisions qui dépensent ;

▶ le responsable clientèle de l'administration des ventes connaît les litiges de livraison existant avec le client mais la comptabilité clients établit, en parallèle, des relances pour défauts de paiement des factures (le client attend la résolution des litiges). On propose même à la comptabilité clients de devenir crédit manager et d'avoir, comme objectif mesurable, le nombre de jours moyens de délai de paiement des clients. En réalité, ce dernier ne peut agir sur les délais de livraisons, ni sur les pièces manquantes... qui sont des facteurs bien connus d'impayés.

Toutes ces divisions et subdivisions empêchent les différents acteurs d'avoir une vison globale des finalités de l'activité considérée. Dans une vision taylorienne, où il s'agit d'exécuter des tâches, par opposition au résultat à atteindre, cela peut s'admettre, encore que... Cependant, cette manière de faire interdit aux collaborateurs toute compréhension globale et appauvrit les possibilités d'adaptation. L'opérateur doit se contenter d'enregistrer et de poser des questions si un événement apparaît suspect. Il n'existe pas, ou peu, de fonction progrès pour l'organisation ; de même, l'exécutant réalise des actions répétitives sans pouvoir agir sur celles-ci.

Définir les processus centrés sur la finalité clients revient à identifier un groupe convergent de tâches et de supports, qui regroupent la totalité des prestations relatives aux clients (internes ou externes).

Il est alors possible de simplifier le processus (voir figure 3.5), selon la figure 3.6 suivante.

L'équipe centrée clients ainsi constituée est mobile. Elle peut déborder, selon les métiers, à une organisation par projets. Les équipes projets en sont l'exemple le plus clair ; une fois l'objectif atteint, le groupe sera dissout. Ses membres retrouvent complètement alors leur fonction d'origine. Remarquons toutefois que la complexité des affaires, d'une part, et la charge de travail d'autre part, peuvent conduire les collaborateurs à participer à plusieurs projets ou à plusieurs groupes. C'est une approche transverse de l'organisation qui, sans remettre en cause la structure, diminue les coûts et améliore la satisfaction du client. Nous l'avons dit, la nomination d'un propriétaire de processus permet un passage en revue au moins annuel de celui-ci.

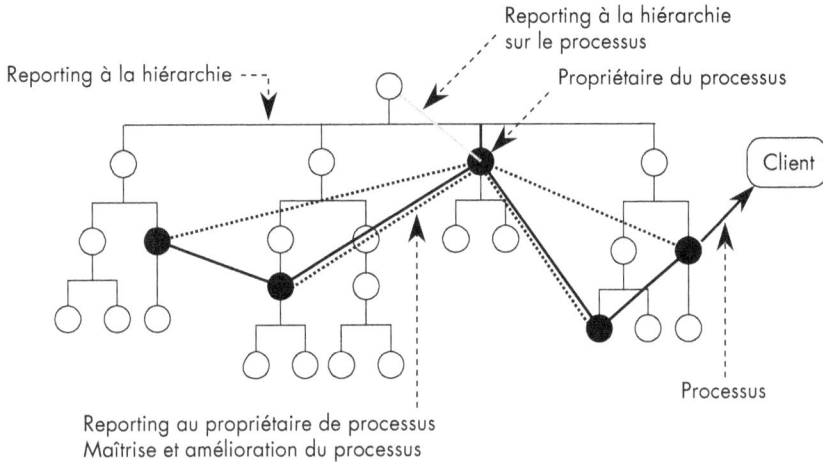

Figure 3.6. – Organisation centrée clients/projets

Quand doit-on s'attaquer au processus ? Le « top nombril »

La mise sous contrôle des processus est une activité naturelle qu'il convient de réaliser une ou deux fois par an ; c'est un travail au long court et piloté par le dit « propriétaire de processus ».

Reste qu'un petit exercice sur les flux (entrants/sortants d'une entité) peut fournir une occasion ludique pour déclencher une analyse.

> *Existe-t-il un propriétaire (responsable) du (des) processus ?*

Chaque entité a une tendance naturelle à se centrer sur elle-même et s'organiser pour mieux atteindre ses objectifs. Le client paie, en délai d'attente, ces pratiques interservices courantes. Celles-ci ne sont pas évidentes à cerner car elles sont masquées par la charge de travail quotidien. Le « thermomètre » représenté dans la figure 3.7 ci-après permet d'obtenir une estimation de l'orientation client de l'entité.

Ce schéma vise à mesurer les flux entrants et sortants de l'entité analysée. Il s'agit essentiellement d'estimer, sur une période définie :

- les appels téléphoniques ;
- les courriers ;
- les e-mails ;

▶ les fax ;

… et de comparer les totaux ainsi obtenus, au nombre de photocopies réalisées dans l'entité pendant la même période.

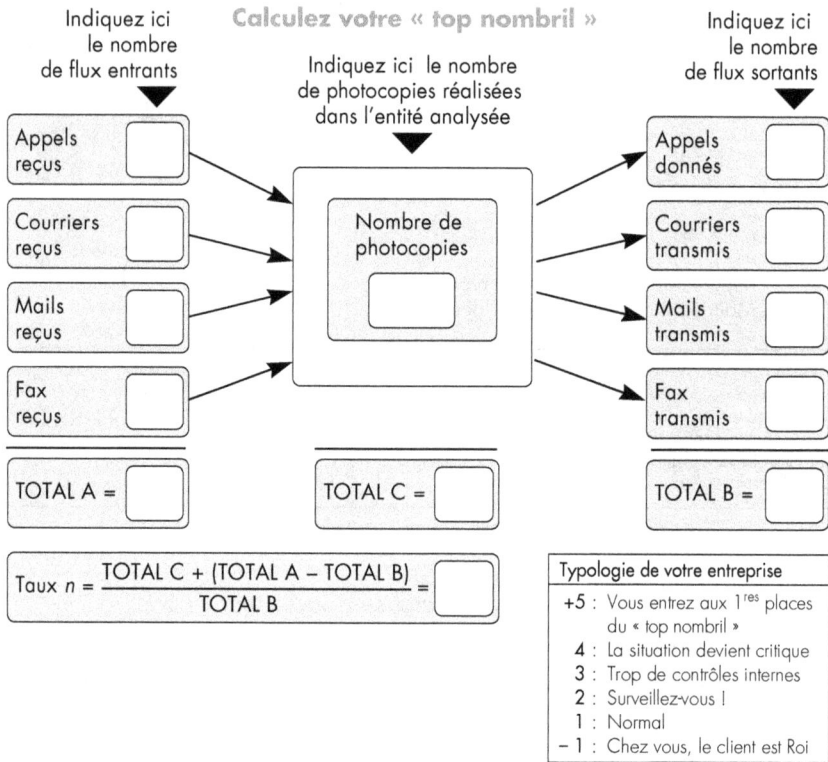

Calculez votre « top nombril »

Indiquez ici le nombre de flux entrants

Indiquez ici le nombre de photocopies réalisées dans l'entité analysée

Indiquez ici le nombre de flux sortants

Flux entrants		Nombre de photocopies	Flux sortants	
Appels reçus	☐	Nombre de photocopies ☐	Appels donnés	☐
Courriers reçus	☐		Courriers transmis	☐
Mails reçus	☐		Mails transmis	☐
Fax reçus	☐		Fax transmis	☐
TOTAL A =	☐	TOTAL C = ☐	TOTAL B =	☐

$$\text{Taux } n = \frac{\text{TOTAL C} + (\text{TOTAL A} - \text{TOTAL B})}{\text{TOTAL B}} = \boxed{}$$

Typologie de votre entreprise

+5 : Vous entrez aux 1res places du « top nombril »
  4 : La situation devient critique
  3 : Trop de contrôles internes
  2 : Surveillez-vous !
  1 : Normal
– 1 : Chez vous, le client est Roi

Figure 3.7. – Le « top nombril », ou êtes-vous centré clients ?

Comme l'indique le schéma, un rapport entre les flux et les photocopies supérieur à 3 est un signe d'un manque d'orientation clients et une indication pour analyser le processus.

Ce petit jeu n'a pour seul sens que d'inviter à travailler par exception et de simplifier le travail. Par précaution, on le limitera à une photographie ponctuelle. Si le service estime nécessaire de garder pour lui-même une photocopie des flux, l'hypothèse d'un dérèglement peut être formulée.

Dessiner le processus ou le circuit administratif

Identifier le processus n'est toutefois pas facile. En effet, ce dernier regroupe sur son chemin des activités différentes et cohérentes, chacune localement, et qui traversent l'entreprise sans tenir compte ni des hiérarchies ni des « châteaux forts » constitués avec le temps. Simplement, tel un fleuve aux boucles aiguës, au bout, il rencontre enfin le client !

FOURNISSEUR

COMPTABILITÉ GÉNÉRALE

- **Pré-enregistrement** de la facture incluant imputation analytique si disponible (avec contrepartie en compte d'attente sur le MODULE FOURNISSEUR)
- **Apposition d'un tampon** sur la facture reprenant les données saisies
- **2 photocopies de la facture :**
  - – 1 pour classement dossier TVA
  - – 1 pour dossier « en attente de paiement »
- **Transmission** à l'ordonnateur pour visa

ORDONNATEUR
- **Apposition Visa** (bon à payer)
- **Transmission** au Dpt Décaissements

TRÉSORERIE

- **Classement** des factures par échéance (parapheur)

- **Classement** des factures arrivées à échéance par moyen de paiement
- **Création du paiement**

- **Mise sous parapheur** de la facture et du moyen de paiement utilisé

Resp. Dpt Décaissement

- **Contrôle/visa** facture/moyen de paiement
- **Signature** du moyen de paiement si habilitation

Signataires hors Trésorerie
- **Signature** du moyen de paiement si habilitation

Chèque ou billet à ordre

TRÉSORERIE

- <u>Comptabilisation du paiement</u> (avec contrepartie en compte d'attente) sur le MODULE TRESORERIE
- <u>Annulation</u> de la dette fournisseur (avec contrepartie en compte d'attente) sur le MODULE FOURNISSEUR
- **Renseignement** des rubriques du tampon relatives au paiement
- **Transmission** du moyen de paiement
- **Report manuscrit sur la facture** du N° d'opération attribué par le module Trésorerie
- **Constitution** d'un dossier relatif à l'opération

Ordre de virement

EN J + X
- **Conciliation bancaire** automatique/manuelle (si écart jour de valeur prévu)
- **Réception** de l'avis d'opération bancaire à intégrer au dossier relatif à l'opération

◆ Modem ➜ **BANQUE**

CHAQUE FIN DE SEMAINE
- <u>Basculement à la Comptabilité Génerale de l'ensemble des opérations de trésorerie</u>
- **Transmission** simultanée à la Comptabilité Génerale du dossier relatif à l'opération

COMPTABILITÉ GÉNÉRALE

- <u>Réception</u> des mouvements de trésorerie par la Comptabilité Génerale
- <u>**Reclassification éventuelle**</u> (comptable ou analytique)
- **Déclenchement** de l'enregistrement définitif en comptabilité (Comptabilisation)
- **Destruction** de la copie de la facture conservée « en attente de paiement » et archivage du dossier relatif à l'opération de paiement

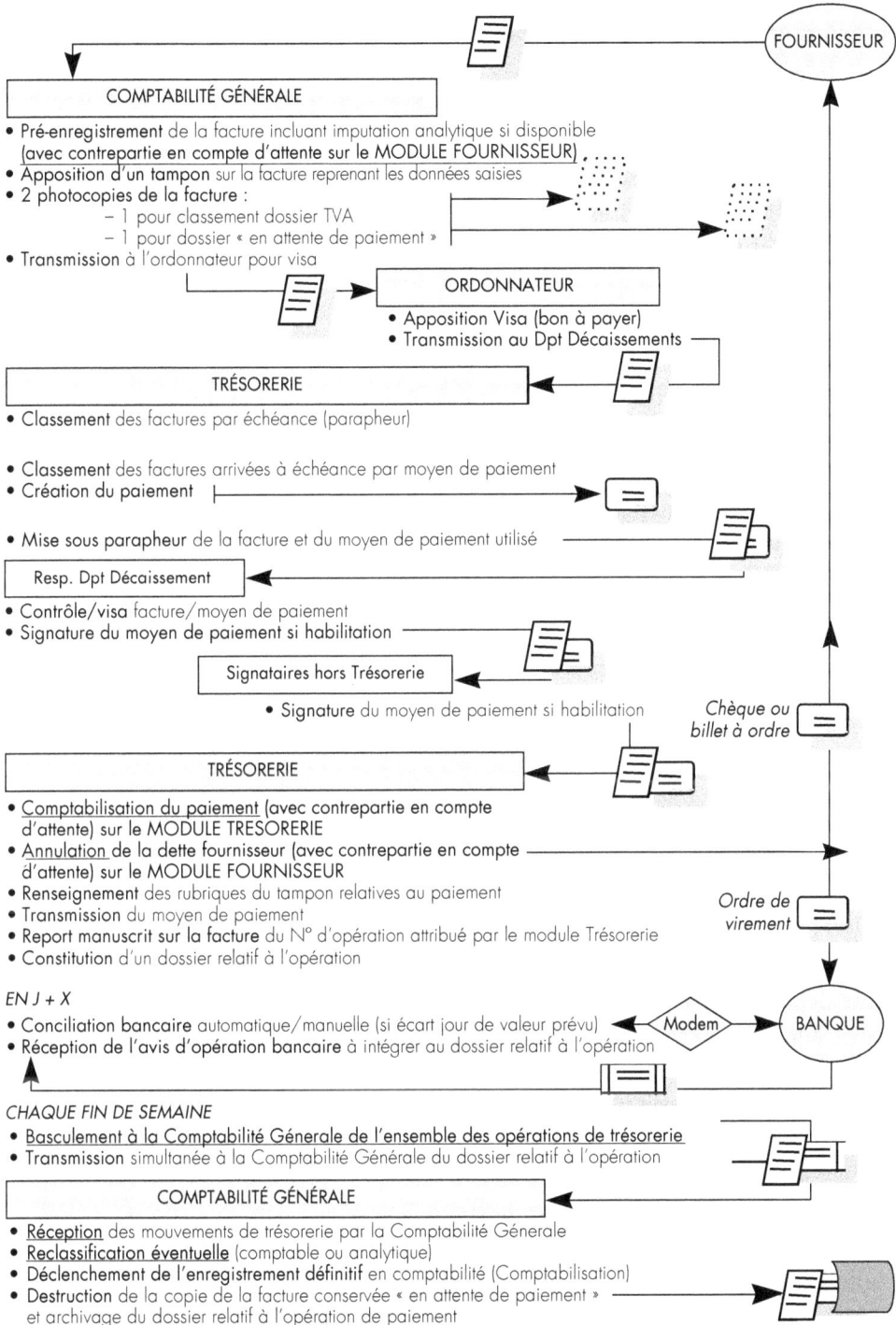

Figure 3.8. – Circuit factures/fournisseurs, comptabilisation et paiement

Dessiner le processus, ou un circuit administratif, permet de comprendre et d'identifier les pistes d'amélioration. À titre d'exemple, la figure 3.8 représente le processus complet d'une facture fournisseurs. Ce schéma est relativement simple mais il nous est arrivé de rencontrer des processus où le traitement d'une facture fournisseur exigeait 42 opérations différentes !

Cette mise à plat est essentielle et éclairante. La remise en cause du circuit administratif/process en est facilitée. L'introduction de la technologie permet de faire voler en éclat la plupart des opérations.

Intégrer la technologie au métier

L'analyse fonctionnelle serait incomplète du point de vue de la productivité sans intégrer la technologie dans le travail.

C'est une évidence. La technologie évolue sans cesse. L'entreprise s'adapte plus ou moins en permanence à celle-ci. Simplement, très souvent, la recherche du coût le plus bas entraîne un sous-dimensionnement par rapport aux besoins, ou encore un retard dans les mises à niveau. Cette pratique freine l'optimisation et ralentit aussi l'amélioration de la productivité et des coûts.

> *Adapter la technologie !*
>
> *En apparence coûteuse, la technologie doit être adaptée aux besoins. Pour cela, il convient d'identifier les risques et les coûts cachés, induits par une technologie dégradée.*

Cette vérité est une loi intemporelle.

Plutôt que de lister les technologies du jour qui, indéniablement, deviendront rapidement obsolètes, il nous a paru plus adapté de remonter le cours de l'histoire.

C'est ainsi qu'Henri le Navigateur, prince portugais, pour s'attaquer à la route des Indes, adopta la technologie de l'époque : la caravelle. Grâce à elle, il fut capable de tenir ses objectifs de découvertes et de récoltes des épices. Il lui fallut également vaincre la résistance au changement des équipages. En effet, les marins hésitaient à s'embarquer car selon les croyances de l'époque, au passage de l'équateur, le soleil tombant à la verticale transformait les matelots... en Noirs !

Cette chronique d'Henri le Navigateur montre la résistance au changement soulevée par l'adaptation aux technologies nouvelles. Se réfugier derrière les coûts budgétaires pour viser trop petit a pour conséquence de réduire très vite les capacités et les possibilités. Si cette pratique permet quelques économies budgétaires à court terme, cela risque de dégrader sérieusement la productivité à moyen terme, donc les coûts.

Technologie : viser trop juste n'est pas toujours le bon chemin.

Les coûts engendrés par l'inadaptation des outils sont masqués par le manque de connaissance de l'impact apporté par la technologie, en amélioration de la productivité. Ils ne sont donc pas mesurés.

C'est tout l'intérêt de l'analyse fonctionnelle globale que de faciliter l'appréhension de la réalité des pratiques.

Pour en revenir à la technologie présente, chacun sent bien que dans son travail, les taux de réponses informatiques sont de plus en plus instantanés. Tout frein à ce besoin de base génère des coûts cachés, certes, différents d'un service à l'autre mais, au total, ils sont cause d'un manque de productivité.

Il est clair qu'aujourd'hui les réseaux, l'EDI, la numérisation des documents et les sites Internet, entre autres, facilitent le travail en temps réel et réduisent les délais de réponses. La technologie doit être adaptée à chaque métier. Cela touche à la fois les matériels et les logiciels. Chaque retard dans ce domaine est non seulement cause de surcoûts mais aussi de manque de qualité par rapport aux objectifs.

La technologie permet de transformer le process. C'est à ce stade que les économies de structure seront les plus importantes.

Améliorer la productivité sur le terrain

L'analyse des circuits administratifs permet de mettre en évidence les dysfonctionnements dans les traitements.

On trouve là une source importante d'économies, grâce à la mise en pratique de principes simples à l'occasion de l'élaboration de nouvelles procédures comme :

- identifier les opérations inutiles ;
- définir les procédures qui tiennent compte de l'utilisateur en aval (approche client) ;
- supprimer les double emplois ou documents ;
- fusionner certains services, ou opérations ;
- automatiser certains traitements ;
- gérer par exception ;
- donner à un individu la possibilité de traiter une opération de A à Z ;
- remettre en cause les classements, etc.

Exemple

Le service litiges transports d'une entreprise de produits de grande consommation est chargé de résoudre les questions posées par les réclamations au sujet des livraisons.

L'analyse des réclamations montre que pour 10 litiges supérieurs à 200 €, il en existe 50 dont le montant est voisin de 10 €.

Le service passe une grande partie de son temps à régler ces petits litiges, avec autant d'opiniâtreté que le temps passé pour les litiges plus importants :

- enquêtes auprès du transporteur, qui nécessitent de nombreux coups de téléphone ;
- enquêtes auprès du service Expéditions ; la charge de travail est alors transférée dans ce service où quelqu'un s'occupe de la demande, dépouille les bordereaux d'expédition, vérifie les poids…

Cela conduit quasi systématiquement à l'établissement d'un avoir car il est impossible de choisir entre le bon grain et l'ivraie, alors que pendant la durée des enquêtes, le client ne paie pas ses factures litigeuses.

Travailler par exception.

Une bonne application de la « gestion par exception » pourrait supprimer tout traitement superflu. Dans le cas de litiges inférieurs à 10 €, donner systématiquement raison au client coûte beaucoup moins cher que de mener les enquêtes. La seule précaution à prendre est d'insérer sur une liste des réclamations le nom du client, afin que ce dernier ne soit pas tenté (s'il la connaît ou la devine) d'utiliser la souplesse du système !

Selon le même principe, les comptables réalisent souvent des rapprochements bancaires quotidiens. Or, sauf si la banque devenait soudain particulièrement mal habile, on peut supposer qu'un rapprochement bancaire hebdomadaire ne dégraderait aucunement la qualité des rapprochements, entraînant des économies de 80 % ! D'ailleurs, très vite, il apparaît possible d'espacer encore plus ces rapprochements.

Travailler directement sur l'original des documents

En vue de comptabiliser les imputations ad hoc après avoir enregistré une facture fournisseurs, la comptabilité demande aux ordonnateurs de rédiger un « papillon » pour une imputation analytique. Une validation directe à l'écran par l'ordonnateur devrait suffire.

Une autre entreprise cherchait à supprimer la pré-codification avant saisie ! L'action de productivité porte alors sur le poste « saisie des données ». Ce service peut saisir les informations directement à partir des documents originaux, certes plus flous à saisir (mais finalement, on fait bien du premier coup), en provenance de l'extérieur ; là, la pré-codification est supprimée.

La numérisation des factures fournisseurs et l'arrivé de l'EDI (Echanges de données informatisées) permettent même de supprimer totalement les saisies.

Supprimer les doubles contrôles

Les comptables ont un métier exigeant qui demande une grande rigueur et une grande précision mais il n'est pas nécessaire, pour autant, qu'ils calculent les additions à la place de l'ordinateur, avant d'introduire les informations… pour les vérifier ensuite !

Même dans les très grandes entreprises, on peut éviter la cérémonie des parapheurs où le signataire exige, abusivement, qu'on lui transmette les originaux des factures pour signer le bon à payer. Ne peut-il se contenter d'un listing de l'échéance, toujours disponible, et ne contrôler certaines factures que par sondage ? Là encore, la suppression de la préparation des factures quasi quotidienne simplifie notablement le travail des comptables. D'autant qu'au préalable, l'ordonnateur avait déjà validé les factures.

Utiliser les logiciels de façon optimale

Faute de modes d'emploi écrits et lisibles, ou par manque de connaissances, les logiciels ne sont pas toujours utilisés de façon optimale. Un grand nombre d'informations, fixes en général (nom du client, adresse de livraison, conditions de paiement, numéro d'enregistrement, etc.), doit être ressaisi totalement ou partiellement à chaque changement d'écran.

Finalement, chacun le sait, les possibilités des programmes sont peu exploitées, car la documentation est pauvre ou inexistante. Par habitude, à chaque difficulté, le spécialiste adapte une réponse. Les possibilités offertes par les logiciels ne sont pas totalement exploitées.

Par ailleurs, il convient de s'assurer des mises à jour des systèmes au fur et à mesure de leur exploitation. Dans les intervalles, le personnel compense, manuellement de préférence, les éléments manquants.

Travailler à « grosses mailles »

Sauf pour les comptables, une information plus globale, mais rapide, est un besoin primordial. Le plus souvent, chercher à connaître systématiquement les résultats à l'unité près conduit à un coût très élevé et provoque des retards importants dans l'édition des résultats, jusqu'à les rendre parfois obsolètes.

L'on retrouve cette situation dans de nombreux cas. Par exemple, vouloir connaître le nombre de commandes clients nécessaires au premier lancement de fabrication, les donnés d'un pays pour finaliser les informations relatives à une région, les validations factures fournisseurs, etc.

> Trop de détails peut « tuer » l'information.

Exemple

L'entreprise H dispose d'un logiciel budgétaire spécifique. Les données du budget arrivent du monde entier, pays par pays. Plutôt que de tirer parti rapidement de l'arrivée des informations budgétaires des principales zones géographiques, le contrôleur de gestion, contraint par le logiciel, attend la remontée des informations, pays par pays, pour boucler le budget. Résultat, les prévisions de ventes essentielles sont en machine mais inconnues des décideurs, car il manque des informations provenant d'un pays pesant 1 % du CA. Le budget mécanique est finalement bouclé en balance carrée et ce, très peu de temps avant sa présentation. Les arbitrages se faisaient sur un coin de table, la nuit précédant celle-ci.

Vérifier la qualité des systèmes de gestion

Les systèmes de gestion utilisés sont-ils fiables ? Voilà une question qui demanderait des développements débordant l'objet de ce livre. Cependant, il convient de se poser la question de façon systématique lorsqu'on veut réduire les dépenses. Il ne serait pas logique de consacrer beaucoup d'efforts et d'énergie à réduire les coûts sur des postes parfois mineurs et de laisser, sans analyse détaillée, le système de gestion provoquer des surcoûts plus importants. Quand bien même ils seraient cachés.

> *S'attaquer aux causes de dégradations du chiffre d'affaires.*

Exemple

Cette approche permet, par exemple, à la société B d'analyser la distorsion existant entre le montant des prises d'ordre clients et la facturation. Alors que la société cherchait à trouver 950 K€ d'économies de frais de structure, en même temps, elle « perdait » en six mois 12 % de son chiffre d'affaires de commandes enregistrées, soit 1,5 millions d'euros. En réalité, une partie des prises d'ordre n'était pas satisfaite pour différentes causes : articles lancés en fabrication, non conformes aux ventes, articles vendus mais non lancés en fabrication, articles lancés puis annulés, retours de livraison, rebut de certains articles lancés, etc. Toutes ces causes représentaient en volume 72 000 articles sur 705 000 pris en commande ! Voilà des « frais généraux » à récupérer sinon totalement, du moins en grande partie. Nous avons déjà trouvé cette situation dans le chapitre 1.

Revenons au circuit factures fournisseurs précédent (voir figure 3.8) après adoption des technologies nouvelles. L'entreprise décide de transformer d'un seul coup l'ensemble du process et des procédures.

Sont appliquées les recommandations ci-dessus pour améliorer la productivité. Qu'en est-il ?

Il s'agit :

- d'intégrer une technologie adaptée. Ici, il s'agit de la numérisation des factures fournisseurs. Cette numérisation consiste à scanner les factures à leur arrivée[1], ce qui permettra de contrôler les différentes mentions et calculs de la facture et donc de la valider. Cette étape franchie, chaque facture sera scannée, numérotée, validée automatiquement par le système. En cas de difficulté d'identification ou d'interprétation, le système lancera une alerte pour permettre de continuer l'automatisation après vérification. Ces factures suivront par la suite le nouveau circuit décrit dans le schéma ci-après ;

---

1. Après avoir créé des modèles de factures fournisseurs pour permettre de les reconnaître.

- de tenir compte des possibilités offertes par chaque fournisseur et traiter les factures selon leur origine. Aux factures numérisées s'ajouteront les factures en provenance de l'EDI ou celles reçues via e-mails ;

- d'appliquer la gestion par exception. En générale, une facture fournisseur est conforme à la commande passée. Ainsi, la juxtaposition automatique de la commande (et ses différentes informations dont l'imputation), avec les éléments de la facture, permettent de ne traiter que les seules exceptions ;

- d'utiliser un *workflow*. L'autorisation de paiement est toujours un circuit difficile du fait des déplacements fréquents des décideurs ou des ordonnateurs. Le *workflow* permet une validation et, éventuellement, une imputation de la facture, à distance ;

- de comptabiliser automatiquement, dans l'ERP, les factures validées ;

- à l'échéance de la facture, d'émettre automatiquement l'échéancier en vue d'obtenir le bon à payer.

> *L'échange de données informatisées transforme tout.*

Il s'agit d'une transformation intégrale du process, et le circuit fournisseurs se rapproche de la figure 3.9 ci-après. Comme on peut le constater, les gains de productivité sont énormes et touchent à la fois la comptabilité, le circuit de validation et la trésorerie.

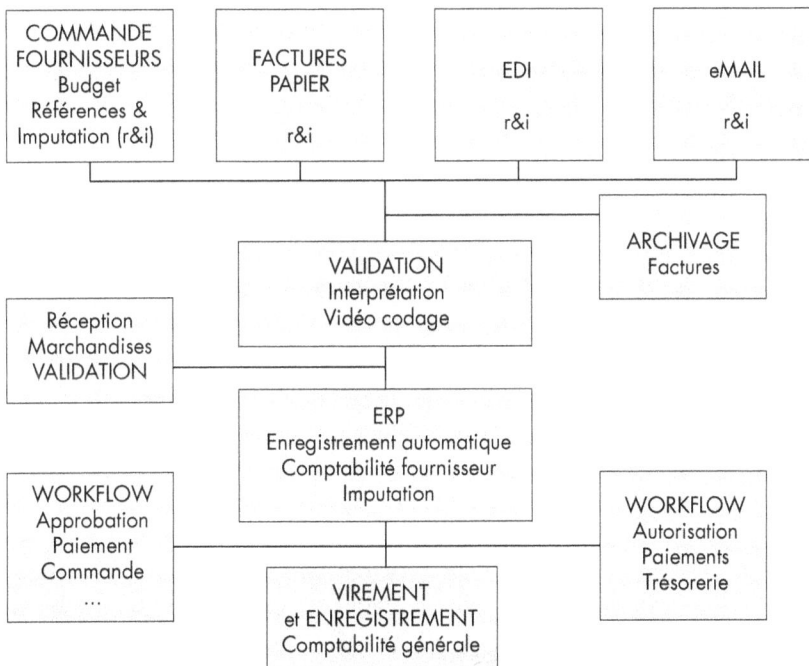

Figure 3.9. – Nouveau circuit factures fournisseurs

L'EDI ne pose aucun problème particulier, il s'agit de convenir des protocoles d'échanges avec les fournisseurs ; il pourrait en être de même pour les factures clients.

Deux exemples.

La société Lambda 28 traite 12 000 factures fournisseurs par jour. La numérisation de la saisie des factures fournisseurs améliore la productivité de 75 % ! La numérisation permet de capturer automatiquement 17 champs d'informations sur les factures fournisseurs, et de contrôler et valider les prix unitaires, le taux de TVA, les remises fournisseurs... Par ailleurs, une fois validées, les factures sont enregistrées automatiquement dans l'ERP.

La société Bra traite 200 000 factures fournisseurs par an. 14 personnes participent au processus de saisie des factures fournisseurs. La numérotation permet un gain de productivité de 60 %.

Refondre le travail : améliorer son contenu

L'analyse fonctionnelle met à plat les différentes tâches et leur contenu. Elle permet de poser un autre regard sur le travail et est surtout la source d'importantes économies. Pour cela, il convient d'agir sur le travail lui-même.

C'est un constat fréquent. Une opération de réduction des coûts offre l'opportunité d'améliorations qualitatives complémentaires loin d'être négligeables. Elles peuvent accentuer les économies mais, aussi, en transformant le travail, assurer une amélioration à plus long terme à la fois pour les collaborateurs et les clients.

Si la valorisation des tâches est nécessaire, il est clair que la rentabilité et l'efficacité dans le travail passent par la motivation du personnel. Aussi, réduire les coûts conduit à agir sur le contenu du travail lui-même.

Principalement, pour être efficace et motivant, le travail doit permettre au personnel d'avoir une réelle zone d'autonomie et une finalité identifiée dans le travail. Pour cela :

- il convient de travailler sur des unités complètes, c'est-à-dire des opérations finies comportant un livrable pour le client. Un individu seul ou en groupe doit par exemple avoir la possibilité de répondre et traiter les questions des clients qui lui seront affectées ;

- ces unités complètes doivent permettre d'établir des liaisons directes avec les services situés en amont et en aval de celles-ci, ou encore les collègues ;

- les collaborateurs doivent recevoir des informations sur les résultats de leur action personnelle. Cela implique qu'un tableau de bord soit défini.

Une fois le travail complet défini, deux principes de base doivent être mis en œuvre :

- La préparation du travail : c'est à ce stade que commence la définition de l'autonomie dans le travail individuel ou en groupe. Cela implique une reformulation des pratiques de la hiérarchie. En particulier, le responsable doit plus être un animateur qu'un chef distribuant le travail.

- Le contrôle : la définition des missions de contrôle, et finalement celle de l'autocontrôle sont également un rouage essentiel pour réaliser des économies. En liaison avec le tableau de bord, le contrôle doit permettre non seulement de s'assurer de la qualité du travail et des réponses qui sont apportées aux clients, mais encore mettre en jeu les questions de productivité.

Ce mode d'organisation du travail est essentiel. En effet, on constate que le souci d'automatisation préconisé plus haut conduit souvent à éclater le travail administratif, comme il l'a été à une époque lointaine dans les ateliers. Or, ces conséquences ne sont pas inéluctables. Le développement de l'informatique permet, au contraire, d'automatiser le travail, tout en l'enrichissant.

L'amélioration de la productivité des structures, bien que des progrès d'analyse aient été réalisés, est toujours une voie royale pour réaliser des économies à court et moyen termes.

Ce qu'il faut retenir

Connaître le terrain :
- Mener une analyse fonctionnelle pour comprendre le contenu du travail
- Identifier les interfaces entre fonctions et/ou activités
- Intégrer les éléments qualitatifs : établir un rapport d'étonnement

Évaluer la charge de travail :
- Définir la ou les unités d'œuvres représentatives
- Recueillir les principaux volumes et les ramener à la journée de travail
- Être large dans l'estimation
- Faire parler les chiffres

Identifier les axes d'amélioration :
- Configurer le processus complet
- Intégrer la technologie au métier
- Améliorer la productivité sur le terrain
- Simplifier, supprimer, faire autrement

Chapitre 4

Réduire les frais généraux

PRÉAMBULE

Les frais généraux présentent la particularité d'être présents à tous les niveaux de l'entreprise. S'ils ne sont pas négligeables en valeur (7 à 20 % d'un compte de résultat opérationnel selon les agglomérats, et la fonction pèse en moyenne 12 % d'après l'enquête CEGOS 2010), ils sont souvent le « parent pauvre » de l'entreprise, pour plusieurs raisons :

- la fonction souffre d'un problème d'image ;
- elle n'est pas attractive et les rémunérations sont globalement inférieures à celles des autres fonctions, parfois de façon significative (– 30 % et plus) ;
- la fonction est dans l'ombre, elle est jugée un peu triviale et assez peu technique parce que l'on a en tête quelques-unes de ses attributions régaliennes comme les fournitures de bureaux, les transports, le ménage… rien de transcendant à première vue !
- très souvent, la fonction pilote mais ce sont les autres services qui dépensent.

Par ailleurs, davantage que la fonction de gestion proprement dite, la fonction d'optimisation des frais généraux est souvent morcelée entre plusieurs services. Il n'aurait pas été possible de réaliser nos optimisations dans les entreprises avec la seule rencontre du service gestionnaire des frais généraux.

Pourtant, la gestion – incluant l'optimisation – des frais généraux, est une fonction palpitante ! Ce chapitre a pour but de démontrer, en présentant des cas très différents et de multiples pistes, que la réduction des frais généraux est un état d'esprit, un préalable indispensable à la réalisation d'une bonne action de réduction.

> *Réduire les dépenses : un état d'esprit, de la méthode et de la malice !*

Selon la gestion des frais généraux, il est observé un potentiel d'économie de l'ordre de 10 à 25 % du périmètre[1]. Ces écarts varient selon le travail initial

---

1. Le périmètre d'analyse comprend toutes les dépenses de frais généraux, excepté certaines dépenses comme les amortissements, les provisions et celles que l'entreprise sort du périmètre (charges sociales, frais bancaires, optimisation fiscales).

effectué sur les frais généraux et le taux de réalisation des économies proposées.

La démarche de réduction des frais généraux comprend quatre étapes principales :

- le diagnostic qui permet d'identifier et d'évaluer la nature et le niveau des économies potentielles ;
- la sélection par l'entreprise parmi les propositions issues du diagnostic en intégrant les risques liés à la mise en place des recommandations ainsi que les éventuels choix politiques ;
- la mise en place des propositions sur le terrain, c'est-à-dire auprès des différents acteurs qui devront les appliquer (impliquer le personnel) ;
- le suivi des économies avec l'établissement d'un tableau de bord spécifique piloté par le responsable de la fonction.

L'expérience montre que plus de 80 % des propositions d'économies en valeur sont mises en place par les entreprises.

De façon plus fine, on a pu observer des économies spectaculaires sur certains postes de dépense :

- 60 % sur la messagerie express,
- 48 % sur les transports,
- 36 % sur la téléphonie mobile,
- 35 % sur les frais postaux,
- 35 % sur les fournitures de bureaux…

> *Le niveau des économies possible montre que le prix unitaire ne peut être le seul levier pour faire des économies !*

Ces quelques pages essayeront de démontrer toute l'étendue des solutions qui permettent de réaliser des économies.

Exemple

La société S, n° 1 en Europe sur son secteur, souhaite réduire et maîtriser ses frais généraux. Après une première tentative avortée, et c'est heureux, de s'attaquer aux notes de frais, elle met sous contrôle un périmètre de 3 millions d'euros constitué de lignes de dépenses assez classiques (voir le tableau 4.1).

La démarche suivante est mise en œuvre : le travail consiste à récupérer le détail du contenu de chaque ligne de dépenses, sous Excel, avec des données croisant les comptes et les fournisseurs.

> *S'attaquer à l'essentiel : la règle des 20/80*
> *Croiser natures de dépense et fournisseurs.*

Après examen, on identifie les dépenses à analyser en priorité (généralement les plus importantes en valeur) et on sélectionne ce qui sera laissé de côté (généralement les dépenses les plus faibles en montant et/ou en potentiel d'après notre expertise).

De fait, comme le montre le tableau 4.1, le périmètre initial de 3 M€ est ramené à 2,3 M€, soit 75 %.

Après avoir pris connaissance de l'organisation et des frais généraux, on analyse les processus lors de rencontres avec les responsables identifiés.

Identifier les processus de consommation.

Il se trouve que l'examen de la situation illustre parfaitement le positionnement de la fonction frais généraux et ses difficultés. Dans notre exemple, les frais généraux sont de la responsabilité de la DRH et deux personnes assurent la gestion des frais au quotidien. Il s'agit là d'un indice d'étonnement. À l'évidence, dans le contexte, les frais généraux ne sont pas la priorité des RH qui interviennent seulement au coup par coup. De plus, les deux collaborateurs n'ont que peu d'influence sur les coûts au quotidien.

Une fois ce tour général effectué, il convient d'examiner globalement un 1er jet de factures correspondant aux dépenses ciblées en priorité.

Sélectionner un échantillon de fournisseurs et de factures représentatives.

Un premier regard sur les factures permet d'identifier rapidement le potentiel de chaque ligne de dépense (montant de la facture, nature de la prestation, écart de tarif/volume…).

Attention « aux têtes » qui dépassent.

Tableau 4.1. – Synthèse du périmètre traité et des économies

Typologie Compte	Code FRS	Périmètre	Eco initiale proposée	% Eco	Rev 1	Eco finale	% Eco finale
Fournitures de bureaux	F1	354 550	110 215 €	31 %	136 277 €	133 087 €	38 %
	F2	21 633	3 223 €	15 %	3 368 €	3 461 €	16 %
	F3	48 539	Non analysé		1 999 €	1 625 €	3 %
Téléphonie GSM	F1	239 654	43 756 €	18 %	43 756 €	43 200 €	18 %
	F2	25 952	5 027 €	19 %	5 027 €	4 850 €	19 %
Téléphonie fixe	F1	207 636	22 840 €	11 %	22 840 €	19 720 €	9 %
Photocopies	F1	41 810	4 533 €	11 %	4 296 €	4 189 €	10 %
Reprographie	F1	31 581	11 582 €	37 %	12 040 €	12 856 €	41 %
Affranchissement	F1	263 616	88 848 €	34 %	93 562 €	96 205 €	36 %

…/…

157

Typologie Compte	Code FRS	Périmètre	Eco initiale proposée	% Eco	Rev 1	Eco finale	% Eco finale
Messagerie	F1	23 965	13 853 €	58 %	7 659 €	7 789 €	33 %
	F2	11 709	2 268 €	19 %	2 452 €	2 401 €	21 %
	F3	19 858	11 076 €	56 %	11 280 €	11 198 €	56 %
Transport	F1	33 738	15 570 €	46 %	12 658 €	12 779 €	38 %
	F2	2 117	Non analysé				
Travaux d'impression	F1	303 834	59 406 €	20 %	61 256 €	60 634 €	20 %
	F2	76 284	12 929 €	17 %	10 512 €	10 666 €	14 %
	F3	28 056	18 585 €	66 %	15 110 €	14 757 €	53 %
Travaux de sérigraphie	F1	17 990	6 429 €	36 %	6 429 €	6 630 €	37 %
	F2	5 956	Non analysé		Non analysé		
Voyages et déplacements	SEL	404 796	43 050 €	11 %	40 000 €	38 000 €	9 %
Entretien ménager		73 792	10 053 €	14 %	8 173 €	8 654 €	12 %
Location véhicule CD		11 674	Non analysé		Non analysé		
Loc matériel bureautique		11 646	Non analysé		Non analysé		
Entretien Espaces verts		4 515	Non analysé		Non analysé		
Total		2 264 899	483 243	21 %	498 694	492 701	22 %

Eco initiale proposée : il s'agit des économies potentielles issues de l'analyse des process et des factures.
Rev 1 : il s'agit de l'économie révisée lors de la phase de mise en place.
Eco finale : il s'agit de l'économie après mise en place.
Les sigles F1, F2, F3 représentent des fournisseurs.

Les pistes d'économies couvrent 20 postes/fournisseurs selon la nature des dépenses. Au total, les économies pèsent 22 % du périmètre, soit une économie de l'ordre de 500 000 €.

Cette évaluation confirme le potentiel d'économie.

Après sélection et analyse d'échantillons représentatifs de factures, les économies potentielles sont proposées ; elles sont de l'ordre de 480 000 €, soit environ 21 % du périmètre traité.

Pour arriver à ce stade, il faut compter un délai de 2 mois d'analyse.

Après validation et amendements par l'entreprise, l'étape suivante consiste à mettre en place les économies proposées. Une fois cette phase réalisée, les économies mises en place sont chiffrées d'un point de vue global en année pleine et selon l'ordre d'arrivée dans les comptes. En effet, certaines économies produisent des résultats immédiats et d'autres nécessitent d'attendre l'échéance des contrats.

La durée de la mise en place des économies est variable selon la détermination de la Direction dans la mise en œuvre des économies. Il faut également laisser le temps aux acteurs de se familiariser et leur faire partager les nouvelles pratiques, ce qui permet de pérenniser les économies dans le temps.

Concrètement, cette mise en place s'échelonne sur 3 à 9 mois.

Dans notre exemple, les économies réellement réalisées s'élèvent à 492 701 €, soit 21,75 % du périmètre initial.

Pour pérenniser les économies, il faut faire partager les nouvelles pratiques par tous les acteurs.

Généralement, le montant des économies réellement mises en place est supérieur au montant des économies potentielles identifiées. Ceci pour plusieurs raisons :

- il est préférable que le décideur ne soit pas déçu du résultat final, mieux vaut donc ne pas exagérer les économies potentielles et ne pas faire croire à l'impossible : les arbres ne montent pas jusqu'au ciel ! mais le terrain peut réserver des surprises souvent bonnes, parfois moins ;

- en travaillant sur la mise en place, d'autres « petites » économies peuvent apparaître. Elles n'ont pas fait l'objet d'un chiffrage initial – car assez secondaires – ou elles se découvrent dans le concret de la mise en place ;

- le fait de réellement mettre en place les économies éveille les consciences de certains collaborateurs qui apportent quelques touches supplémentaires…

La figure 4.1 présente les différentes étapes et leur durée moyenne.

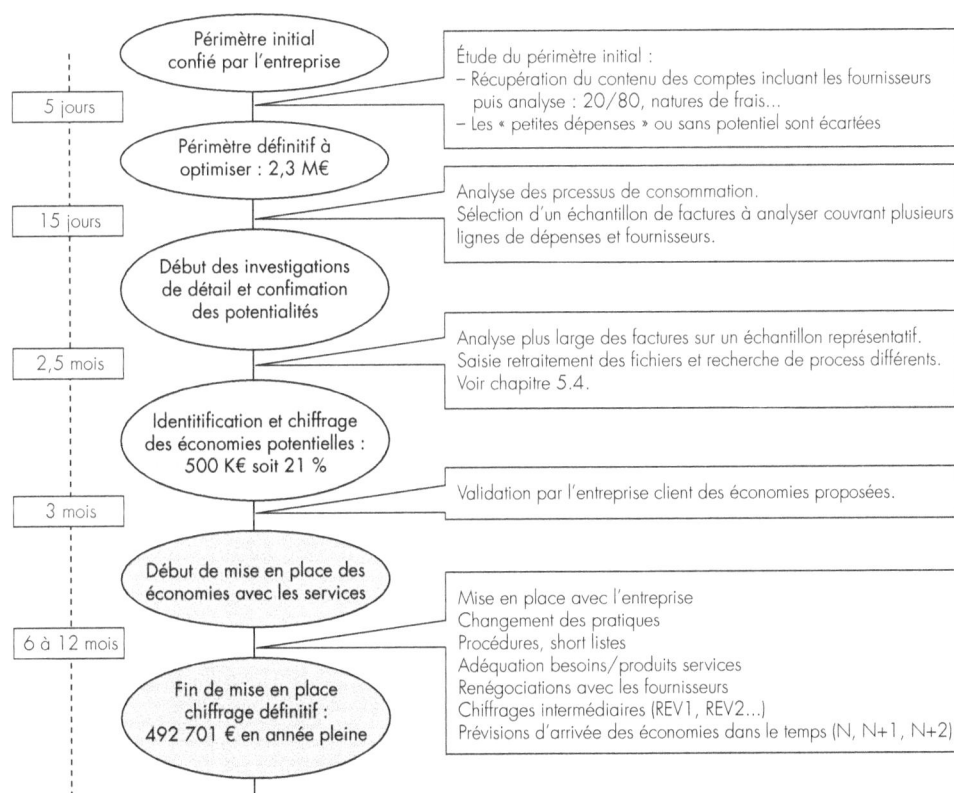

Figure 4.1. – Démarche de réduction des frais généraux

IDENTIFIER LES NATURES DE DÉPENSES : DÉFINIR LE PÉRIMÈTRE

Il s'agit, à l'aide des comptes comptables et des éventuelles données fournies par la comptabilité analytique, de déterminer les natures de dépenses engagées par la structure.

Ces dépenses sont classées par ordre décroissant en valeur du plus important au moins important (loi des 20/80). Il convient ensuite de sélectionner le champ d'action à optimiser. Chaque nature de dépense est analysée selon qu'il s'agit de dépenses ponctuelles ou récurrentes.

Cette analyse porte sur le processus de consommation et donc sur l'identification des « consommateurs », qui, en général, ne sont pas les « payeurs ».

Dans la pratique, une vingtaine de comptes comptables sont analysés, ce qui peut représenter une quarantaine de fournisseurs majeurs (évidemment, cela est très variable...) Le tableau 4.1 (voir p. 157-158) en donne un exemple.

ANALYSER LES PROCESSUS DE DÉPENSES

Le périmètre défini, il s'agit de connaître comment se passent « les consommations de frais généraux » dans l'entreprise. Les processus de consommation doivent être analysés. Ils regroupent trois aspects majeurs :

- les processus liés aux achats (comment et qui achète) ;
- les processus liés à la dépense (comment et qui dépense) ;
- les processus de consommation (les pratiques quotidiennes).

Les processus permettent d'identifier pour chaque nature de dépense :

- quel parcours est nécessaire pour engager la dépense depuis l'expression du besoin jusqu'à l'achat ;
- qui autorise qui à dépenser quoi ;
- sous quelle forme se fait l'engagement (contrat, achat ponctuel...) ;
- comment se font l'identification et la consultation des fournisseurs ;
- si le contrôle de gestion intervient à l'engagement des dépenses ;
- qui consomme quoi et si le consommateur connaît la nature du contrat et les coûts qu'il engage ;
- quel est l'impact de l'organisation et des processus métiers dans les consommations ;
- qui suit, qui contrôle les consommations et les dépenses.

Les processus sont évidemment très divers selon les entreprises. Il est important de les connaître pour optimiser les dépenses.

Certaines dépenses font partie d'un package global RH société comme les tickets restaurants, l'attribution de véhicules de fonction, le versement d'indemnités kilométriques, et plus généralement les notes de frais (standard des hôtels, classe dans les trains et les avions, montant des repas, possibilité de prendre du vin…), les taxis, les billets de transports urbains, la possession de téléphone portable et le type de forfait associé… Ces dépenses ont un caractère sensible qu'il convient d'intégrer.

En revanche, les autres dépenses peuvent en général faire l'objet de modifications de prix/qualité/fréquence sans causer de troubles auprès des utilisateurs.

D'une façon générale, les entreprises sont prudentes sur le package social, ce qui se comprend. Encore faut-il être certain que cela génère un plus social !

> *Les processus se construisent avec les acteurs consommateurs concernés : il convient donc de les identifier.*
> *L'analyse des processus est faite lors des entretiens avec les acteurs.*

Dans un premier temps, il s'agit de rencontrer le responsable des services généraux lorsque la fonction existe et à défaut la personne « faisant office ». Cet entretien a pour but de passer en revue les processus en vigueur pour chaque nature de dépenses du périmètre sélectionné ; le budget sert souvent de base de travail.

Dans un second temps, et selon les choix et les objectifs, les différents acteurs sont rencontrés tant dans les services généraux que dans les services utilisateurs/consommateurs de frais généraux. Outre l'analyse des processus, les rencontres permettent de collecter :

- des informations sur l'ADN de l'entreprise, ses « us et coutumes »… ;
- les pratiques et les idées des personnels sur les possibilités de réduction de dépenses.

Plus tard, dans les travaux, cela permet de prendre l'avis sur la faisabilité de telle ou telle solution d'économie.

Souvent, de nombreuses petites économies sont proposées par les utilisateurs/consommateurs eux-mêmes au cours de ces analyses. Or, pour des raisons diverses et variées, ces idées ne trouvent pas l'occasion de s'exprimer.

C'est ainsi qu'un informaticien dans une entreprise a réalisé une étude visant à remplacer certaines imprimantes par des machines plus rapides et plus économiques. Ou encore cet autre collaborateur ayant signalé des processus superflus, des photocopieurs inutilisés, des lignes téléphoniques inutiles…

> *Réduire les frais généraux : les petits ruisseaux font les grandes rivières !*

ANALYSER LES CONSOMMATIONS, LES FACTURES, MESURER, SUIVRE

Après l'identification des processus, l'analyse des consommations est à mener pour chaque dépense cible du périmètre. Cette analyse doit permettre d'établir des profils moyens de consommation et de travailler sur les extrêmes.

Pour ce faire, l'analyse des factures fournisseurs est le principal vecteur d'investigation avec pour avantage :

- de connaître les prix réellement pratiqués au-delà de ceux annoncés ;
- d'identifier les sources de facturation non précisées dans les contrats ;
- de connaître les avenants et autres travaux ou prestations supplémentaires et hors contrat ;
- de connaître les volumes et d'identifier les unités d'œuvres représentatives.

Faire parler les factures fournisseurs.

Sélectionner une période d'investigation

Le plus simple étant de prendre une année complète sur 12 mois glissants pour s'affranchir des phénomènes de saisonnalité et des éventuelles factures de fin d'année dites de régularisation.

Si l'activité est constante sur l'année, une période plus courte sera suffisante. Dans tous les cas, après la sortie des factures, il convient de vérifier l'exhaustivité de l'échantillon en comparant avec ce qui figure dans les comptes.

Le nombre de factures à analyser varie selon la nature des dépenses. Il y a parfois beaucoup de factures mais la quantité ne fait pas la complexité pour autant ! Le plus souvent, « en comprendre une, c'est les comprendre toutes ». Il convient de ne pas s'effrayer d'un volume de factures important, si celles-ci présentent les mêmes caractéristiques.

Les factures sélectionnées seront saisies de façon à identifier les écarts, les coûts, les moyennes, les dates, etc.

Pour les factures fournisseurs, il vaut mieux saisir le plus d'informations possible.

Mettre en place des indicateurs

Le but est de détecter les dérives éventuelles. Pour cela, il convient de définir des unités d'œuvre représentatives de la consommation. Ces indicateurs peuvent être des ratios, par exemple :

- durée des appels émis ;

- montant des fournitures de bureaux par employé ;
- coût du nettoyage par m^2, etc.

Il est avantageux pour l'entreprise d'assurer une traçabilité dans le temps des ratios clés de sorte à lutter dans certains domaines contre des dérives presque systématiques.

> *Il convient, dans chaque domaine étudié, d'identifier les volumes de consommation et les unités d'œuvre.*

Il est nécessaire de se doter d'outils de suivi général des dépenses, des contrats[1], des volumes, des unités d'œuvre, des ratios ; suffisamment complets pour réaliser une optimisation permanente des dépenses. Avertir au plus tôt des situations anormales.

Prenons quelques exemples qui sont parmi les plus partagés et communs aux entreprises. Au-delà, la réduction des frais généraux est souvent une question de cas particuliers à examiner au cas par cas.

Trois comportements clés sont communs aux analyses.

> *Attention aux écarts de consommations entre collaborateurs et aux consommations hors contrats.*
> *A-t-on le bon contrat ?*
> *Utilise-t-on bien les tarifs négociés ?*

Les écarts de consommation et le hors contrat

L'exemple de la téléphonie ci-après est une bonne illustration de l'usage des consommateurs. La figure 4.2 reprend l'exemple courant qui concerne la téléphonie et le tableau 4.2, toujours pour la téléphonie, les consommations hors contrats.

Dans les deux cas, seule l'analyse détaillée des factures fournisseurs permet de mettre en évidence les pratiques porteuses d'économies.

Exemple

L'analyse ci-dessous porte sur les consommations téléphoniques de 23 commerciaux.

Des écarts de temps importants entre les commerciaux sont constatés en mode appel émis depuis un portable chaque mois (de 16 h à 58 h pour le plus loquace !).

---

1. Voir le paragraphe sur les contrats.

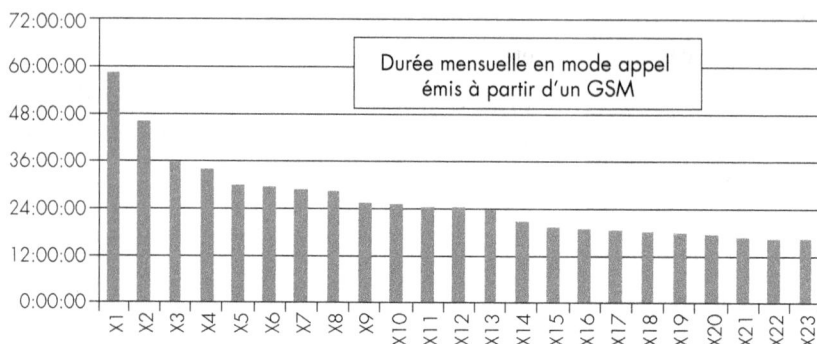

Figure 4.2. – Exemple d'analyse des consommations du domaine téléphonie GSM

Ceci est difficilement explicable a priori dans la mesure où le nombre de clients et les chiffres d'affaires sont assez homogènes entre les commerciaux. L'analyse du processus et l'entretien avec les acteurs permettent également d'estimer si cet écart est explicable.

Par ailleurs, la production et la diffusion de tels tableaux permettent d' « écrêter » les sommets et donc de faire des économies.

> *Le principe reste simple : montrer aux collaborateurs que les consommations sont analysées et suivies. Cela favorise et génère un comportement sans excès et sans délation pour autant.*

Ce résultat montre que des économies existent et que le curseur devra être placé pour définir l'objectif entre les extrêmes. Notons toutefois que la moyenne n'est pas forcément le meilleur objectif. Là comme ailleurs, l'analyse avec les consommateurs eux-mêmes permettra :

- d'affiner les ratios pour définir cet objectif ;
- de mettre en évidence les écarts et de mobiliser les acteurs sur les économies possibles.

Le tableau 4.2 ci-après illustre les dépenses hors forfait. Dans cet exemple, le hors contrat doit faire l'objet d'une mise sous contrôle plus importante que dans le cas précédent.

Il s'agit de connaître la nature des appels passés et le prix à la minute pour chaque destination.

Une fois ceci fait, il convient de comparer le coût d'un appel passé avec un fixe ou un portable et d'établir un tableau de synthèse indiquant le canal proposé aux collaborateurs (fixe, mobile) lorsqu'ils sont au bureau.

Au total, l'analyse sur un an montre qu'il est possible d'économiser près de 19 000 €, soit près de 50 % du poste.

L'analyse des consommations conduit à proposer de modifier le tarif précédent en incluant dans le forfait certains appels vers l'étranger, vers des postes fixes. Ici, le gain peut paraître modeste en valeur mais il est substantiel en pourcentage (sauf que ce décalage du hors forfait existait depuis plusieurs années et aurait continué sans l'intervention).

Tableau 4.2 – Exemple d'analyse des consommations du domaine téléphonie GSM vers l'étranger

Type d'appel	Total année			Vers fixes		Vers mobiles		Taux de réal	Économie
	Durée en mn	Prix remisé HT	Prix HT par mn	Frs 1	V2	Frs 1	V2		
Appels hors forfait									
Appels vers l'Afrique	2 808	314 €	0,112 €						
Appels vers l'Amérique latine &Caraïbes	77	68 €	0,891 €						
Appels vers l'Amérique du Nord	5 841	2 581 €	0,442 €	0,056 €	0,02 €	0,235 €	0,22 €	80 %	− 1 511 €
Appels vers l'Asie/ Pacifique/Russie	768	743 €	0,968 €	0,470 €		0,470 €		80 %	− 306 €
Appels émis vers l'Europe	70 119	24 682 €	0,352 €	0,053 €	0,00 €	0,235 €		80 %	− 13 155 €
Appels émis vers le Moyen-Orient	10 341	9 100 €	0,880 €	0,432 €	0,22 €	0,432 €	0,22 €	80 %	− 3 703 €
Appels émis vers l'Europe élargie	648	272 €	0,419 €		0,00 €	0,235 €		80 %	− 156 €
Appels émis vers le Maghreb	642	283 €	0,441 €						
Appels émis vers les DOM	1 422	499 €	0,351 €	0,19 €		0,24 €		80 %	− 159 €
Appels SFR Monde émis (zone 2)	1 359	151 €	0,111 €						
Total payé avant économie de l'échantillon	38 694 €			Total analysé (année complète)					− 18 990 €
				Économie potentielle					− 49 %

Cet exemple du hors contrat pour l'étranger est à étendre sur tous types de contrats et invite à ne pas refuser l'analyse pour des montants qui a priori pourraient paraître modestes.

> *Il est important, si l'on souhaite réussir une opération de réduction de frais généraux, de motiver et d'associer les collaborateurs.*
> *Connaître les besoins permet de prendre les forfaits les mieux adaptés et de négocier ponctuellement des remises supplémentaires sur certaines destinations, ce qui reste cependant difficile à obtenir.*
> *Identifier aussi les dépenses hors contrat.*

Il est à souligner que les fournisseurs permettent le plus souvent de récupérer sous format informatique exploitable les consommations de chaque titulaire d'une ligne.

A-t-on le bon contrat ?

L'analyse des factures conduit à vérifier si le contrat et ses conditions de facturation correspondent aux besoins de l'entreprise.

Exemple

Prenons l'exemple dans le tableau 4.3 ci-après de l'optimisation des contrats d'électricité sur un panel de boutiques.

Tableau 4.3. – Exemple d'analyse du domaine électricité de 6 boutiques

Boutiques	B1	B2	B3	B4	B5	B6	TOTAL
Surface à éclairer	666	635	417	414	285	206	2 623
Type de contrat*	TJUL	TJUM	TJUM	TJUM	TJUM	TJUM	
Fournisseur	X	X	X	X	X	X	
Remise	– 0,25 %	– 0,25 %	– 0,25 %	– 0,25 %	– 0,25 %	0 %	
Puissance souscrite (KVA)	120	168	72	72	54	60	
Prime fixe (abonnement)	486	225,12	96,48	96,48	72,36	80,4	1 057
Prix du KWH h pleines hiver (HT)	7,853	11,538	11,538	11,538	11,538	11,538	
Prix du KWH h creuses hiver (HT)	5,544	7,704	7,704	7,704	7,704	7,704	
Prix du KWH h pleines été (HT)	2,685	2,826	2,826	2,826	2,826	2,826	
Prix du KWH h creuses été (HT)	2,088	2,23	2,23	2,23	2,23	2,23	
Puissance atteinte KVA	62	76	51	65	51	36	
Puissance à demander	66	78	54	66	54	42	
Eco sur puissance souscrite (KVA)	2 624 €	1 447 €	289 €	96 €	0 €	289 €	4 745 €
Eco add sur T loc 3,6 %	94 €	52 €	10 €	3 €	0 €	10 €	169 €
Eco sur type de contrat	0 €	1 921 €	808 €	125 €	0 €	0 €	2 854 €
Taux de minoration EDF (remise à 0,5 %)	52 €	54 €	31 €	31 €	20 €	34 €	222 €
Eco sur consommation	Non chiffrée						0 €

.../...

Boutiques	B1	B2	B3	B4	B5	B6	TOTAL
Total économie	2 770 €	3 474 €	1 138 €	255 €	20 €	333 €	7 990 €
Montant HT dans les comptes	21 123 €	21 910 €	12 748 €	12 410 €	7 907 €	6 813 €	82 911 €
Prix par mètre carré	31,7 €	34,5 €	30,6 €	30,0 €	27,7 €	33,1 €	
Objectifs après éco	27,6 €	29,0 €	27,8 €	29,4 €	27,7 €	31,5 €	
Puiss. souscrite pour 100 m² actuel	18,0	26,5	17,3	17,4	18,9	29,1	
Puiss. souscrite pour 100 m² cible	9,9	12,3	12,9	15,9	18,9	20,4	

* TJUL : tarif jaune utilisation longue / TJUM : tarif jaune utilisation moyenne

Cette analyse est présentée pour montrer l'utilité de l'étude des factures. En effet, sans cela, il est particulièrement difficile de connaître les prix réellement payés et les paramètres clés de facturation. Cela d'autant plus que ces dépenses sont « passives » pour tous. Les contrats par compteur sont rarement analysés.

Cet exemple montre qu'il est possible d'économiser 10 % du coût à payer simplement en prenant les bons contrats... soit 8 000 € par an sur 6 boutiques.

Il est impératif de bien connaître les besoins pour souscrire les contrats les plus économiques (tarif jaune utilisation moyenne, tarif jaune utilisation longue, tarif bleu, puissance souscrite/puissance atteinte...).

Attention, plus largement, les contrats ne peuvent se changer qu'à la date anniversaire et un préavis doit être envoyé à la date de dénonciation.

Naturellement, toutes les éco-attitudes bien connues restent valables (ampoules basse consommation, détecteurs de présence, programmateurs, cellules, arrêts des ordinateurs...). Ceci n'est pas négligeable et permet dans les bureaux d'économiser sur la consommation une dizaine de pourcentage, voire plus.

A-t-on le contrat ad hoc ?

Du bon usage des tarifs par les collaborateurs

Les services généraux ou plus largement les services achats ont pu négocier des tarifs. L'hypothèse doit être faite qu'ils ont été établis dans des conditions adaptées pour l'entreprise.

Toutefois, les consommateurs ne connaissent pas ou très rarement les conditions de ces contrats et ont tendance à engager des dépenses qui relèvent plus de leur priorité du moment et de leurs habitudes que du respect des tarifs, par ailleurs peu connus d'eux.

Exemple

Le cas des messageries express (voir tableau 4.4) en est une bonne illustration. La messagerie express présente un coût important. Il convient donc de s'assurer du bien-fondé d'expédier des colis ou des documents en express.

Le tableau 4.4 montre qu'il existe une potentialité d'économie de – 63 % (soit – 41 000 €) si l'on considère que l'on dispose dans 100 % du temps d'une journée supplémentaire pour livrer. Ce qui est loin d'être négligeable et fréquent et invite simplement chacun à ne pas procrastiner !

Beaucoup d'entreprises utilisent les messageries. Dans l'exemple ci-dessous extrait de l'analyse des factures, une société avait pris l'habitude d'envoyer 100 % de ses lettres et colis à l'étranger en express sans que cela se justifie systématiquement. En effet, après discussion avec les personnels des services gros utilisateurs, il apparaît que les deux tiers des envois ne présentent pas le caractère d'urgence du tarif.

Tableau 4.4. – Exemple d'analyse du domaine messagerie express

Départ	Arrivée	Type	Pays	Poids kg	HT	Qté	UP Stand.	Colipost ES*	Poste	Économie
							Substitution			
Paris	Rotterdam	Paquet	NL	0,8	69 €	1	23 €			– 46,0 €
Paris	Milan	Paquet	ITA	1,0	34 €	1	23 €			– 11,0 €
Paris	Amsterdam	Lettre	NL	0,5	27 €	1			6,9 €	– 20,1 €
Paris	Milan	Paquet	ITA	2/5,8 kg*	65 €	1		21,7 €		– 43,3 €
Paris	Londres	Paquet	GBR	1	34 €	1	23 €			– 11,8 €
Paris	Rotterdam	Paquet	NL	1,0	34 €	1	23 €			– 11,8 €
Paris	Amsterdam	Paquet	NL	1,0	34 €	1	23 €			– 11,8 €
Paris	Milan	Lettre	ITA	0,5	27 €	1			6,9 €	– 20,1 €
Paris	Rotterdam	Lettre	NL	0,5	27 €	1			6,9 €	– 20,1 €
Paris	Londres	Paquet	GBR	1	81 €	1	23 €			– 58,0 €
Paris	Rotterdam	Paquet	NL	1	34 €	1	23 €			– 11,0 €
Paris	Rotterdam	Lettre	NL	0,5	34,18	1			6,9 €	– 27,1 €
Paris	Cologne	Paquet	GER	6/21,4 kg	287 €	1	51 €			– 236,0 €
Paris	New York	Lettre	USA	0,5	31 €	1			6,9 €	– 24,1 €
Paris	Londres	Paquet	GBR	7/32 kg	317,22	1	51 €			– 266,0 €

Total échantillon	25 753 €		Économie échantillon	– 16 326,2 €
Total dans les comptes	65 069 €		Économie théorique	– 41 251,0 €
			Éco en % du total	– 63 %
Économie attendue base 12 mois	– 20 625 €		Taux de réalisation	50 %
			Economie attendue	– 20 625 €

* Emballage standard

% d'éco compte tenu taux de réalisation – 32 %

Dans cet exemple, des documents et des paquets de différents poids sont envoyés en Europe selon le prix pratiqué par le fournisseur de l'entreprise (colonne HT du tableau). À droite figurent des concurrents avec, parfois, une qualité différente (livraison à J+1 ou J+2 par rapport au fournisseur actuel en colonnes substitution).

Or, les entretiens avec les personnels utilisateurs indiquent que seul un tiers des envois présente un caractère d'urgence.

Avec un taux de réalisation de 50 % des économies potentielles, cela représenterait une économie finale de − 32 %.

Il convient donc de diffuser aux utilisateurs un feuillet reprenant la solution la plus économique et le fournisseur associé pour chaque destination selon qu'il s'agit d'un colis ou de documents, ou encore de centraliser les envois de sorte à choisir le bon canal et le bon fournisseur selon l'urgence requise.

> *Des habitudes se prennent et au final on finit le plus souvent par envoyer systématiquement avec le même fournisseur et selon les mêmes modalités.*
> *Chiffrer les économies potentielles fait davantage réfléchir que de dire « cela couterait moins cher de faire comme ça ! »*

Attention, les sites Internet des fournisseurs ont souvent la case « urgence » cochée par défaut, donc le tarif le plus rapide mais aussi le plus cher.

Cela est d'autant plus efficace que le choix d'une messagerie express sous-entend naturellement une urgence[1], quand bien même ce ne le serait pas. C'est ainsi qu'il est arrivé de façon notable que le choix « urgent » voulait en réalité dire très urgent (livraison en moins de 12 h) mais de fait les documents n'étaient pas livrés car le point de livraison était clos !

> *Ces quelques exemples mettent en lumière la nécessité de faire partager la connaissance des tarifs aux collaborateurs concernés.*

REMETTRE EN CAUSE

Après avoir identifié les sources de dépenses et les consommations, voici des questions de base que l'on doit se poser pour remettre en cause les frais généraux.

La figure 4.3 propose une matrice des réflexes à acquérir pour s'attaquer à la réduction de frais généraux. Notons qu'il s'agit de remettre en cause les pratiques, tout en conservant, le plus souvent, le niveau de qualité nécessaire.

---

1. L'urgence pour la messagerie express est souvent le tarif « très urgent ». Le tarif urgent étant le tarif « normal »

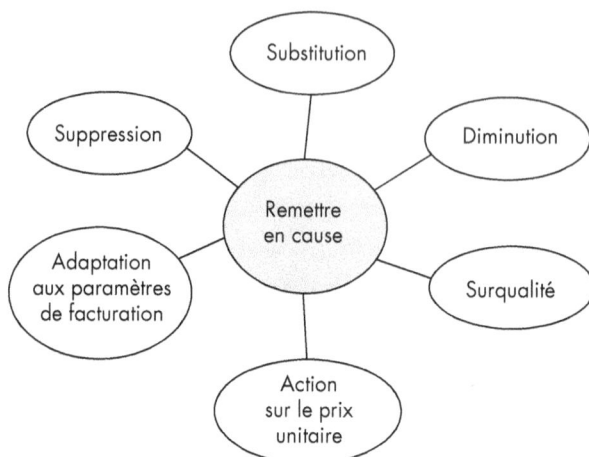

Figure 4.3. – Faire autrement

> *Abaisser le prix unitaire n'est pas forcément le moyen essentiel pour réaliser des économies.*

Comme la lecture du schéma ci-dessus le montre, avant de remettre en cause le prix unitaire, au moins cinq autres pistes de remise en cause sont à explorer.

Comme nous le verrons dans les pages suivantes, tout ceci est un mélange de :

- méthode, pour ne pas oublier de passer en revue tous les aspects possibles ;
- technique, dans l'adaptation des besoins aux paramètres de facturation ;
- créativité, pour envisager des substitutions ;
- rigueur, contrôle et suivi, pour s'assurer de la mise en place des économies et l'animation du suivi ;
- relationnel et négociation pour agir sur les prix unitaires.

Il s'agit d'une réelle analyse de la valeur des processus relatifs aux principales dépenses.

> *Sans mesure des pratiques, il n'y a pas de progrès possible.*

Peut-on supprimer entièrement ou en partie certaines dépenses ?

Presque tous les achats paraissent quasiment obligatoires, à première vue. En réalité, la situation n'est pas aussi figée qu'il n'y paraît. D'autant que l'analyse montre assez souvent des prestations inexistantes, ou redondantes. Voici quelques exemples tirés d'expériences sur des sujets divers.

Dépenses inadéquates ou sans objets

» Téléphonie mobile

Certains employés utilisent les numéros spéciaux de certains établissements (banque, CAF…) et cela n'est pas toujours marginal. Ainsi, dans une entreprise, l'on a pu constater que ces appels représentaient près de 8 % du coût total de la téléphonie mobile…

Pour y remédier, il est possible de l'interdire formellement comme le préconise l'URSSAF ou de faire une limitation technique, mais cela est un peu plus compliqué… Par ailleurs, il est fréquent de trouver une ou plusieurs lignes d'abonnement actives sans aucun utilisateur en face.

Non-respect des règles et prise de risque

» Tickets restaurants

Les tickets restaurants sont parfois donnés tous les jours de l'année ce qui est interdit par l'URSSAF et sujet à redressement. Les salariés ne doivent pas percevoir de tickets restaurant lors des congés payés, des absences, des RTT, et les jours où ils produisent une note de restaurant…

Absence de prise en compte de l'existant

Il s'agit probablement de l'action la plus fréquente. Les dépenses nouvelles se superposent aux dépenses anciennes sans qu'un bilan n'ait été dressé sur le bien-fondé des nouveaux besoins.

» Photocopieurs

L'on rencontre régulièrement des entreprises où des photocopieurs ne sont quasiment pas utilisés alors qu'en parallèle, à quelques mètres, se trouve un autre photocopieur… C'est un coût de 2 000 à 5 000 € de location par an pour un copieur noir et blanc, selon le contrat.

» Bâtiments appartenant aux collectivités locales

Plusieurs écoles primaires qui s'étaient considérablement vidées (– 50 % sur les effectifs scolaires en 20 ans sans aucun ajustement des locaux) ont pu être fermées. Par ailleurs, dans plusieurs communes, la surface par classe est supérieure aux critères de l'éducation nationale de plus de 30 %. Au-delà du coût des superficies elles-mêmes, ce sont tous les frais d'entretien des locaux qui peuvent être économisés.

» Flottes de véhicules

Il a été possible de réduire la flotte de véhicules dans une grande collectivité locale de plus de 10 % (130 véhicules retirés sur 1 200 analysés, soit 350 K€ d'économie chaque année).

Ceci a été rendu possible sans remettre en cause la qualité du service rendu.

En effet, la collectivité, lors des renouvellements des véhicules, ne tenait pas suffisamment compte des évolutions de l'existant et comme il y a toujours de nouveaux besoins justifiables, la flotte ne faisait que grossir ainsi que les coûts qui y sont attachés...

Relecture des contrats

▹ Locations de vêtements de travail

Les systèmes varient selon que l'on loue le vêtement seul ou avec option lavage et évidemment selon la fréquence de lavage. Ces contrats nécessitent d'être suivis de près...

Exemple

L'exemple des factures de l'entreprise Z montre que l'entreprise payait 628 abonnements de vêtements de travail « forfait lavage inclus » alors qu'elle n'en possédait, après inventaire dans les casiers, que 382...

Ceci s'explique principalement par les vêtements « perdus » dans le temps (ou non restitués par des personnels quittant la société). Le contrat prévoyait qu'un vêtement n'était plus facturé à la location au bout de 3 ans mais si le contrat n'était pas arrêté, il continuait d'être facturé au titre du forfait lavage.

Dans cet exemple de vêtements de travail, l'économie générée par une gestion rigoureuse était de 11 700 € sur 44 600 €, soit 26 % du coût. La mise en place d'une procédure a suffi.

Une chose restera toujours vraie : pas d'achat pas de dépense !

Peut-on assurer la même prestation autrement ?

Outre les possibilités de substitution de prestations, il convient aussi de se reposer la question sur leur mode de réalisation. Cela concerne les prestations en régie (en interne) ou sous-traitées comme l'accueil, le standard téléphonique et d'autres...

Faire en interne ou externaliser ?

Le débat reste ouvert même si la tendance actuelle est l'externalisation, y compris dans le secteur public. Cela reste à analyser au cas par cas.

Une entreprise n'ayant pas confiance dans son personnel a choisi d'externaliser les inventaires de ses points de vente. Cependant, le résultat est apparu contestable dans la mesure où le taux de démarque inconnue est ressortie identique lorsque l'inventaire était réalisé par l'organisme extérieur, et lorsque l'inventaire n'avait pas été réalisé sur plusieurs périodes pour des causes diverses. Reste que le coût annuel des inventaires était de 170 000 €.

Est-ce urgent ou très urgent ?

Il s'agit là de modifier les pratiques.

La messagerie express, de plus en plus utilisée, est un bon exemple. Tous types de documents sont concernés quand bien même le courrier les achemine à J+1 dans 70 % du temps, sinon à J+2. Ceci permet d'assumer la prestation sans parler d'autres vecteurs que sont le mail ou encore le fax…

Des habitudes de livraison en express se prennent de plus en plus, or, livrer avant 10 heures coûte beaucoup plus cher qu'une livraison avant 13 heures (30 à 45 % selon les conditions tarifaires et le poids).

Ceci est-il toujours justifié ?

Les exemples sont nombreux. D'ailleurs, dans l'esprit des collaborateurs, dès qu'un envoi autre que par courrier ordinaire est fait, cela veut dire que l'urgence prime. Mais il y a « urgence et urgence »… D'autant qu'aucun d'entre eux ne connaît l'écart de prix existant entre les deux urgences.

De la même façon, pour les coursiers, les prix augmentent considérablement selon une livraison en une heure ou en trois heures.

> *Attention au travail « charrette » qui conduit inévitablement à l'envoi avec une urgence maximale.*

Doit-on voyager et comment voyager ?

Choix du transport des collaborateurs

Le train ou l'avion ? Certaines entreprises proposent l'avion au-delà d'une certaine durée (3 h). Économiquement, le train est plus avantageux grosso modo pour des trajets jusqu'à 4 heures même en considérant une perte de temps pour le train qui n'est toutefois pas toujours effective compte tenu des temps pour se rendre aux aéroports.

Par ailleurs, il est plus facile de travailler en voyageant en train qu'en avion ! Cela peut représenter des économies substantielles.

Exemple

C'est l'exemple de cette entreprise qui a effectué 246 allers-retours vers une destination située à 4 h 05 de train (1 h 20 d'avion). En voyageant par le train, l'économie est de 61 500 €, sans compter les frais de taxis souvent plus importants pour se rendre dans les aéroports (30 à 40 € de surcoût par rapport au train à multiplier par 512 trajets).

> *Faites les comptes !*

Réunion à Paris ou en Province et téléconférence ?

Le recours à la téléconférence est encore trop peu utilisé alors qu'elle présente une réelle efficacité au-delà des économies de transport qu'elle génère.

Les avantages de la téléconférence :

- on est efficace aussi bien que sur le terrain lui même ;
- on fait des économies de transport, de frais de vie (hôtel, repas…) et de fatigue ; de plus, il reste du temps libre pour le travail ou pour autre chose ;
- elle peut être aussi efficace que la réunion elle-même.

En effet, les transports et déplacements ne peuvent être considérés comme un simple plaisir. Au contraire, très souvent, le transport doit être analysé comme une contrainte pour les collaborateurs. À ce titre, le confort est un élément essentiel. Cela n'interdit pas de réaliser des économies.

Intégration des coûts des frais de déplacement dans le planning des réunions

Exemple

L'on peut citer l'exemple de cette entreprise européenne qui organisait des présentations de collections pour les commerciaux quatre fois par an dans une grande ville d'Europe. Les réunions commençaient à 9 heures et finissaient le lendemain à midi. Compte tenu des horaires, les commerciaux devaient séjourner à l'hôtel la veille du premier jour de réunion. Commencer la réunion à 14 heures et la terminer le lendemain à 17 heures aurait permis d'économiser des nuits d'hôtel et le diner de la veille. Cela représente pour les 30 commerciaux présents environ 18 000 € (150 € d'hôtel + repas du soir × 30 × 4). Sans compter le bénéfice indirect de laisser aux collaborateurs une soirée de plus en famille.

Choix du mode de transport versus délai

Pour ce qui est du transport de marchandises, la question est identique.

L'analyse du processus transport de marchandises est une phase essentielle. Elle concerne à la fois le transport des matières premières et le transport des produits semi-finis ou finis.

Remarquons toutefois que, souvent, le poste transport de marchandises entre dans le périmètre des frais généraux alors qu'il relève plus d'un processus opérationnel. Reste que le principe est le même.

Exemple

Ainsi, l'entreprise Lamda 3 qui travaille avec la Chine expédie des matières premières et transporte les produits finis depuis la Chine dans le monde entier.

Sur un budget annuel de 3 M€, il a été possible d'économiser de l'ordre de 15 à 20 %. Cela, en reformulant le processus :

- regrouper les achats de matières premières. L'analyse du processus permet d'estimer à 20 % les économies relatives à ce poste sans dégrader les délais de livraison ;

* un pilotage des livraisons en amont, tout à fait possible par une meilleure optimisation des commandes clients, permettait d'utiliser le transport par bateau (délais de 4 à 5 semaines) contre une expédition en avion d'une durée d'une semaine. L'enjeu a été des trois quarts du poste de dépense.

Le résultat compte aussi !

Les véhicules dans les collectivités locales

Dans plusieurs collectivités locales, il a été rendu possible de remplacer des véhicules par des vélos électriques… et parfois par la marche à pied. Cela a permis de supprimer 25 véhicules. Quant au vélo électrique, 100 % de ceux qui l'ont essayé l'ont adopté !

Les sèches-mains électriques

La mise en place de sèches mains électriques représente une économie de l'ordre de 50 % par rapport aux essuie-mains papier ou tissu sans compter les questions de gestion des déchets.

Définir le « juste besoin »

Le « juste besoin » est une notion difficile à cerner, cependant, il convient de remettre en cause les habitudes prises, en particulier la fréquence et les volumes.

Certaines économies isolées peuvent apparaître mineures. Cependant, au total elles s'avèrent beaucoup plus importantes d'autant que le gain court ensuite sur plusieurs années.

Des habitudes prises à reconsidérer

Le courrier

Un siège expédie du courrier trois fois par semaine à ses 200 agences disséminées sur le territoire… À l'heure d'Internet et du PDF, pour l'urgence, n'est-il pas possible de ne livrer qu'une ou deux fois par semaine ? Outre l'économie sur la fréquence s'ajoute une économie sur le poids par groupage. En effet, la poste présente des tarifs dégressifs selon le poids de 30 € le kilo (pour une lettre de 20 g) à 2,13 € par kilo pour un pli de 3 kg. Cela représente un facteur 15. Bilan : « plus on groupe, moins on paie »…

La téléphonie mobile

Dans le prolongement de la figure 4.2, le suivi des consommations des collaborateurs permet de réaliser des économies en écrêtant les surconsommations de certains.

C'était le cas de ce collaborateur commercial X qui passait 58 heures par mois dans la position d'émetteur de l'appel. En parallèle, les autres collaborateurs se situaient à 16 heures en moyenne. Le simple fait de le signaler a permis de réduire son temps passé en appel émis via GSM de 50 %.

Certaines entreprises utilisent une option proposée par les fournisseurs qui consiste à basculer le coût sur une facturation privée, au-delà d'un montant entreprise alloué.

Le service client jusqu'où ?

L'étendue, en durée, de la prestation est-elle justifiée ?

Une entreprise maintenait une hôtesse d'accueil entre 12 h 30 et 13 h 30 alors que statistiquement il y eut 3 visiteurs dans l'année sur ce créneau horaire. L'économie est d'une heure sur dix heures de prestation journalière, soit 10 % de la prestation.

Qualité et besoin

Une PME utilisait par exemple un prestataire informatique à temps plein, alors qu'après examen de l'activité, trois demi-journées d'activité par semaine suffisaient.

> *Mesurer et estimer l'activité.*

Revisiter les pratiques

Le ménage

Le ménage est fait dans cette entreprise tous les jours dans tous les bureaux alors qu'il y a des postes structurellement vides chaque jour (commerciaux...). Il convient de réfléchir lors de la passation du contrat pour déterminer ce qui doit être réalisé tous les jours ou au contraire une fois par semaine.

Une autre façon consiste à mesurer un résultat et laisser le fournisseur libre d'organiser la prestation. Il convient dans ce cas d'organiser la mesure du résultat, ce qui n'est pas toujours facile. Dans tous les cas, définir avec le prestataire la manière dont on doit évaluer la qualité de la prestation enclenche, elle aussi, des économies. Ainsi, on pourra définir comment on évaluera périodiquement la qualité du ménage sur des critères à définir.

Chasse à la démarque inconnue : les inventaires

Combien faut-il faire d'inventaires ? Faut-il faire des inventaires permanents ?

Une entreprise a pris le parti de sous-traiter la réalisation de deux inventaires par an. Cependant, par manque de suivi, il est apparu que certains magasins étaient visités deux fois avec seulement 3 mois d'écart entre les deux inventaires ! De plus, quelques magasins ont été partiellement oubliés puisqu'un seul inventaire avait été réalisé au lieu de deux.

Résultat : un seul inventaire aurait suffi, surtout que, selon les cas, le taux de démarque inconnu est ressorti identique quel que soit le nombre d'inventaires ! Là encore, il convient de mesurer l'impact de l'action.

Eau, boissons, confiseries…

Beaucoup de dépenses de frais généraux augmentent toutes seules parce que la consommation augmente en volume, en qualité et en sur-qualité !

Une entreprise était cliente d'un supermarché sur Internet. Alors que ses effectifs ont diminué de 10 % sur 3 ans, ce type de dépense a augmenté de 70 %…. Cela renvoie au processus d'achat : dans cet exemple, aucun contrôle ni quota n'avait été mis en place pour ces dépenses, certes modestes, mais bien réelles.

Nettoyage de la voirie dans les collectivités locales

Une collectivité avait sous-traité le vidage des conteneurs selon une fréquence de 4 fois par semaine pour chaque conteneur pour, au final, collecter un poids équivalent au poids collecté dans une autre commune distante de 2 km qui, elle, vidait 2 fois par semaine sans que jamais les conteneurs ne débordent…

Connaître les paramètres de facturation des fournisseurs, le besoin et le profil des consommations

S'il est évidemment nécessaire de connaître les paramètres et conditions de facturation des fournisseurs, reste qu'il convient de s'assurer qu'ils sont connus par les consommateurs internes.

> *Les fournisseurs fondent le prix de leurs prestations sur des critères bien précis. S'assurer qu'ils sont connus des utilisateurs.*

Téléphonie mobile et types de forfait

Le temps compris dans le forfait – chacun le sait – est moins cher (– 25 % à – 40 % environ selon les forfaits) que le temps au-delà du forfait, d'où l'intérêt de connaître ses consommations pour adapter au mieux son forfait.

Par exemple, se faire appeler à l'étranger coûte environ 50 % de moins que d'appeler (selon les forfaits et le temps passé). Le savoir permet d'économiser des coûts de communication entre collaborateurs et peut devenir une bonne pratique.

Par ailleurs, la renégociation des contrats, lorsque la démarche est justifiée, peut réserver également de bonnes surprises. Ainsi, une entreprise, grosse consommatrice du téléphone est ressortie d'une renégociation de contrat en possession d'un chèque de 30 000 €.

En effet, après avoir conçu une fiche de négociation, il est apparu qu'en ajustant au mieux les forfaits, l'entreprise pouvait économiser un montant substantiel. Le fournisseur a donc proposé de faire évoluer le contrat du client et proposé un rattrapage pour le passé.

Abonnement électrique

Dans le prolongement du tableau 4.3, une boutique possède un abonnement électrique « tarif jaune », utilisation longue d'une puissance maximale de 120 KW. Les relevés de factures sur deux ans montrent que la puissance maximale appelée à un instant T ne dépassait pas 62 KW. Il était donc possible de changer d'abonnement pour une puissance maximale de 66 KW, ce qui génère une économie annuelle sur le simple abonnement de près de 3 000 € par compteur. Encore fallait-il le savoir… Là encore, l'économie en apparence dérisoire se prolonge toutefois sur plusieurs années.

> *Attention, pour ne pas négliger les petites économies, multipliez par mille ! Cela change la donne.*

Flottes de véhicules en LLD (Location longue durée)

Le choix d'un contrat de LLD *ad hoc* permet une économie de l'ordre de 5 à 15 %.

Là encore, il convient de connaître les besoins en kilomètres. Ainsi, pour un même véhicule diesel, le coût d'un contrat de 4 ans/160 000 km est inférieur à celui d'un contrat de 3 ans/150 000 km. Les fournisseurs ne proposent pas toujours les contrats les plus économiques.

Par ailleurs, préférer des contrats un peu plus longs que 2 ou 3 ans présente également un autre avantage : celui de faire diminuer la fréquence des frais de remise en état des véhicules.

Les loueurs facturent des frais de remise en état lors de la restitution ; ils sont parfois extrêmement coûteux alors que le véhicule paraît presque neuf ! Cela est de l'ordre de 1 000 à 4 000 €, voire plus, sur des véhicules d'une valeur neuve unitaire de 14 000 à 25 000 €.

Flottes de véhicules avec TVS (taxe sur les véhicules de société)

Le montant de la TVS varie selon le niveau d'émission de CO_2 qui lui-même conditionne la consommation de carburant (20 %). Une entreprise a ainsi économisé 48 K€ de TVS sur un total de 104 K€, le tout en conservant la gamme des véhicules – assiette 53 véhicules payant la TVS –, soit près de 50 % d'économies.

Les transports de marchandises

Les paramètres qui fondent le prix des transports sont :
- le poids ou le volume ;
- la distance (pour un même pays) ;
- la rapidité ;
- le nombre de colis.

Il n'est souvent pas possible de jouer sur la distance (quoique…) ; en revanche, il est souvent possible de jouer sur les autres paramètres.

En résumé, le coût est plus faible quand :
- il y a moins de colis en nombre. Il est moins cher d'expédier un colis de 60 kg que deux colis de 30 kg ;
- le poids total est inférieur ;
- le volume occupé est inférieur ;
- le délai s'allonge.

Ainsi, dans une entreprise de textile, le prix des transports a diminué de 30 % grâce à un pliage différent des marchandises !

Ces exemples issus du quotidien constituent d'utiles points de repère.

Le niveau de qualité actuel est-il nécessaire ?

Une des façons des fournisseurs d'augmenter leurs ventes en valeur est de proposer une multitude de déclinaisons des produits et services de base. Évidemment, ceux-ci sont souvent séduisants mais aussi beaucoup plus onéreux et pas toujours très utiles…

Dans ce domaine particulier, comme dans l'ensemble des opérations de réduction des coûts, il ne s'agit pas de diminuer le niveau de qualité, mais d'adapter ce niveau sans dégrader la qualité de service.

Les cas sont nombreux et divers, voici quelques exemples.

Fournitures de bureau

Les post-it, bien connus, ne sont plus seulement jaunes. Cependant, la couleur et l'originalité ont un coût. Les Post-it multicolores et/ou pré-imprimés avec des formes particulières peuvent coûter au cm^2 jusqu'à cinq à six fois plus chers que les modèles de base…

Cet exemple montre l'intérêt de mettre en place une short list d'articles agréée par la société.

Les sites Internet des fournisseurs majeurs permettent de sélectionner les produits que les collaborateurs pourront commander.

Fontaines à eau : se brancher sur le réseau de la ville

Le branchement d'une fontaine à eau sur le réseau d'eau de la ville, avec système de filtration (calcaire, métaux lourds et nitrates) ou non, génère des économies de l'ordre de 10 % mais évite surtout le stockage et la manutention fastidieuse des bombonnes d'eau ainsi que le traitement des factures.

Courrier : choisir le bon tarif

Pour expédier en France métropolitaine selon les tarifs au 1er juillet 2011, le tarif lent coute 8,3 % moins cher pour une lettre de 20 g, – 22 % pour le pli < 50 g, – 45 % pour le pli < 100 g et – 25 % pour les plis < 250 g. Attention, il n'existe pas de tarif économique pour les plis de plus de 250 g.

Impression

Certains documents à usage interne sont imprimés sur du papier de qualité supérieur (80 g joli blanc…) et en couleur. Cela n'est pas toujours nécessaire.

Notes de frais

Concernant les frais hôteliers, le prix est fonction du nombre d'étoiles qui lui-même obéit à des aspects réglementaires :

- la surface de la chambre ;
- la surface des parties communes ;
- la possession d'un ascenseur ;
- la durée de présence d'un accueil ;
- la télévision couleur.

Pour plus d'informations, voir le détail des critères de classement sur le site http://www.tourisme.gouv.fr/hebergement/classement-hotel.php

Le classement est effectué sur demande de l'hôtelier et pour cinq ans. Un hôtel non classé ne signifie par forcément un hôtel inconfortable. De même, ces critères ne précisent pas si l'état de la chambre (peintures, papiers peints, moquettes, salle de bain) est satisfaisant…

Dans les villes où les collaborateurs doivent aller régulièrement, il est économique de mettre en place une liste d'hôtels présentant un bon rapport qualité/prix. Des avantages tarifaires peuvent être négociés avec les hôteliers indépendants si le nombre de nuitées estimé est substantiel. Pour les franchises, il existe des cartes de réduction qui sont le plus souvent payantes. Des calculs sont alors à faire.

Dans le domaine des transports en train, la 1re classe est-elle nécessaire pour tous les trajets, y compris ceux qui sont assez courts (sachant que la 1re classe coûte environ 50 à 80 % plus chère que la seconde) ? Bout à bout, cela peut représenter des sommes non négligeables même en limitant la 2e classe aux seuls trajets de moins de 3 heures (37 000 € dans l'entreprise Φ).

Éclairage public dans les collectivités locales

La puissance moyenne par point lumineux installé était 2 fois supérieure à celles d'autres villes (donc globalement presque 2 fois plus cher de consommation électrique). Il est vrai qu'au temps de sa splendeur, cette ville voulait être vue du ciel et elle l'était ! Enjeu : 700 K€ par an.

> *La qualité oui, mais attention à la sur-qualité !*

Action sur le prix unitaire

La réduction des prix unitaires est souvent ce qui vient à l'esprit en premier lorsque l'on souhaite diminuer les dépenses de frais généraux. Or, cela suppose que les services achats ou les services généraux n'aient pas effectué correctement leur travail. Cette hypothèse ne doit pas être négligée, mais elle constitue plutôt des cas rares.

> *Cette rubrique, parmi toutes celles vues précédemment, est souvent celle qui, sauf accident, offre le moins de potentiel ; en général, rarement plus de 10 %.*

En revanche, la remise en cause des pratiques, la définition du juste besoin, la fréquence, le volume et le niveau de prestation peuvent influencer le prix unitaire.

Dans tous les cas, l'analyse des factures fournisseurs permet de réaliser un balayage des prix payés et donne l'occasion de faire des comparaisons.

Quelques remarques sur le prix unitaire

Certains prix unitaires sont compliqués à comparer : par exemple, dans le domaine des fournitures de bureau, certains articles sont vendus par boîte/lot de plusieurs unités à l'intérieur avec des formats parfois différents... C'est la raison pour laquelle le législateur a demandé que le prix au kilo ou au litre figure sur les étiquettes dans le domaine de l'alimentation.

Le prix unitaire d'un service correspond souvent à la conversion d'un temps passé par un taux horaire.

Organiser des consultations

Dans le domaine des services

Il convient de rédiger un cahier des charges explicite et si possible clair et précis sur les attendus. L'analyse des processus et des 20/80 réduit notablement les domaines concernés.

> *Maîtriser ses besoins et établir un cahier des charges clair, précis et bien conçu est générateur d'économies.*

Dans le domaine des produits

Parfois, le nombre de références à acheter est si grand qu'il est très difficile de comparer les prix entre fournisseurs.

C'est par exemple le cas de cette collectivité territoriale qui entretient un parc de 1 600 véhicules de genres, de marques, de modèles et d'années différents. Le nombre de pièces détachées différentes utilisées sur deux exercices ressort à près de 10 000 !

Il est donc trop long de demander des prix pour chacune des références et d'ailleurs, les fournisseurs ne joueraient pas le jeu. Généralement, ils proposent une remise sur le prix catalogue. Dans ce cas, il convient donc de mettre en valeur les quelques références représentant une part significative du coût annuel (loi des 20/80) et de demander des prix particuliers sur ces références. Le reste des articles étant achetés avec une remise sur catalogue (entre 10 et 50 % selon les secteurs). D'où l'intérêt de connaître ses consommations.

> *Maîtriser ses consommations permet aussi d'obtenir de meilleurs prix unitaires.*

Focus sur quelques dépenses et exemples de propositions d'économies

Globalement, la mise en œuvre des économies demande à ce que ces dernières soient concrètes et fassent l'objet d'un suivi régulier.

Nous donnons ici quelques exemples relatifs à certains postes dans la forêt des économies possibles, qu'elles soient grandes ou petites. Toutefois, on conservera à l'esprit que l'application de la règle des 20/80 dès le début d'une action de réduction des coûts permet de se concentrer sur l'essentiel.

Par ailleurs, les économies identifiées avec méthode ne seront réalisées qu'avec un pilotage concret, donc facilement visibles.

Voici trois exemples : les frais postaux, la téléphonie mobile et les fournitures de bureau pour illustrer le pilotage et le suivi de la réduction des coûts. Cela d'autant plus qu'ils impliquent des changements de pratiques et dépassent, pour les deux premiers exemples, la seule responsabilité de la fonction services généraux.

Aussi est-il recommandé de réaliser des points d'avancement réguliers, ils servent d'aiguillon lors de la mise en œuvre. Reste que dans chaque domaine, il sera bon de nommer un responsable des économies dédié.

Frais postaux

S'ils sont les plus connus, ils n'ont pas le même poids selon l'entreprise.

Optimiser cette dépense apparaît souvent simple et pleine de bon sens. Mais, comme souvent, s'il s'agit de petites économies, personne ne s'en occupe... Pourtant, dans l'exemple ci-dessous, les économies représentent chaque année 73 000 € sur un total de 260 000 €, soit près de 28 % du coût.

> *Comme nous l'avons déjà dit, les petits ruisseaux font les grandes rivières.*

Le tableau 4.5 ci-après présente des solutions (numérotées de 1 à 7) pour réduire les frais postaux, le plus souvent désarmantes de simplicité et de bon sens.

Tableau 4.5

Frais postaux		Dépenses dans les comptes	259 465 €
	Responsable : M. X. Le service courrier géré par une entité commune a 2 sociétés		
Économies proposées en € HT par an			
1	Économie sur les relevés kilométriques (envoi par fax)		39 690 €
2	Changement du format de la facture vers un format économique, type A4 au lieu de 24x36		12 201 €
3	Économie sur les envois en recommandé et les relances pour retards de paiement des clients		5 576 €
4	Économie par un groupage accru des courriers internes à destination du réseau		5 343 €
5	Économie sur la prestation de service courrier (liée aux envois par fax)		4 600 €
6	Économie sur l'envoi de lettres par La Poste en utilisant le tarif lent		3 578 €
7	Envoi par mail ou fax des lettres d'informations de paiement aux fournisseurs		1 891 €
Potentiel non valorisé			
P1	Réduction du nombre de doublons postaux sur les factures (groupage de factures) (500 doublons estimés par mois)		Non valorisé
P2	Réduction du poids des envois par l'introduction de papier à 70 g (potentiel max théorique chiffré à 5 401 €)		Non valorisé
	Total des économies annuelles proposées	72 879 €	**28 %**

Notes : Le format et le grammage de la facture rendent coûteuses les opérations mensuelles de facturation. En effet, cela génère :
— un surcoût estimé à 12 201 € (hors autres économies induites) ;
— un surcroît de travail (60 factures en moyenne à traiter manuellement chaque mois, la mise sous pli n'acceptant pas plus de 3 factures).

Elles illustrent parfaitement le paragraphe « Remettre en cause ». Ainsi :
- les économies numérotées 1, 3 et 7 représentent des moyens de substitution par rapport aux processus actuels ;
- l'économie 2 est un exemple de sur-qualité (facture de format 24x32) : son remplacement par une facture au format normal (A4) génère une économie de 12 201 € ;

– les économies 4 et 6 sont issues de l'adaptation aux paramètres de facturation du fournisseur ;

– l'économie 5, quant à elle, est une conséquence de l'économie 1.

Comme on peut le constater, il a été nécessaire d'examiner de près le processus opérationnel pour connaître le pourquoi des consommations. En l'occurrence, dans l'exemple présenté, il s'agit pour la partie principale de la documentation commerciale envoyée au réseau et aux clients.

Cela illustre une difficulté supplémentaire, d'abord comment mener l'analyse et ensuite qui doit la faire ?

Dans un domaine aussi sensible que le commercial, la fonction frais généraux risque de se heurter aux grandes orientations commerciales.

Il est à souligner que deux autres économies potentielles (notées P1 et P2) ont été identifiées, mais non incluses dans le décompte des économies.

Il faut insister sur le détail des différentes lignes d'économie car annoncer globalement une réduction de l'ordre de 30 % sur ce type de frais a peu de chance de convaincre le décideur.

Plus généralement, pour faire une synthèse des économies sur les frais postaux, des comportements simples les facilitent :

– utiliser le tarif lent ;

– grouper les envois autant que faire se peut ;

– gérer le poids (penser à imprimer recto/verso) ;

– revoir les processus en général et particulièrement les informations/réclamations des fournisseurs et des clients (diminuer le nombre de lettres de rappel…). L'exemple ci-après est édifiant.

Exemple

La médiathèque d'une ville de 70 000 habitants avait pour habitude de faire partir environ 800 courriers par semaine ce qui, a priori, semblait important.

Après un examen plus approfondi, il ressort que 90 % de ces courriers correspondaient à des lettres de rappel aux usagers en retard pour restituer les documents (livre, CD, DVD…) empruntés. Le processus retenu pour traiter ces retards était le suivant :

● une 1re lettre informant que l'usager est en retard d'une semaine après la date théorique de restitution ;

● une 2e lettre 15 jours plus tard pour signaler le retard à nouveau et demander une restitution rapide ;

● une 3e lettre pour signaler qu'en cas de non-restitution immédiate l'objet serait facturé aux frais de l'usager ;

● enfin, un recommandé signifiant que le dossier sera transmis au Trésor public pour recouvrement d'ici une quinzaine ce qui laissait encore le temps de restituer le document…

Évidemment, les usagers en retard finissaient par connaître le processus des lettres de rappel et commençaient à réagir à la 3e lettre ou, pour les plus « joueurs », à la lettre recommandée…

> Le bilan est donc 800 × 90 % × 45 semaines × 0,55 centimes à l'époque pour l'affranchissement, soit 17 820 €. Sans compter le coût des recommandés, le temps passé pour mettre sous pli 32 400 courriers (pas de mise sous pli automatique) sans parler du papier (162 kg) des enveloppes, de l'encre...

Il convient alors de se poser la question de comment faire autrement. Sachant que 63 % des ménages étaient équipés d'Internet en 2009, ce moyen de communication moderne pourrait être utilisé a minima pour les ménages équipés.

Téléphonie mobile

La téléphonie mobile concerne toutes les entreprises et, plus que d'autres dépenses, l'analyse détaillée des factures est indispensable pour être en capacité de proposer des économies.

De plus, pour ce poste de dépense, il est impératif de bien connaître les paramètres de facturation des fournisseurs car l'adaptation à ces paramètres constitue les principales sources d'économie (72 % des économies proposées).

Exemple

Le tableau 4.6 ci-après l'illustre parfaitement. Ainsi on voit que :
- les économies 1, 2, 4, 5, 7 et 8 sont issues de l'adaptation aux paramètres de facturation du fournisseur et représentent près de 45 000 €, soit 72 % des économies proposées ;
- les économies numérotées 3 et 6 représentent des dépenses non indispensables (suppression selon la figure 4.3 – faire autrement).

Les économies potentielles non valorisées – P1, P2, P3, P4 – peuvent être classées ainsi dans la recherche du juste besoin :

Tableau 4.6.

Téléphonie GSM	Dépenses dans les comptes	197 243 €
Responsable : M. X - Service des RH. Les attributions sont décidées par la DRH sur proposition du chef de service. Le forfait est le même quasiment pour tous, ce qui est un problème. Des vérifications sont faites notamment sur les numéros spéciaux qui sont le plus souvent des appels privés mais qui ne sont pas suivis d'actions...		
Économies proposées en € HT par an		
1 Économie sur le forfait minute voix (prendre 38 forfaits de 800 minutes) : 31 % d'économie sur le prix à la minute (0,079 contre 0,116 ct)		13 555 €
2 Économie sur les appels vers l'internationnal : utilisation du téléphone fixe ou offre V2 (réalisation 66 %)		12 564 €
3 Économie sur la suppression des numéros spéciaux		11 815 €
4 Économie sur la remise engagement 36 mois (15 % de remise sur offre V2 contre 0 % actuellement)		6 756 €
5 Économie sur l'achat des téléphones. Travailler avec l'opérateur		6 000 €

.../...

6	Économie sur la suppression de 12 GSM pas utilisés ou personnes sédentaires non cadres	5 400 €
7	Économie sur la réduction des abonnements. Offre Intégrale V2 (40 €) au lieu de V1 (45 €) (avant remise)	4 488 €
8	Économie sur les appels passés depuis l'international : se faire appeler plutôt que d'appeler, taux de réalisation 33 %	1 793 €
Potentiel non valorisé		
P1	Il est possible de bloquer les appels internationnaux pour les personnes n'ayant pas à le faire	Non valorisé
P2	Certaines personnes gardent leur GSM longtemps après leur départ de la société	Non valorisé
P3	Certains collaborateurs passent beaucoup plus de temps que d'autres en appels émis alors qu'ils ont des fonctions similaires	Non valorisé
P4	Les appels privés des collaborateurs sont pris en charge par la société. L'opérateur propose une option permettant de facturer les collaborateurs au-delà d'un montant négocié…	Non valorisé
	Total des économies annuelles proposées	62 371 €	32 %

Il s'agit de bien connaître ses consommations de manière à prendre les forfaits les mieux adaptés sachant que les minutes coûtent moins chères dans un forfait qu'au-delà du forfait (hors forfait).

Certains opérateurs proposent dans certains forfaits la gratuité vers des lignes fixes en France mais aussi en Europe (les jours et heures ouvrés), ceci doit être su par le personnel afin de choisir le bon canal selon la destination de l'appel et si l'on appel sur un fixe ou un portable.

Les appels vers des numéros spéciaux coûtent chers et peuvent représenter jusqu'à 5 à 10 % de la facture. Il convient de réfléchir à les limiter ou les supprimer…

Fournitures de bureau

Les fournitures de bureau augmentent presque systématiquement chaque année et parfois même quand le personnel diminue !

Ceci est en partie dû à la créativité des fournisseurs qui proposent des produits de plus en plus originaux avec de jolies couleurs qui plaisent souvent aux ordonnateurs.

> *La gadgétisation des produits est onéreuse.*

Vu la foison de produits proposés, il n'est pas réaliste et économiquement très onéreux de contrôler chaque commande, d'où l'intérêt de réduire le choix à la source au strict nécessaire. C'est la « short list ».

L'avènement d'Internet permet au responsable des services généraux de sélectionner, sur le site des fournisseurs majeurs, les produits pouvant être commandés.

Cette limitation automatique porte sur les références autorisées mais peut être aussi employée pour limiter les achats d'un service.

> *Limiter les choix de fournitures selon un juste rapport qualité/prix : mise en place d'une short list.*

Exemple

La mise en place d'une short list constitue le plus souvent l'économie principale : 53 % des économies valorisées dans l'exemple du tableau 4.7 proposé ci-après (poste 1).

Pour ce qui est des autres économies valorisées :

- les économies sur les cartouches d'imprimantes des fabricants (poste 2) ont été obtenues par un changement de fournisseurs qui proposaient des prix unitaires inférieurs (une fois n'est pas coutume) ;
- les économies sur le papier (poste 3) proviennent de deux sources :
    - l'économie par la mise en place d'une liste réduite de références de papiers,
    - les économies issues des modifications des processus qui diminuent la consommation en papier ;
- les économies sur les enveloppes (poste 4) proviennent de la modification des processus (dans le cas ci-dessous, il s'agissait d'envoyer par fax plutôt que par courrier).

Tableau 4.7.

Fournitures de bureau	Dépenses dans les comptes	279 173 €
Mme XX est responsable de ces dépenses. Les agences en province commandent leurs fournitures directement au fournisseur. Le siège effectue ses commandes via le site Internet du fournisseur après avoir ressaisi les expressions de besoin des demandeurs.		
Économies proposées en € HT par an		
1 Économie sur les petites fournitures de bureau (short list hors cartouche et papier)		35 852 €
2 Économie sur les cartouches d'imprimantes		17 200 €
3 Économie sur le prix unitaire du papier (short list) et économie liée au changement de processus		12 564 €
4 Économie sur les enveloppes liée au changement de processus		1 620 €
Potentiel non valorisé		
P1 Utilisation de cartouches génériques (potentiel 21 000 €)		Non valorisé
P2 Économie liée à la diminution de la consommation (potentiel 20 000 €)		Non valorisé
P3 Introduction d'un papier à 70 g (non chiffré)		Non valorisé
P4 Économie de temps au SG liée à la ressaisie des demandes		Non valorisé
Total des économies annuelles proposées	67 236 €	**24 %**

Dans cet exemple, les économies ressortent à 24 % de la valeur du compte et cela sans tenir compte des économies P1, P2, P3 et P4.

Un débat existe toujours sur l'utilisation des cartouches génériques (P1).

En effet, les fabricants de cartouches mettent une certaine pression sur les clients pour qu'ils utilisent les leurs et menacent de ne pas assurer les garanties en cas d'utilisation de génériques.

Cependant, pour les petites imprimantes de bureau, le prix de l'imprimante étant faible et l'écart de prix entre les cartouches des fabricants et les cartouches générique est tel qu'il est économique de prendre ce risque (après test toutefois, il convient de prendre des précautions).

Encore une fois, la maîtrise des consommations permet de faire un calcul qui donne la réponse à partir de quels volumes et quelle durée de détention l'achat de génériques deviendra économique, même si la durée de vie de l'imprimante venait à diminuer (ce qui reste encore à prouver).

> *Cartouches génériques : faites le calcul et gérez le risque d'une éventuelle usure précoce des imprimantes.*

Reste que les fournitures de bureau concernent toute l'entreprise. Réduire la consommation conduit inévitablement à des agacements et bruits de couloirs divers, parfois plus coûteux que les économies générées. Il s'agit donc de prendre des précautions et de réfléchir à une méthode de mise en place :

- établir un ratio de consommation par personne et le décliner par service. Cela permet d'identifier les écarts, mais surtout de piloter par la suite les économies en publiant périodiquement l'évolution du ratio ;
- le responsable des services généraux doit se garder d'établir lui-même la short list ;
- garder à l'esprit qu'il existe toujours des cas particuliers.

Exemple

Dans l'entreprise Alpha 28, la méthode suivante a été utilisée :
- réunir l'ensemble des assistantes du comité de Direction ;
- apporter en séance l'équivalent des dépenses d'une année de fournitures de bureau par personne pour frapper les esprits ;
- faire définir la short list par les participants.
Résultat : 40 % d'économie.

Comme on a pu le constater dans les paragraphes précédents, la réduction des frais généraux concerne de nombreux domaines et permet de réaliser des économies significatives.

Identifier des pistes d'économies ne sera pas suffisant sans un plan de mise en place. Cela veut dire :

- établir un planning : les économies ne sont pas réalisables toutes en même temps ;

- formuler concrètement les améliorations : cela est nécessaire à l'adoption des recommandations, les faire partager par les acteurs consommateurs et suivre les économies ;
- piloter la réalisation des économies de façon suivie : pour cela, il convient d'établir un tableau de bord global et les pistes de réduction dans un tableau détaillé.

TABLEAUX DE BORD ET DE PILOTAGE DE MISE EN PLACE DES ÉCONOMIES

Les éléments nécessaires au pilotage sont construits autour de deux tableaux principaux :

- un tableau de bord global (tableau 4.8) ;
- un tableau de suivi détaillé des actions à mettre en place (tableau 4.9).

Exemple

Le tableau 4.8 ci-après présente un exemple de tableau de bord global pour le suivi des réalisations.

Le périmètre de départ ressort à 3,3 M€.

Suite au diagnostic, les économies potentielles s'élèvent à 613 K€ (18 % du périmètre).

Pendant les travaux de mise en place (colonne Rev 1), les économies ont été affinées et sont ressorties à 710 K€ (21,3 % du périmètre).

Après arbitrage définitif de la Direction, les économies validées et à mettre en place s'élèvent à 615 K€ (18,4 % du périmètre). Dans cet exemple, la différence entre l'économie potentielle et l'économie mise en place apparaît mineure, mais cela n'est pas toujours le cas.

Il est à souligner que le taux d'acceptation des économies ressort à plus de 85 %.

Compte tenu des engagements avec les fournisseurs (contrats et autres), l'arrivée des économies réelles dans les comptes s'échelonne sur 3 exercices (2009/2010/2011). Au-delà de 2011, l'entreprise économisera 615 K€ chaque année…

À ce stade, il convient de souligner l'effet récurent des économies, que l'on peut estimer d'une durée d'au moins 3 ans.

> *Les économies ont un caractère récurrent, encore faut-il les surveiller.*

Toutefois, s'agissant de pratiques et de comportements de tous les acteurs de l'entreprise, le pilotage et le suivi des économies restent essentiels. C'est le meilleur moyen d'éviter les dérives. Au-delà des trois années, seuls les aléas liés au développement de l'entreprise permettent de maintenir, ou non, les économies au même niveau.

Tableau 4.8. – Tableau de bord global

Dépenses selon les comptes comptables	a Périmètre traité	b Économie proposée	c Reviseur 1	d Éco validées	d/a % validé sur traité	d/c % validé sur Rev. 1	Sur économies validées 2009	2010	2011	Notes
Sous-traitance informatique	153 256	10 872	57 158	57 158	37 %	100 %	42 869	14 289	0	
Fournitures de bureau	212 370	50 840	53 250	53 250	25 %	100 %	0	0	53 250	
Véhicules (assurance, impôts et taxes)	124 460	51 100	51 136	51 136	41 %	100 %	23 011	19 432	8 693	
Véhicules de location longue durée	304 198	50 000	53 126	50 386	17 %	95 %	16 627	19 147	14 612	
Courrier	201 572	43 000	45 000	46 264	23 %	103 %	34 698	11 566	0	
Téléphonie mobile	175 561	54 000	56 266	46 011	26 %	82 %	30 674	15 337	0	Refus partiel
Imprimerie	225 212	41 000	41 314	41 314	18 %	100 %	18 591	22 723	0	
Nettoyage des locaux	176 332	34 770	37 651	37 651	21 %	100 %	12 801	24 850	0	
Agences d'interim et sous-traitance accueil	128 286	34 000	37 554	37 554	29 %	100 %	18 777	18 777	0	
Sécurité	86 712	27 500	36 950	33 750	39 %	91 %	0	33 750	0	
Carburants	159 119	33 250	32 225	29 896	19 %	93 %	13 453	11 360	5 083	
Téléphonie fixe 1	146 442	19 891	30 478	27 086	18 %	89 %	18 057	9 029	0	
Notes de frais hôtel/restaurant/parking	230 667	27 000	31 125	26 275	11 %	84 %	13 138	13 137	0	
Messagerie express	92 136	17 070	21 255	19 990	22 %	94 %	11 994	7 996	0	

.../...

Entretien des véhicules de fonction	72 237	22 750	22 750	19 720	27 %	87 %	6 705	13 015	0
Tickets restaurants	146 374	15 499	15 499	15 499	11 %	100 %	15 499	0	0
Électricité	166 291	16 500	14 588	14 503	9 %	99 %	7 832	6 671	0
Location de mat. informatique et bureautique	121 425	4 000	4 000	4 000	3 %	100 %	0	0	4 000
Ventilation/Climatisation	14 246	0	2 800	2 800	20 %	100 %	0	0	2 800
Maintenance des bâtiments et espaces verts	178 753	1 000	1 000	1 000	1 %	100 %	500	500	0
Inventaires	129 132	40 000	48 274	0	0 %	0 %	0	0	0 Économie refusée
Location de véhicule courte durée	36 783	14 570	13 850	0	0 %	0 %	0	0	0 Économie refusée
Repas siège, café, boissons	51 124	4 320	3 475	0	0 %	0 %	0	0	0 Économie refusée
Sous total périmètre	3 332 688	612 932	710 724	615 243	18,5 %	86,6 %	285 226	241 579	88 437

a : Périmètre traité après sélection initiale
b : Economie proposée après la phase de diagnostic
c : Economie révisée lors des phases de mise en place
d : Economie validée à la fin de la mise en place
2009/2010/2011 : années d'arrivée des économies dans les comptes. À partir de 2012, les économies sont intégrées dans les comptes

Exemple

Le tableau 4.9 ci-après (exemple de suivi détaillé) présente un exemple de document de suivi. Nous avons retenu le poste de location de véhicules longue durée (LLD colonne 1) :

- la colonne 2 reprend le périmètre traité, à savoir le montant du coût de ce poste de dépense dans les comptes qui est de 301 K€ ;
- en colonne 3 figure le montant des économies identifiées et proposées lors de la phase du diagnostic initial (48 K€ soit 16 %) ;
- la colonne 4 indique le montant des économies révisées pendant la phase de mise en place. (53 K€ soit près de 18 %). Comme on l'a vu précédemment, l'application sur le terrain permet d'approfondir concrètement les pistes d'économies ;
- les colonnes 5, 6 et 7 précisent l'échéancier des économies. Selon les contrats, les économies arriveront dans les comptes progressivement. Naturellement, à l'issue de la dernière année, les économies sont intégralement dans les comptes de chaque année. Dans l'exemple, les économies entreront dans les comptes 24 K€ en 2009, 18 K€ en 2010 et 11 K€ en 2011, puis chaque année, 53 K€ à partir de 2012 ;
- la colonne 8 indique les initiales du responsable désigné pour la mise en place ;
- la colonne 9 indique les actions à mener pour mettre en place les économies et leur enjeu. Il est à souligner que chaque ligne du tableau (numérotées a, b, c..., voir la dernière colonne du tableau) représente un poste d'économie (l'ensemble des lignes constitue la totalité des économies) ;
- la colonne 10 indique ce qui a été fait et précise ce qui reste à faire et comment le faire. Ce travail est mis à jour à l'occasion des réunions périodiques d'avancement ;
- la colonne 11 a pour objectif d'estimer quand les travaux de mise en place s'achèveront et la colonne 12 estime le pourcentage de réalisation ;
- enfin, la colonne 13 indique, pour chaque ligne d'économie proposée, la date de révision du document.

Une réunion périodique permet de suivre la réalisation. Ici, le responsable de la fonction Transport pilote cette réunion où chacun des responsables d'action fait un point d'avancement. Dans un premier temps, une réunion mensuelle (dans certains cas hebdomadaire) est positionnée. Progressivement, ces réunions de suivi seront espacées.

Le pilotage est le point clé de la mise en place. Cela est d'autant plus nécessaire que certaines économies touchent au process opérationnel. Dans ce cas, une résistance au changement, forte souvent, risque de se produire. Cette démarche permet d'anticiper les difficultés éventuelles.

Par ailleurs, la description des actions à mener doit être assez précise (colonne 9), ce qui permet d'éviter des points d'avancement approximatifs qui finissent par lasser les intervenants mais aussi donne une visibilité aux économies.

Finalement, en général, trois à cinq personnes participent à ces réunions.

> *Le point d'avancement doit être motivant, le responsable de la réduction des coûts doit la préparer.*
> *De même, les économies réalisées doivent être visibles par tous les acteurs consommateurs.*

Tableau 4.9. – Exemple de tableau détaillé des actions (1 rubrique)

1	2	3	4	5	6	7	8	9	10	11	12	13
				Échéancier économie								
Compte	Périm. traité	Éco. initiale	Éco. révisée	2009	2010	2011	Respon-sabilité	À faire pour la mise en place	État	Délai réalisation ou prévision	Avan-cement	DMAJ
Location d'autos en longue durée (LLD)	301 125 €	48 285 €	53 756 €	24 190 €	18 277 €	11 289 €	AA	– Ne plus avoir les 3 véhicules relais (enjeux 17 200 €)	Fait	Fin mai	100 %	23/03/2009
								– Prendre des autos diesel économiques émettant peu de CO_2 (cela favorise la TVS et les loyers). Limiter les options inutiles (jantes baton, xenon...) (enjeux 11 900 €)	Intégré	Au fur et à mesure des renouvellements	100 %	14/04/2009
								– Modalité des contrats : prendre les contrats adaptés au km notamment pour les commerciaux (enjeux 6 550 €)	Étude kilométrique détaillée terminée. Échéancier des modifs fait. Reste à attendre les renouvellements		100 %	13/05/2009
								– Modalité des contrats : prendre des contrats de 4 ans pour un km annuel < 40 000 (enjeux 4 650 €)				13/05/2009
								– Modalité des contrats : prendre l'option pneumatiques inclus au lieu d'acheter sur notes de frais (enjeux 7 650 €)	Intégré	Selon les renouvellements	100 %	13/05/2009
								– Modalité des contrats : prendre l'assurance incluse et ainsi économiser la perte financière sur le loyer (enjeux : 5 806 €)		Négocié le 7 avril	100 %	13/05/2009
							BB	– Procédures : suivre les km des commerciaux et faire une procédure précisant l'emploi des véhicules, l'usage suivis via la carte carburant. Les commerciaux personnel, et rappeler que le carburant est payant lors communiquent leurs km chaque trimestre des périodes de vacances !	La procédure est faite. Les km peuvent être suivis via la carte carburant. Les commerciaux communiquent leurs km chaque trimestre			12/06/2009
							CC	– Stratégie générale : faire entrer un autre fournisseur. Rechercher la standardisation des modèles et tenter d'obtenir quelques euros sur le loyer (5 à 10) qui viendraient s'ajouter aux 53 756 € d'économie.				14/04/2009

193

QUELQUES CONSEILS ET ATTITUDES GAGNANTES

Les frais généraux sont en quelque sorte un certain « art de vivre » de l'entreprise. Certaines entreprises sont par nature très économes, d'autres pour diverses raisons, laissent filer les dépenses. Pour ces dernières, la remise à niveau des frais généraux est souvent un exercice délicat. Non seulement parce qu'il s'agit de débusquer les économies mais surtout car il s'agit de changer les pratiques… Certains diraient les « droits acquis ».

De plus, les frais généraux concernent un très grand nombre de collaborateurs, aussi la réduction des frais généraux concerne-t-elle l'entreprise dans sa globalité.

Parfois certaines dépenses de frais généraux sont acceptées sans justification opérationnelle. Ainsi, l'entreprise peut fermer les yeux sur certains avantage en nature. C'est le cas de cette entreprise qui laisse les collaborateurs utiliser les numéros spéciaux pour faire des achats personnels ou consulter les services après ventes de magasins d'électroménager… ou d'autres qui attribuent un téléphone portable à des personnes qui n'en n'ont pas strictement besoin.

Cela contribue à rendre plus compliquée l'optimisation des frais généraux.

Les véhicules de fonction sont un autre exemple de politique d'avantages en nature. Par ailleurs, certaines entreprises au nom du prestige, fournissent des véhicules au-delà des stricts besoins.

Puis, soudain l'entreprise change la donne. Cela ne peut se faire sans précaution ni méthode.

Connaître ce qui se passe ailleurs

Il est important de rencontrer des fournisseurs, des partenaires, aller dans des salons, poser des questions, discuter avec des syndicats professionnels, lire la réglementation, réfléchir à comment mieux faire, moins cher…

Être responsable de frais généraux nécessite :

- d'avoir une large connaissance dans des domaines très variés ;
- d'aimer se tenir à jour des évolutions dans chaque domaine ;
- de suivre la réglementation ;
- d'être en mesure de proposer une évolution des processus, l'idéal étant d'avoir des capacités organisationnelles.

Tout cela demande un investissement personnel fort.

Aimer fouiner, fureter, traîner dans les factures !

Analyser les factures permet de :

- revisiter les paramètres clés qui fondent la facturation. Les exemples proposés dans ce chapitre (puissance souscrite dans le domaine de l'électricité, forfait et hors forfait dans la téléphonie…) ont mis en évidence l'impérieuse nécessité de bien connaître les paramètres de facturation des fournisseurs pour en optimiser le coût final ;
- connaitre les consommations et, en particulier, ce que l'on pourrait appeler le « hors contrat ».

Connaître précisément les besoins, les consommations et suivre les évolutions

Cela nécessite d'investiguer régulièrement car les consommations évoluent. Pour cela, il convient de :

- mettre en place des tableaux de bord de suivi des dépenses et des consommations ;
- définir des ratios d'alertes pour intervenir le plus en amont possible avant que s'installe des processus ou des habitudes coûteuses.

Plusieurs exemples rencontrés dans ce chapitre illustrent ces propos (téléphonie, fournitures de bureaux, messagerie express, supermarché par Internet…).

L'homme qui « sait » économise.

Suivre les prestations des fournisseurs au plus près

Dans presque tous les domaines, les fournisseurs sont rarement exempts de responsabilités sur certains aspects (délais, défauts, mauvaise compréhension, mauvaises prestations, indisponibilité temporaire du service…). S'il ne s'agit pas d'ouvrir systématiquement une fiche de réclamation, il n'en faut pas moins être vigilant.

La clé se situe clairement dans le suivi de la qualité des prestations des fournisseurs. Il convient donc de réfléchir à la façon d'organiser ce suivi et les documents associés (fiches de suivi, notations, fiches d'anomalies…).

Ainsi, dans une entreprise informatique, le fournisseur a pris en charge certaines prestations qu'il souhaitait facturer pour un montant de 63 000 €.

Ceci est valable également pour les livraisons de marchandises (défaut, retard, non-conformité…).

Qui ne demande rien n'obtient rien !

Toutefois, s'agissant des principaux fournisseurs (règle des 20/80) de frais généraux, il apparaît aussi nécessaire, nous l'avons dit dans les chapitres précédents, de mettre en place une politique de partenariat qui permette aux uns et aux autres d'anticiper les nouveaux besoins, tant dans l'entreprise qu'ailleurs.

Concernant les contrats

De nombreuses dépenses sont engagées via des contrats. Il apparaît important d'en assurer la maîtrise. Quelques exemples : la téléphonie, l'énergie, l'informatique, les locations immobilières et mobilières, le ménage, la sécurité, les assurances…

> *L'insouciance a un coût, de même que le manque de professionnalisme !*

Quelques conseils d'un bon sens désarmant :

- bien lire entièrement un contrat avant de le signer ! Oui, il y a des contrats signés mais non entièrement lus. Cela peut générer de mauvaises surprises par la suite ;
- se faire une grille d'analyse standard précisant les points clés de sorte de ne pas passer à côté d'un aspect important (conditions et pénalités de sorties, aménagement flexibilité, délais, mode d'actualisation du prix…) ;
- renégocier souvent ; mais attention à l'adage « l'herbe est plus verte ailleurs »… Ne pas chercher à changer trop souvent de fournisseurs (lors de renégociations, on peut obtenir de très bons prix en conservant les fournisseurs en place). En outre, un partenariat dans la durée présente des avantages et est souvent positif sur le couple qualité/prix payé ;
- avoir un échéancier tenu à jour des dates de sortie possible du contrat incluant les dates anniversaires et dates limites du préavis pour le dénoncer ;
- faire vivre les contrats : faire évoluer régulièrement certains paramètres des contrats (flexibilité). Certains contrats nécessitent des ajustements réguliers. C'est l'exemple de la téléphonie mobile et les évolutions des forfaits ainsi que celui des véhicules en location longue durée (LLD). Prévoir des clauses de sorties ;
- attention aux aspects juridiques : ne pas hésiter à avoir recours à un juriste le cas échéant.

CONCLUSION

La gestion et l'optimisation des dépenses de frais généraux sont une activité fascinante !

Elles balaient un large champ de dépenses qui sont autant de mondes à découvrir, elles nécessitent ouverture, créativité, curiosité mais aussi rigueur, suivi, contrôle, organisation.

Beaucoup de solutions de rationalisation sont élégantes et souvent pleines de bon sens et de simplicité.

Elles sollicitent également des qualités humaines et managériales dans l'animation de la démarche dans l'entreprise et pour réussir à faire intégrer aux autres directions, souvent jugées plus stratégiques, de faire une place à l'optimisation des frais généraux.

En outre, les qualités relationnelles permettent aussi de nouer des partenariats avec les fournisseurs et de réussir de bonnes négociations.

Et puis il y a la fascination du détail… et de tout ce que l'on peut apprendre sur les consommations des uns et des autres.

Ce qu'il faut retenir

Tout d'abord, il faut remettre à l'honneur :
- la fonction, car elle le vaut bien ! La gestion (et l'optimisation) des frais généraux est une activité fascinante qui permet de découvrir des univers différents et mettre en place des solutions d'économies élégantes ;
- les hommes et les femmes qui œuvrent au quotidien pour faire des frais généraux une composante respectée de l'entreprise. Pour y parvenir, des qualités humaines d'ouverture, managériales, relationnelles, fédératrices sont nécessaires ainsi que le goût du détail et de l'organisation.

« Les petits ruisseaux font les grandes rivières ». Cet adage est particulièrement vrai dans le domaine de l'optimisation des frais généraux. Au final, les économies peuvent être importantes, d'autant plus qu'elles sont :
- reconductibles chaque année ;
- assimilables à un surcroît de résultat brut, ou encore, elles représentent pour chaque million d'euros économisé un équivalent de CA de l'ordre de 10 M€ (hypothèse d'une marge sur résultat brut de 10 %).

Il y a un aspect culturel fort dans les entreprises car, si toutes se livrent à la course à la hausse du CA, moins nombreuses sont celles qui se lancent dans la course à l'optimisation des frais généraux.

.../...

Au-delà de ces premières considérations, la gestion et l'optimisation des frais généraux sont un métier ! Et comme tous les métiers, il n'est pas suffisant d'avoir l'état d'esprit, il convient également de maîtriser les méthodes et des techniques clés.

Pour trouver des économies, il convient de :
- s'attaquer à l'essentiel (20/80) ;
- connaître les besoins et les consommations ;
- identifier les unités d'œuvre ;
- connaître les paramètres de facturation des fournisseurs afin de s'y adapter ;
- connaître les processus de consommation et rechercher d'autres façons de faire (le prix unitaire n'est pas le seul moyen de faire des économies bien au contraire) ;
- rappeller les 6 piliers de la remise en cause : suppression, substitution, diminution, sur-qualité, adaptation aux paramètres de facturation et action sur le prix unitaire ;
- pour les points 2 et 3, l'analyse des factures est incontournable : il s'agit de « faire parler » les factures.

Pour mettre en place, pérenniser et faire vivre les économies, il convient :
- d'établir un tableau de bord concret de suivi des économies ;
- d'associer et motiver les collaborateurs utilisateurs (partager la connaissance des prix, impliquer dans la mise en place, faire partager les nouvelles pratiques…) ;
- d'établir un planning de mise en place précis et d'en piloter la réalisation ;
- de suivre au plus près les fournisseurs ;
- d'assurer le suivi des consommations dans le temps afin de prévenir les dérives (tableaux de bords, ratios…).

Reste à gérer les contrats et là encore quelques recommandations simples sont à mémoriser :
- bien lire entièrement un contrat avant de le signer ;
- se faire une grille d'analyse standard ;
- renégocier souvent ;
- avoir son échéancier tenu à jour des dates de sortie possible ;
- faire vivre les contrats : faire évoluer régulièrement certains paramètres des contrats (flexibilité) ;
- faire attention aux aspects juridiques.

Et n'oubliez pas l'adage : Qui ne demande rien n'obtient rien.

Augmenter le cash,
c'est économiser sur (presque) tout

Exemple

Les différentes lignes de stocks de l'entreprise A sont composées de :

- 3 mois de stocks de matières premières ;
- 3 mois de stocks en cours de fabrication ;
- 2,3 mois de stocks de produits finis.

Ils représentent en tout 8,3 mois pour un montant immobilisé de l'ordre de 5 millions d'euros.

Dans un premier temps, les différentes actions mises en œuvre ont permis de ramener à 2 mois les stocks de matières premières, les en-cours de fabrication ont été réduits à 2 mois, et les stocks de produits finis à 1,5 mois. C'est un disponible de l'ordre de 20 % sur les stocks qui a ainsi été dégagé.

Cette réduction influence bien entendu le coût de stockage comprenant l'assurance, le loyer, l'entretien des locaux, le transport, la manutention, les intérêts du capital immobilisé. Une démarche complémentaire de flux tendus et d'externalisation de la logistique a permis, par la suite, de réduire une nouvelle fois ces immobilisations.

La direction de l'entreprise K – 77 millions d'euros de chiffre d'affaires – interroge le service commercial pour connaître les éventuels effets sur les ventes d'un passage de 3 % à 2 % de l'escompte accordé aux clients pour paiement comptant. Une baisse de 1 point de la ristourne est décidée, entraînant une économie annuelle de l'ordre de 150 000 €.

LA STRUCTURE FINANCIÈRE EST-ELLE ÉQUILIBRÉE ?

Les entreprises en expansion – c'est fréquemment le cas pour les PME dont la surface financière est limitée – manquent souvent de liquidités et leur croissance crée des déséquilibres de trésorerie, bien qu'elles dégagent un bénéfice comptable.

Il existe un lien direct entre les besoins nécessaires à l'exploitation, les moyens financiers, le résultat final et le niveau de trésorerie.

Le niveau des frais financiers indique le coût de ce financement. La réduction de ces derniers implique entre autres une structure financière équilibrée.

Cet équilibre est représenté par les notions de fonds de roulement et de besoin en fonds de roulement (BFR), qui influencent la trésorerie.

> *Les capitaux permanents sont-ils suffisants pour couvrir les besoins de l'exploitation ?*

Le nécessaire fonds de roulement finance-t-il l'exploitation ?

Nous nous limitons ici à l'équilibre de l'exploitation. De plus, nous ne traitons pas des frais bancaires engendrés par les différentes manières de calculer, par exemple les « jours de valeurs » des banques.

Le fonds de roulement représente l'excédent existant entre les capitaux permanents qui financent l'entreprise et les immobilisations nécessaires à moyen et long termes.

Cet excédent sert à financer les besoins nés du cycle d'exploitation, en laissant a priori disponible un volant de trésorerie. Sauf cas particulier (grandes surfaces par exemple), le fonds de roulement doit être positif.

Dans ce cas, et en première analyse, la structure financière à terme se trouve équilibrée : les ressources à long terme financent les emplois à long terme et dégagent un excédent de trésorerie.

Deux observations toutefois :

- il convient de s'assurer que les ressources étrangères entrant dans les capitaux permanents ne conduisent pas à une politique d'endettement trop risquée. Sinon, le coût des capitaux empruntés entraînerait une hausse excessive des frais financiers, et pour certaines grandes entreprises, le regard exigeant des agences de notation ;
- cela reste évidemment lié au niveau des taux d'intérêts qui créent, ou non, un fort effet de levier ;
- cette photographie instantanée de l'excédent de trésorerie ne nous dit rien sur les besoins actuels et futurs liés au cycle d'exploitation, c'est à dire à court terme.

Une autre lecture du fonds de roulement, par le bas du bilan, est plus pertinente dans une optique de réduction des coûts, dans la mesure où elle met en évidence les besoins et les ressources à court terme.

Ainsi, la relation bien connue :

le passif circulant à moins d'un an *moins* l'actif circulant à moins d'un an

présente l'avantage de mieux situer les conditions d'exploitation et leur influence sur la trésorerie.

Cette définition, plus opérationnelle, permet d'analyser plus précisément chacune des différentes composantes et de mettre en œuvre des plans d'actions permettant un accroissement du niveau de trésorerie.

Cependant, comme souligné plus haut, le fonds de roulement, bien que positif et gage d'une structure financière équilibrée à long et moyen termes, peut s'avérer insuffisant pour financer les besoins à court terme. C'est pourquoi, pour réduire les frais financiers notamment, mais au-delà, pour améliorer la productivité des processus d'exploitation, on pourra s'attacher principalement à la notion de besoin en fonds de roulement, qui a des implications directes au niveau des liquidités.

> *Quand la trésorerie augmente, un premier niveau d'équilibre est atteint.*
> *Encore faut-il que ce niveau soit suffisant !*

Connaître le besoin prévisionnel en fonds de roulement

En général, le fonds de roulement produit un excédent de trésorerie qui vise à financer les besoins nés du cycle d'exploitation.

Sauf opérations complémentaires sur le long terme (augmentation du capital, apports en comptes courants, emprunt…), l'augmentation du fonds de roulement est directement liée aux ressources dégagées par l'exploitation.

Or, bien que positif, le fonds de roulement peut s'avérer insuffisant pour financer les besoins à court terme.

Nous supposons ici que la trésorerie disponible du fait du fonds de roulement est une donnée de départ. Du point de vue de la réduction des coûts, nous portons notre regard sur la seule génération de cash créée à court terme par l'exploitation.

> *La croissance est-elle financée ?*

Principalement, on cherchera à connaître le niveau prévisionnel des besoins, compte tenu des objectifs de croissance de l'entreprise.

Il sera alors possible de déterminer si le besoin en fonds de roulement est, ou n'est pas, financé par les disponibilités à l'instant t.

L'exploitation courante utilise des flux monétaires pour financer le cycle d'exploitation et essentiellement :

- les stocks (matière première, en cours, produits finis) ;
- le crédit clients (ils ne paient pas tous comptant) ;
- la TVA. à récupérer, etc.

En contrepartie de ces besoins, l'entreprise dispose de certaines ressources :

- le crédit fournisseurs ;
- la TVA due, etc.

Surveiller le niveau de cash !

Exemple

Prenons l'exemple de la société ABC, dont le bilan au 31 décembre se présente dans le tableau 5.1. ci-après.

Tableau 5.1. – Bilan simplifié A, B, C (en €)

Immobilisations nettes	1 000	Capitaux propres	2 000
Stocks	4 000	Dettes à long terme	500
Clients	5 000	Fournisseurs	5 000
TVA à récupérer	500	TVA due	300
		Découvert bancaire	2 200
		Résultat net	500
Total de l'actif	10 500	Total du passif	10 500

Le chiffre d'affaires HT de la société ABC est de 20 000 €. Le montant des frais financiers est de 540, soit un coût global (découvert + dettes à long terme) de 20 %.

Après intégration du résultat net (non distribué), le fonds de roulement ressort à 2 000 €.

Le calcul précisé ci-après est le suivant :

Fonds de roulement = Capitaux permanents – Valeurs immobilisées

Capitaux propres	2 000	Valeurs immobilisées	1 000
Dettes à long terme	500		
Résultat net	500		
Capitaux permanents	3 000	Valeurs immobilisées	1 000

Le fonds de roulement est donc égal à : 3 000 – 1 000 = 2 000 €.

Or, le besoin en fonds de roulement dû à l'exploitation se monte à 4 200 €.

Le calcul est le suivant :

Besoin en fonds de roulement = Emplois à CT – Ressources à CT

Stocks	4 200	Fournisseurs	5 000
Clients	5 000	TVA due	300
TVA à récupérer	500		
Emplois à court terme	9 500	Ressources à court terme	4 200

Le besoin en fonds de roulement est égal à : 9 500 – 5 300 = 4 200 €.

Un constat : le besoin en fonds de roulement est donc de 4 200 € et représente (4 200/ 20 000) = 21 % du CA HT.

Le fonds de roulement est lui de 2 000 .

Le montant des liquidités nécessaires pour faire face aux besoins de l'exploitation est donc :

> *Fonds de Roulement – Besoin en fonds de roulement = Besoin à financer*

soit : 2 000 – 4200 = – 2 200 €.

On peut constater que cette somme (2 200 €) est exactement celle représentée au bilan ci-dessus par le découvert bancaire.

Il s'ensuit que l'on peut écrire la relation :

Besoin en fonds de roulement – Fonds de roulement = Trésorerie

Le financement de l'exploitation a donc un coût qu'il convient de réduire.

Il s'agit donc de minimiser cet écart, soit :

- par une politique de financement à moyen ou long terme. Dans ce cas, il conviendra d'augmenter le fonds de roulement par augmentation de capital, ou emprunt à long terme, etc. ;
- par une politique de productivité de l'actif circulant et du passif circulant.

Nous traitons ici de ce deuxième aspect : la politique d'amélioration de la productivité de l'exploitation.

> *Un indicateur de la gestion de l'exploitation : simuler le besoin prévisionnel de cash.*

Exemple

Pour la société ABC, si, par hypothèse et pour simplifier, certains clients avaient payé comptant pour 3 000, la trésorerie serait devenue positive de 800 et aurait permis, de ce fait, une diminution des frais financiers.

Le niveau de frais financiers sert évidemment d'indicateur. Toutefois, du point de vue de la réduction des coûts, ce sont plus les éléments qui conditionnent l'exploitation que le niveau de frais financiers eux-mêmes qui nous interpellent.

Or, jusqu'à présent nous avons expliqué les besoins de fonds et l'apparition de frais financiers à partir d'une photographie de la situation financière. Il est évidemment plus pertinent d'anticiper les besoins futurs.

Pour notre société ABC, pour l'année N+1, la croissance du chiffre d'affaires est prévue à 12 %, dans les mêmes conditions de rentabilité qu'en année N, soit 7,7 % CA HT.

Le chiffre d'affaires HT pour l'année N+1 serait donc de 24 400.

Le résultat avant impôts et frais financiers : $24\,400 \times 0,077 = 1\,878$.

Le besoin en fonds de roulement, toutes choses égales par ailleurs, soit 21 % du CA HT, serait donc égal à $24\,400 \times 0,21 = 5\,124$ (arrondi à 5 120). Ce qui représente un accroissement du besoin en fonds de roulement de : $5\,120 - 4\,200 = 920$.

Ce besoin supplémentaire à financer aura un coût théorique de :

$920 \times 0,20 = 184$ (compte tenu de l'exemple ; aujourd'hui, le coût serait évidemment moins élevé).

Le résultat net serait donc, avec un taux d'impôt à 35 %, de :
- résultat courant avant impôt : $1\,878 - (540 + 185) = 1\,153$;
- impôt : $1\,150 \times 0,35 = 403$.

Donc le résultat net final est de : $1\,153 - 403 = 750$.

Au 31 décembre année N+1, le fonds de roulement serait alors de :

$2\,000 + 750 = 2\,750$.

Le besoin en fonds de roulement étant lui de 5 124.

Le découvert de trésorerie serait donc de 2 374.

Le découvert s'accroîtrait mécaniquement de $2\,374 - 2\,200 = 174\ €$.

La relation :

Fonds de roulement – Besoins en fonds de roulement = Trésorerie

permet donc d'élaborer des hypothèses sur le futur et devient un facteur de diagnostic du processus d'exploitation.

Elle apporte un éclairage sur les différentes alternatives de façon à éviter que le découvert bancaire ne devienne permanent.

> *Autre approche du BFR : calculer le nombre de jours de CA à financer.*

La question revient donc à analyser les différentes composantes du nouveau besoin et d'envisager les mesures propres à le réduire.

Cette analyse globale peut être affinée grâce à la prise en compte de la rotation de chacune des composantes du besoin en fonds de roulement par rapport au chiffre d'affaires HT.

En effet, les stocks, les clients, les postes TVA et les fournisseurs n'ont pas tous la même vitesse de rotation par rapport au CA. Il convient donc de mettre sous contrôle ces divers composantes de l'exploitation. Elles permettent de mettre en évidence les pistes d'amélioration de la productivité et de réduction des coûts.

En termes de rotation, le cycle d'exploitation se présente de la façon suivante :

Stock matières premières	25 j.	Délais de paiement des fournisseurs	60 j.
En cours de fabrication	35 j.		
Stocks produits finis	20 j.	Besoins nécessaires à l'exploitation	80 j.
Délais d'encaissement des crédits clients	60 j.		
Total des emplois à financer	140 j.	Total financé	140 j.

En termes de jours, l'exploitation au quotidien génère un besoin de financement complémentaire de 80 jours (140 – 60) de CA.

En pratique, il s'agit donc de calculer le nombre de jours de rotation de chacun des postes de l'actif circulant et du passif circulant par rapport au chiffre d'affaires HT.

Ce calcul confirme que l'approche du besoin de fonds de roulement permet de mettre sous contrôle les différentes composantes de l'exploitation ainsi que les différents processus ad hoc.

Concrètement, il s'agit de mettre en œuvre des actions pour :

- réduire les stocks :
  - des matières premières,
  - en cours de fabrication,
  - des produits finis ;
- réduire les délais de paiement des clients ;
- travailler sur les délais de paiement au fournisseur.

Pour ce faire, les différents ratios sont les suivants :

$$\text{TVA à récupérer} = \frac{\text{TVA à récupérer} \times 360}{\text{CA HT}}$$

$$\text{Rotation postes fournisseurs} = \frac{\text{Fournisseurs} + \text{Effets à payer} \times 360}{\text{CA HT}}$$

$$\text{TVA à payer} = \frac{\text{TVA à payer} \times 360}{\text{CA HT}}$$

Pour affiner, on pourra également calculer la rotation par rapport au CA pour les autres postes divers de l'actif circulant et du passif circulant (charges sociales, commissions diverses, etc.).

Toutefois, les ratios ci-dessus sont suffisants pour piloter la génération de cash :

Rotation des stocks de matières premières (évalués au coût des matières premières)

$$= \frac{\text{Stock moyen} \times 360}{\text{CA HT}}$$

Rotation des stocks de produits finis (évalués au prix de revient)

$$= \frac{\text{Stock moyen} \times 360}{\text{CA HT}}$$

Rotation de l'en-cours (évalué au prix de revient de l'en-cours)

$$= \frac{\text{Encours moyen} \times 360}{\text{CA HT}}$$

Exemple

À titre d'exemple, pour une entreprise XXL ayant :

- 100 000 € de stocks de produits finis au 1er janvier de l'année N ;
- 120 000 € au 31 décembre de la même année, avec un chiffre d'affaires HT de 500 000 € ;

le nombre de jours de rotation des stocks de produits finis est de :

$$\frac{110\,000}{500\,000} \times 360 = 79 \text{ jours}$$

L'écart entre le nombre de jours à financer et le nombre de jours financés permet de définir le besoin de financement généré par l'exploitation, en jour de CA.

Si, par exemple, le besoin s'élève à 60 jours du dit CA annuel, il représente 60/360 = 16,7 %.

Cela veut dire que, chaque fois que l'entreprise accroît son chiffre d'affaires hors taxes de 100 €, il sera nécessaire de financer 16,7 € sur d'autres fonds que ceux provenant de l'exploitation (augmentation de capital, emprunts à moyen ou long terme, etc.).

Dans le cas contraire, la mobilisation de crédits à court terme augmenterait de façon sensible les frais financiers.

La recherche de l'équilibre financier est à la fois une nécessité permanente et aussi une manière de mettre sous contrôle l'exploitation et améliorer la productivité.

> *Améliorer la génération de cash, c'est améliorer les processus d'exploitation.*

Si le choix d'une structure financière (répartition capitaux propres, capitaux étrangers, par exemple) détermine une ligne de frais financiers à long terme, le niveau de ceux-ci ne sera modifié que par le changement de cette structure stable.

Les besoins à court terme vont s'accroître, eux, avec la croissance du CA.

Aussi, dans ce domaine, améliorer la génération de cash, c'est améliorer tout le processus d'exploitation.

En revanche, à court terme, la réduction des frais financiers peut comporter une démarche tactique. L'utilisation permanente de certaines règles du jeu (types de crédits, conditions de banque, jours de valeur, etc.), permet de réduire les frais financiers à court terme mais ne change rien quant aux besoins.

OPTIMISER LES COMPOSANTES GÉNÉRATRICES DE BESOIN DE FINANCEMENT

Optimiser les composantes de l'actif circulant, c'est, avant tout, le rendre moins consommateur de liquidités. Globalement, cela revient à réduire l'actif utilisé et en particulier :

- les différents stocks,
- le crédit accordé aux clients, etc.

Minimiser les stocks

Le coût annuel du stockage peut être estimé de l'ordre de 15 %[1].

Il s'agit de mettre en place une gestion des stocks qui, tout en évitant les ruptures, permette de diminuer le niveau des immobilisations.

Il est courant de rencontrer des entreprises dont le niveau total des stocks (matière première, en-cours, produits finis) dépasse pendant plusieurs mois le chiffre d'affaires. Le coût de financement en est élevé.

Au-delà de la diminution du besoin de financement valeurs immobilisées, la fabrication étant sensiblement identifiée aux clients, les délais de livraison ont été raccourcis et les règlements accélérés. La qualité du service s'est nettement améliorée également.

> *Réduire le niveau des stocks.*

---

1. Dans ce coût sont inclus l'assurance, l'utilisation des surfaces de stockage et leur entretien, la manutention et les intérêts du capital immobilisé.

Une des manières de réduire les coûts de stockage consiste à ne rien stocker ! Adopter une politique de travail sous forme de flux tendus revient à organiser une « chaîne » unique de travail entre tous les ateliers (et, éventuellement, entre les sous-traitants et les ateliers travaillant sur de la matière première), de manière à ce que les produits de base soient traités directement dès leur arrivée à l'usine. Les produits finis sont alors immédiatement expédiés pour livraison. Les temps de stockage sont réduits et le but à atteindre pourrait être le stock zéro.

Mettre sous contrôle les délais internes.

Attention toutefois, de plus en plus fréquemment, le produit livré aux clients n'est pas le fruit d'une seule fabrication usine. La sous-traitance, et notamment la sous-traitance dans des zones géographiques éloignées, en Chine par exemple, élargissent très sensiblement le processus à mettre sous contrôle. Or, c'est une voie importante pour réduire les coûts.

Au-delà des délais de fabrication eux-mêmes, c'est l'ensemble des délais de transport qui est à examiner. Cela touche un élément ou l'ensemble des éléments :

- les matières premières ;
- les en-cours ;
- les contrôles qualité ;
- les produits finis ;
- les transports eux-mêmes.

Exemple

L'entreprise de distribution Delta 3 livre en France les produits fabriqués dans les usines du groupe tant aux États-Unis qu'en Chine. Une grande partie de son CA est réalisée avec la grande distribution. Le niveau des pénalités facturées par ses clients à Delta 3, pour non-respect des délais de livraison est de plus en plus important. Cela, sans prendre en compte la surcharge administrative provoquée par les nécessaires ajustements causés par les retards.

L'analyse du processus commande clients/livraison clients met en évidence que :

- l'information relative à l'embarquement des produits dans les ports aux États-Unis est décalée, sans causes réelles ;
- de plus, les 2 à 3 semaines nécessaires pour traverser l'Atlantique allongent naturellement les délais mais surtout ne sont pas utilisées.

Chacun attend l'information relative à l'arrivée des marchandises au Havre. Le transitaire, ayant son propre cycle d'exploitations informe Delta 3 de l'arrivée des containers de façon aléatoire.

L'information enfin reçue, le rendez-vous est pris avec le client pour la livraison des marchandises. Entretemps, les délais de livraison s'allongent, d'autant que, la livraison n'ayant pas été préparée, la recherche des containers sur le quai accroît les délais.

L'analyse détaillée du processus a permis de :

- définir avec l'usine la communication des dates réelles d'embarquement des marchandises ;
- savoir que les produits sont embarqués et que sauf rares exceptions, les bateaux arrivent à l'heure ! Les rendez-vous de livraison sont pris avec les clients dès la connaissance de la date d'embarquement (donnée via Internet), etc. ;
- mettre en place une nouvelle procédure avec le transitaire qui lui-même connaît, dès l'embarquement, l'arrivée des marchandises, la date et l'heure de livraisons, etc.

En fin d'année, ce sont près de 500 000 € de pénalités qui ont été épargnés.

Accélérer les règlements des clients

Plus les clients paient rapidement, moins il y a à financer ce crédit. Accélérer les règlements des clients implique de réduire au maximum les délais d'encaissement. Cela exige à la fois une organisation stricte du circuit de facturation et, éventuellement, une politique d'escompte pour paiement comptant.

Organiser le circuit de facturation et préciser les conditions de paiement

On constate un décalage entre le fait générateur de la facture, l'expédition des marchandises et la date de facturation elle-même.

Affiner les causes de cette situation permet de supprimer ce décalage originel qui, compte tenu des habitudes commerciales, retarde d'un mois le crédit accordé aux clients. Ainsi, les bien connues livraisons facturées après le 25 du mois sont généralement considérées comme livrées le mois suivant.

> *Attention ! Évitez de numéroter les différentes relances. Elles conduisent souvent le client à attendre la troisième relance !*

Par ailleurs, les conditions de paiement, portées de manière peu claire sur les factures, entraînent aussi des retards de règlement.

L'absence de conditions de paiement vient gêner en outre les relances clients. En effet, sans conditions préalables, comment choisir le moment de la relance client ?

Dans tous les cas, la procédure de relance devra être très clairement définie, car, finalement, c'est un bon moyen de récupérer les paiements.

Éviter les causes, d'origine interne, au non-paiement des clients

Pour accélérer le règlement des clients, l'entreprise doit examiner également sa manière de traiter les litiges.

> *Traiter rapidement les litiges accélèrent les règlements.*

Ces litiges tardent souvent à trouver des solutions pour des raisons d'origine interne. Le cas le plus fréquent est celui des retours de marchandises. Sous prétexte de maîtriser lesdits retours, des procédures créent une véritable course d'obstacles pour le client, quand celui-ci cherche à obtenir l'établissement d'un avoir correspondant à son retour de marchandises.

Ainsi, dans une entreprise de parfums, les retours de marchandises devaient être acceptés par le contrôle qualité avant que l'avoir puisse être établi. Ce service étant surchargé... les avoirs n'étaient établis qu'avec 4 mois de retard, délai suffisant pour ouvrir la voie au refus de paiement des factures, dans l'attente de l'établissement d'un avoir de quelques modestes euros.

Les clients doivent-ils payer comptant ?

Moins il y a de crédit clients, moins il y a de besoins à financer. Mais pour autant, les clients doivent-ils payer comptant ?

Pour obtenir un paiement comptant, il est d'usage de consentir un escompte. Cette politique, en apparence avantageuse, coûte souvent cher et, avant de l'utiliser, il importe d'en connaître le coût réel.

> *Attention au coût de l'escompte pour paiement comptant !*

Le tableau 5.2 ci-après indique le coût effectif (arrondi) de l'escompte pour paiement comptant de 100 €, en fonction du nombre de jours de paiements gagnés.

Tableau 5.2. – Coût effectif de l'escompte pour paiement comptant

Jours	Escompte			
	1 %	2 %	3 %	4 %
30	12 %	24 %	37 %	50 %
60	6 %	12 %	18 %	25 %
90	4 %	8 %	12 %	12 %

Ces coûts se calculent par la formule suivante :

Taux effectif annuel =

$$\frac{\text{Montant de l'escompte} \times 100 \times 360}{(\text{Montant de la créance} - \text{Montant de l'escompte}) \times \text{nombre de jours}}$$

Dans certains cas, le taux effectif annuel s'avère très élevé et dépasse largement le taux du découvert bancaire.

Ainsi, les 2 % d'escompte accordés pour paiement comptant coûtent en réalité 12 % en taux annuel pour espérer gagner 60 jours.

Une politique d'escompte est donc à utiliser avec prudence ; cela d'autant plus que les usages commerciaux alourdissent encore le coût réel.

En effet, l'usage, pour paiement comptant, est d'envoyer le règlement dans les 10 jours de la date de facture. À ce délai, il convient d'ajouter entre 2 et 4 jours pour recevoir effectivement le paiement. Dans la plus mauvaise des hypothèses, soit 14 jours, l'escompte accordé aux clients ne court pas sur 30 jours mais seulement sur 16 jours (30 j. – 14 j.).

> *Attention au coût réel de l'escompte !*

Dans ce cas, le tableau 5.3 ci-après indique le coût effectif de l'escompte (arrondi par excès).

Tableau 5.3. – Coût effectif de l'escompte (avance réelle)

Nombre de jours apparents de l'escompte	Nombre de jours réels	Taux d'escompte			
		1 %	2 %	3 %	4 %
30	16	23 %	46 %	70 %	94 %
60	46	8 %	16 %	24 %	33 %
90	76	5 %	10 %	15 %	20 %

Le coût effectif de l'escompte, tenant compte de l'avance réelle en trésorerie, risque d'être très élevé.

Ainsi, le coût effectif pour notre escompte de 2 % pour 60 jours passe à un taux de 16 % annuel.

Ce coût interdit tout escompte pour les clients dont les conditions de paiement sont habituellement à 30 jours.

Encore ce tableau ne tient-il pas compte des délais (en date de valeur) de prise en compte du chèque (2 à 7 jours calendaires) par la banque.

Les moyens de paiement utilisés sont aussi à prendre en compte ; ainsi, il est permis de s'interroger : est-il préférable d'attendre le paiement (par chèque) du client, ou bien importe-t-il de lui demander un effet de commerce en contrepartie de la facture ?

Nous avons vu précédemment le coût lié à l'escompte d'un effet de commerce. Pour des montants faibles, les coûts fixes sont élevés ; en contrepartie, ils permettent d'obtenir du crédit, et une plus grande sécurité de paiement à l'échéance. Il semble que, pour les clients « connus et sérieux », attendre l'arrivée du chèque ou du virement soit une meilleure opération pour réduire les frais financiers.

DU BON USAGE DU CRÉDIT FOURNISSEURS

Le crédit fournisseurs est un crédit à court terme qui vient limiter les besoins de financement. Les marges de manœuvre sont plus réduites.

L'optimisation consiste essentiellement dans la négociation des conditions de paiement du fournisseur.

Les actions à mener consistent donc à utiliser le crédit fournisseurs et à définir les procédures de décaissement.

Le coût du crédit fournisseurs

Le crédit fournisseurs est certes un bon moyen de financement. On sent intuitivement qu'il est toujours souhaitable d'avoir un ratio de crédit fournisseur supérieur au ratio du crédit clients ! C'est évidemment le cas de la grande distribution où les recettes de la grande surface sont largement engrangées avant le paiement de leurs fournisseurs.

La question, cependant, est de savoir si le crédit fournisseurs ne coûte pas trop cher. En effet, on l'a vu à propos du client, l'escompte pour paiement comptant consenti par les fournisseurs peut s'avérer avantageux car les résultats s'inversent.

Cependant, une politique de paiement comptant suppose à la fois une capacité financière suffisante et une régularité dans le mode de règlement des fournisseurs.

La capacité financière de paiement comptant est conditionnée par les flux de trésorerie et en particulier par la relation crédit clients/crédit fournisseurs.

Impact de la relation crédit clients/crédit fournisseurs

Le choix d'une politique de paiement comptant des fournisseurs est très largement conditionné par l'entrée de trésorerie.

Exemple

Prenons un exemple : une entreprise dont le chiffre d'affaires mensuel est de 350 000 € HT et le montant des achats de 300 000 € HT (les flux sont supposés réguliers). Si tous les flux (entrées/sorties) sont payés comptant (hypothèse 1), il résulte un solde de trésorerie positif permanent (la TVA est exclue dans un premier temps).

Hypothèse 1	Janvier	Février	Mars	Avril	Mai	Juin	Juillet	Août
Ventes comptant HT	350	350	350	350	350	350	350	350
Achats comptant HT	− 300	− 300	− 300	− 300	− 300	− 300	− 300	− 300
Trésorerie mensuelle	+ 50	+ 50	+ 50	+ 50	+ 50	+ 50	+ 50	+ 50
Trésorerie cumul « a »	+ 50	+ 100	+ 150	+ 200	+ 250	+ 300	+ 350	+ 400

En revanche, si les conditions de paiement sont différentes, avec par exemple : crédit clients à 60 jours et crédit fournisseurs à 30 jours (hypothèse 2), le plan de trésorerie est bouleversé :

Hypothèse 2	Janvier	Février	Mars	Avril	Mai	Juin	Juillet	Août
Ventes HT à 60 jours	–	–	350	350	350	350	350	350
Achats HT à 30 jours	–	– 300	– 300	– 300	– 300	– 300	– 300	– 300
Trésorerie mensuelle	–	– 300	+ 50	+ 50	+ 50	+ 50	+ 50	+ 50
Trésorerie cumul « b »	–	– 300	– 250	– 200	– 150	– 100	– 50	0

L'entreprise a dû financer le crédit clients en février (– 300) puis, peu à peu, la trésorerie s'améliore, jusqu'à ce que la valeur ajoutée compense les besoins (en août).

La comparaison des deux politiques laisse apparaître un écart constant à financer, dans l'hypothèse 2.

	Janvier	Février	Mars	Avril	Mai	Juin	Juillet	Août
Cumul trésorerie « b »	0	– 300	– 250	– 200	– 150	– 100	– 50	0
Cumul trésorerie « a »	– 50	– 100	– 150	– 200	– 250	– 300	– 350	– 400
Écart	– 50	– 400	– 400	– 400	– 400	– 400	– 400	– 400

Ainsi, cette politique conduit à un besoin de financement permanent de 400 000 € HT.

L'application des ratios donne le même résultat :

$$\text{crédit client} = \frac{350 \times 12 \times 60}{360} - 700 \text{ (à financer) ;}$$

$$\text{crédit fournisseur} = \frac{300 \times 12 \times 30}{360} \quad 300 \text{ (financé)}$$

L'écart est bien de – 400.

Il s'ensuit qu'une politique de paiement comptant des fournisseurs (dans les conditions ci-dessus), pour avantageuse qu'elle soit au niveau de la rentabilité brute, doit avant tout tenir compte du mode de règlement des clients. Elle sera alors ponctuelle et tiendra compte de la rentabilité, offerte par l'escompte fournisseur.

Le pilotage de l'exploitation par le suivi de niveau de trésorerie est un bon moyen pour mettre sous contrôle les différentes composantes du cycle d'exploitation avec un principe de base :

> *Une entreprise qui gagne sainement de l'argent doit connaître un accroissement de sa trésorerie.*

Dans le cas contraire, il s'agit d'une alerte pour revisiter les processus opérationnels.

... POUR AUGMENTER LE CASH

▷ **La structure financière est-elle équilibrée ?**

Le nécessaire fonds de roulement finance-t-il l'exploitation ?

Connaître le besoin prévisionnel en fonds de roulement.

Simuler le besoin de cash.

▷ **Optimiser les composantes génératrices de besoins de financement :**

- minimiser les stocks ;
- accélérer le règlement des clients :
- – optimiser le circuit de facturation et préciser les conditions de paiement,
- – éviter les causes d'origines internes au non-paiement des clients,
- – traiter rapidement les causes de litiges,
- – faut-il faire payer comptant les clients ?
- – calculer le coût réel de l'escompte.

▷ **Du bon usage du crédit fournisseurs :**

- – faut-il payer comptant les fournisseurs ?
- – impact de la relation crédit clients/crédit fournisseurs.

ANNEXES

Annexe 1

Enquête CEGOS frais généraux 2007

Les fonctions de frais généraux – Moyennes générales

Frais généraux	Dépenses de la fonction chiffre d'affaires (en %)	Dépenses de la fonction valeur ajoutée (en %)	Effectif de la fonction effectif total (en %)	Coût moyen par personne (k€/P)	Coût par opération	Productivité
Global	17,69	35,58	28,86	136,9		
Frais généraux administratifs	6,46	13,81	7,96	167,4		
Frais généraux commerciaux	2,63	5,53	3,9	139,6		
Frais généraux de production	4,34	10,85	13,36	81,9		
Divers	1,97	5,68	0,73			
Direction générale	0,95	2,01	0,97	238,1	2 001 €/ET	104 ET/P
Finance et comptabilité	0,88	1,90	2,37	68,6	11 €/Fac.	5 855 Fac./P
Ressources humaines	1,06	2,02	1,63	122,2	2 141 €/ET	565 Dads/P
Juridique	0,19	0,38	0,34	169,6	52 €CLT	2 756 CLT/P
Informatique	1,20	2,56	1,41	193,1	3 474 €PTI	54 PTI/P
Services généraux	0,75	1,73	1,11	163,0	1 662 €/ET	90 ET/P
Infrastructures et locaux	1,91	7,21	0,86	546,4	29 €M2	22 434 M2/P
Direction commerciale	1,13	2,34	1,78	128,5	346 €CLT	181 CLT/P
Publicité – promotion	1,41	3,98	1,21	320,2	225 €CLT	71 CA/€
Administration des ventes	0,96	1,90	2,57	75,3	3 €/LC	21 113 LC/P
Direction de la production	1,43	2,41	3,22	101,2	4 274 €/EP	22 EP/P
Recherche et développements	1,92	4,75	4,24	105,9	1 184 K€/BT	0,09 BT/P
Méthodes et outillages	0,96	1,68	2,61	69,7	145 €/G	398 G/P
Planning – ordonnancement – lancement	0,43	0,60	1,30	66.9	28 €/L	2 043 L/P
Achats et approvisionnements	0,77	1,65	3,06	61,9	1,81 %	3,32 M€/P
Maintenance industrielle	1,64	5,06	4,09	82,2	3,86 %	2,04 M€/P

Source : rapport d'enquête CEGOS, Les fonctions de frais généraux, 2007.

Annexe 1 bis

Définitions

(Enquête CEGOS frais généraux 2007)

DÉFINITION DES UNITÉS DE COÛTS PAR OPÉRATION DE LA FONCTION

Direction générale : coût de la direction générale par salarié de l'entreprise, en euros (€/ET).

Infrastructure et locaux : coût annuel en euros par mètre carré utile (€/M²).

Finances et comptabilité : coût annuel en euros par facture des tiers traitée (€/Fc).

Ressources humaines : coût de gestion d'un salarié de l'entreprise, en euros (€/ET).

Juridique : coût global par client actif, en euros (€/ET).

Informatique : coût moyen d'un poste de travail informatique (€/PTI).

Services généraux : coût en euros des services généraux par salarié de l'entreprise (€/ET).

Direction commerciale : dépenses de la fonction Direction commerciale par client, en euros (€/CLT).

Communication, publicité et promotion : dépenses de la fonction Communication, publicité, promotion par client, en euros (€/CLT).

Administration des ventes : coût moyen d'une ligne de commande, en euros (€/LC).

Direction de la production : dépenses de la direction de la production par salarié de production (€/EP).

R&D, bureau d'études : coût annuel d'un brevet déposé par la fonction (€/BT).

Méthodes et outillages : coût annuel de maintenance d'une gamme, en euros (€/G).

Planning, ordonnancement et lancement : coût d'un lancement, en euros (€/L).

Achats et approvisionnements : pourcentage des dépenses de la fonction par rapport au montant total des achats passés.

Maintenance : pourcentage des dépenses de la fonction par rapport à la valeur brute des immobilisations entretenues.

DÉFINITION DES UNITÉS DE PRODUCTIVITÉ PAR FONCTION

Direction générale : effectif total de l'entreprise par personne de la fonction (ET/P).

Infrastructure et locaux : nombre de mètres carrés utiles gérés par personne de la fonction (M²/P).

Finances et comptabilité : nombre de pièces comptables traitées par comptable (PC/P).

Ressources humaines : nombre de salariés de l'entreprise gérés par personne de la fonction (ET/P).

Juridique : nombre de clients actifs par personne de la fonction (CLT/P).

Informatique : nombre de postes de travail informatique gérés par informaticien (PTI/P).

Services généraux : effectif total de l'entreprise par personne de la fonction (ET/P)

Direction commerciale : nombre de clients gérés par personne de la fonction Direction commerciale (CLT/P).

Communication, publicité et promotion : chiffre d'affaires en euros, réalisé pour un euro dépensé en publicité (CA/€).

Administration des ventes : nombre de lignes de commandes traitées par salarié de la fonction Administration des ventes (LCO/P).

Direction de la production : effectifs de production par personne de la fonction.

R&D, bureau d'études : nombre de brevets déposés à l'année par personne de la fonction.

Méthodes et outillages : nombre de gammes gérées par personne de la fonction Méthodes et outillage (G/P).

Planning, ordonnancement et lancement : nombre de lancements effectués par personne de la fonction Planning, ordonnancement, lancement (L/P).

Achats et approvisionnements : nombre de commandes d'achats passées par personne de la fonction Achats et approvisionnements (CD/P).

Maintenance : valeur des immobilisations brutes entretenues par personne de la maintenance.

Analyse de la valeur des activités

DÉFINITION

L'analyse de la valeur des activités est une méthode qui permet de déterminer, par une approche participative, la valeur des diverses fonctions d'une organisation.

OBJECTIFS

Ils sont de trois ordres :

- réduire les coûts en allégeant les activités de tous les frais inutiles et injustifiés ;
- améliorer l'utilité et l'efficacité de chaque activité en l'épurant des fonctions superflues ;
- améliorer les conditions de travail en donnant aux responsables les moyens d'apporter eux-mêmes des modifications à leurs propres tâches.

PRINCIPES

Deux principes fondamentaux sous-tendent toute action d'analyse de la valeur :

- *la recherche de solutions par les personnes concernées* : l'analyse de la valeur est une approche de « la base au sommet » qui se fonde sur des travaux de groupe. Ce sont les individus directement impliqués dans une activité qui réfléchissent ensemble sur les moyens d'en améliorer le rapport résultat/coût. Ils constituent pour cela une unité de réflexion correspondant souvent au découpage structurel de l'organisation ;
- *la recherche de la créativité* : l'analyse de la valeur suppose, pour être performante, qu'un grand nombre d'idées soient développées. Le travail d'équipe et la responsabilisation des personnes concernées favorisent la créativité et la recherche de solutions.

MISE EN ŒUVRE

Une action d'analyse de la valeur se déroule selon quatre phases bien distinctes :

1re phase : identification des unités.

Le but de cette phase est de créer une base d'informations à partir de laquelle les idées de réduction de coûts se développeront.

L'entreprise est alors constituée en unités d'environ vingt personnes, représentant un budget d'exploitation de l'ordre d'un million d'euros.

Pour chaque unité, il convient de définir :

- la mission – c'est-à-dire « pourquoi l'unité existe-t-elle » ? ;
- les secteurs-clés de succès – « domaines où l'on doit agir pour réaliser la mission » ;
- les résultats à atteindre – « services ou produits finis » ;
- le coût des divers produits ou services.

2e phase : spéculation.

Au cours de cette phase, chaque groupe identifie les idées de réduction de coûts dont la mise en œuvre pourrait permettre de rationaliser les activités. Toutes les idées doivent être examinées sans restriction aucune.

3e phase : évaluation.

Il s'agit de sélectionner parmi les idées les plus performantes celles qui sont compatibles avec la mission de l'organisation en général (survie, image de marque, etc.).

4e phase : mise en œuvre.

Cette dernière phase est une phase d'action. Les idées de réduction simples sont immédiatement testées, les idées plus complexes font l'objet de plans d'actions précis. Un suivi des réalisations permet de définir les éventuelles actions correctrices à mettre en œuvre.

OUTILS

Pour être opérationnelle et efficace, l'analyse de la valeur doit utiliser des outils spécifiques.

L'un des principaux outils est l'analyse fonctionnelle qui permet de décomposer une unité, en mission, puis en fonctions, sous-fonctions, etc. (en particulier pour la phase 1). Ensuite, il importe de respecter une procédure commune à toutes les unités de travail.

Le Budget base zéro[1] (BBZ)

DÉFINITION

Le BBZ est une technique de budgétisation qui exige de chaque fonction, de chaque programme ou de chaque *centre de décision*, de *justifier* sa contribution à la mission et aux objectifs de l'entreprise, sans référence aux acquis du passé.

OBJECTIFS

Le BBZ a pour but de redistribuer les ressources vers les centres de décisions prioritaires de l'organisation. Pour cela, il convient de :

- *réévaluer* de façon complète tous les centres de décision de l'entreprise ;
- *classer* ces derniers en fonction de leur contribution ;
- *sélectionner* les seules activités compatibles avec le niveau de ressources défini par les résultats à atteindre.

PRINCIPES DE FONCTIONNEMENT

Il importe de connaître où l'entreprise veut aller. Ainsi, le BBZ devient l'étape finale du processus de planification.

Les responsables justifient le *niveau* de dépenses prévu pour chaque activité, et aucun de ces niveaux ne doit être considéré comme acquis.

Les responsables défendent leurs exigences budgétaires sans référence à ce qui leur était alloué l'année précédente (d'où l'appellation « base zéro »).

C'est une approche participative où chaque responsable, à chaque échelon hiérarchique, applique pour son centre de décision les objectifs ci-dessus.

---

1. Le « Budget base zéro » est une expression et une technique introduite par Peter A. Pyhrr.

CHAMP D'ACTION

Le BBZ s'applique à toutes les activités ou programmes fonctionnels.

MISE EN ŒUVRE

Le BBZ requiert cinq étapes principales.

Définir les objectifs et les résultats désirés

Plus le processus de planification et les objectifs seront clairs et élaborés, plus le BBZ sera efficace.

Identifier les unités de décisions

L'identification se fait en deux temps. D'abord, il importe de définir les unités de décision relevant de l'analyse du BBZ. Ensuite, chaque unité de décision retenue sera elle-même éclatée en unité discrète de coût.

Dans le banque BM, le département du contrôleur est divisé en cinq unités de décision : l'administration, le prix de revient et l'analyse de rentabilité, la planification et le budget, la planification financière et analyse opérationnelle, et les systèmes d'informations de gestion.

Élaborer des propositions budgétaires

Les propositions budgétaires traduisent les décisions qu'un manager prend en fonction des résultats qu'il désire obtenir et du montant des ressources qu'il estime nécessaire pour y parvenir. Elles conduisent toutes à un résultat homogène.

Chaque proposition budgétaire prend en compte :

- d'une part, les trois à huit *secteurs-clés de résultats* sous la responsabilité d'un gestionnaire (qui forment des unités de décision) ;
- d'autre part, trois *niveaux* d'efforts nécessaires pour atteindre les résultats :
  - le niveau minimum en deçà duquel il est impossible à une unité de décision de continuer à fonctionner pour atteindre un objectif acceptable,
  - le niveau actuel ou intermédiaire qui identifie les coûts/bénéfices par rapport à ceux du minimum,
  - le niveau désiré ou optimal qui doit représenter une amélioration par rapport au niveau actuel.

Évaluer et ordonner les propositions budgétaires

Dans cette étape, il s'agit de *répartir* les ressources limitées (par définition) et à prendre des décisions sur la quantité à assigner à chaque unité.

Il importe donc avant tout de définir des critères de priorités pour effectuer la répartition. Puis, par agrégations successives, de la base au sommet, chaque responsable classe les propositions budgétaires. Chaque échelon hiérarchique immédiatement supérieur conservant la possibilité de *réviser* le classement de ses subordonnés.

Remarquons que, dans tous les cas, les contraintes légales devront être respectées au moment des choix. De plus, le BBZ se déroulant en temps limité, il importe que les axes prioritaires définis au départ soit utilisés par la base.

Choix du budget définitif

Les budgets sont préparés à partir de :

- la classification finale des propositions budgétaires préparée au niveau le plus élevé de la structure de l'entreprise ;
- la fixation par le conseil d'administration du montant global des ressources disponibles, et en conséquence, seules seront prises en compte les propositions budgétaires dont le montant cumulé correspond à l'enveloppe globale des ressources.

Optimiser les structures et les coûts : une démarche participative « Opération – 40 % »

OBJECTIF

Optimiser les structures et le fonctionnement global d'une unité ou de l'entreprise :

- proposer un plan de productivité et d'économies partagé ;
- intégrer ce plan dans le budget N + 1 ;
- agir dans un délai court (six mois par exemple).

PLAN D'ACTION

- Analyser les missions et activités des différentes unités :
  - estimer les volumes à traiter,
  - estimer les charges et les coûts des « produits/services fournis » par chaque unité.
- Mener une analyse critique des principaux process :
  - identifier les « Core Business Process » (en général, quatre à six).
- Simplifier les pratiques :
  - définir les besoins.
- Proposer des pistes d'amélioration et des réductions de coûts :
  - fixer un objectif de départ chiffré et élevé.

PRINCIPES : UN PROJET PARTICIPATIF

- Mobilisation
  Responsabilité des acteurs.
- Rapidité

Travail en parallèle des différentes unités ou fonctions pour « agiter » l'ensemble ou un périmètre plus réduit de la structure.

◗ Résultats

Présenter au Comité de risque :

– des propositions d'économie chiffrées obligatoirement à 40 % du budget ;

– et accompagnées d'un coefficient de risque relatif aux économies proposées.

DÉMARCHES

◗ Créer des unités homogènes de travail et/ou des principaux process :
  – définition des unités ;
  – sélection des responsables/animateurs ;
  – formation à la méthode d'analyse ;
  – travail en parallèle de chaque unité.

◗ Constituer une base d'informations pertinentes :
  – analyses fonctionnelles ;
  – identification des produits/services livrés ;
  – volumes et unités d'œuvre ;
  – coûts et budget ;
  – clients/fournisseurs (internes/externes).

◗ Proposer des économies de 40 % :
  – pistes d'améliorations ;
  – dire qui est le mieux placé pour faire quoi ;
  – productivité interne ;
  – faire ou faire faire ;
  – réduction de la demande ;
  – avantages/inconvénients ;
  – risques encourus par chaque proposition.

◗ Présenter les analyses et sélectionner les propositions en y affectant une note de risque, avec le supérieur hiérarchique de l'unité

◗ Présenter les propositions sélectionnées au Comité de risque (– 40 % du budget)

◗ Mettre en œuvre ou revisiter les propositions.

ORGANISER

▹ Les animateurs des unités homogènes de travail rendent compte à leur supérieur hiérarchique direct respectif.

▹ Les supérieurs hiérarchiques directs et les animateurs Core Business Process rendent compte au Comité de risque.

▹ Comité de risque/comité de direction :
  – accepte/refuse les propositions (impact budget N + 1) ;
  – intégrer le risque à chaque proposition ;
  – demande des études complémentaires ;
  – obligation de présenter à ce Comité le montant des propositions chiffré à 40 %.

▹ Nommer un coordonnateur de l'opération :
  – animation ;
  – challenge ;
  – formalisation ;
  – pilotage des délais ;
  – résultats.

TYPOLOGIE DES RISQUES

Niveaux	Risque	Définition approche
1	Mineur	Désagrément ponctuel ou passager pour un client, un habitant, ou un membre de l'entreprise
2	Secondaire	Gêne entraînant une réclamation, une non-conformité, avec une recherche de réponse pour les clients, un groupe d'habitants ou le personnel
3	Majeur	Risque de pertes définitives du produit/service chez le client, risque d'accident, impossibilité de réaliser son travail ou sa mission
4	Critique	Risque de perte du client, risque de mort dans la population ou pour le personnel

Exemple de planning

Étapes	Mois					
	1	2	3	4	5	6
Créer une base d'information						
1. Structurer les produits et les services, identifier les coûts différents, réaliser les analyses fonctionnelles	◆➤ ❶ ❷					
1bis. Déterminer et décrire les 5 à 10 Core Business Process (CBP)		◆➤ ❶ ❷				
Rechercher et produire des idées						
2. Produire, tester et partager les idées de réduction des coûts : optimiser		◆——➤ ❸ ❹				
Evaluer les idées dans chaque unité et au comité de pilotage						
3. Revoir les idées, apprécier les possibilités de les exploiter et prendre les décisions			◆—➤ ❺			
Mettre en œuvre						
4. Etablir et mettre en œuvre les plans d'actions, les inscrire dans le budget N + 1				◆———➤ ❻ ❼		

Principaux jalons (exemple)

❶ Réunion de lancement avec les chefs d'unité – Démarrage de l'étape 1.

❷ Base de données définie (mission, activités, produits ou services) – Fin de l'étape 1.

❸ Idées de réduction des coûts identifiés (réduction de la demande/rationalisation) ; faire ou faire faire ; risques.

❹ Processus d'évaluation/test terminé, recommandations formulées et partagées – Fin de l'étape 2.

❺ Présentation au comité de risque, prise de décisions – Fin de l'étape 3.

❻ Plans de mise en œuvre approuvés.

❼ Lancement des plans de mise en œuvre des réductions de coûts : intégration dans le budget N + 1.

Réduire les coûts avec la qualité totale

OBJECTIF

Bâtir une entreprise orientée client et viser le zéro défaut, zéro délai, zéro file d'attente.

LES ENJEUX

- Donner la priorité au client :
    – agir sur les processus ;
    – agir sur les délais ;
    – agir sur les mentalités ;
    – agir sur les coûts.

PRINCIPES

- « L'amélioration continue » comme moteur de la compétitivité et de la réduction des coûts
    – « Bienvenue aux anomalies »
        → Rechercher, identifier, évaluer et supprimer les dysfonctionnements et les non-conformités.
- L'implication directe et la responsabilisation des acteurs
    – Animation des résultats, ce qui veut dire établir un tableau de bord.
        → Choisir éventuellement un référentiel.
- Réduire et optimiser les coûts
    – Amélioration de la productivité :
        → des principaux process ;
        → des fonctions ;
        → des dépenses ;
        → des dépenses ;

- formuler le « qui fait quoi »
   → qui est responsable et qui doit intervenir.
- Mesurer la performance
   - Établissement d'une note qualité
      → Définir les indicateurs de pilotage

PLAN D'ACTION

- Définir les procédures ;
- établir une cartographie des processus ;
- mettre sous contrôle les procédures et modes opératoires ;
- supprimer les doublons, simplifier, etc. ;
- traiter les non-conformités et les dysfonctionnements au fil de l'eau ;
- évaluer en termes de risque ;
- définir des plans d'actions correctives et mettre en place des plans de progrès ;
- créer des groupes de travail spécifiques pour définir les actions correctives (la qualité est l'affaire de tous !) ;
- audit interne ;
- réunion de pilotage (niveau direction).

Ouvrages de Daniel Boéri

Le nouveau travail manuel : enrichissement des tâches et groupes autonomes, Les Éditions d'Organisation, Paris, 1977 (épuisé).

La table des indicateurs sociaux, Les Éditions d'Organisation, Paris, 1978 (épuisé).

Réduire les frais généraux, Les Éditions d'Organisation, Paris, 1982 (épuisé).

Le mythe des frais généraux : abaisser le point mort, Éditions Renaudot et Cie, Paris, 1989.

« Animation et contrôle de gestion : comprendre les acteurs », *Le contrôle de gestion*, N. Guedj *et al.*, Les Éditions d'Organisation, Paris, 1991.

« Les prix de cession interne », *Le contrôle de gestion*, N. Guedj *et al.*, Les Éditions d'Organisation, Paris, 1991.

« L'entreprise dans 20 ans », Actes du séminaire « Quelle concurrence demain ? », Ministère de l'Économie (DGCCRF), Paris, 1993.

Organisation et Changement, Comment tirer le meilleur parti du potentiel de votre entreprise, Maxima, Paris, 1998.

Maîtriser les frais généraux – Une démarche de productivité globale, Lamy/Les Échos, Paris, 1998.

Maîtriser la qualité et le management éthique, mention spéciale du jury « Prix du Livre qualité et performance », Maxima, 3e éd., Paris, 2006 .

Des idées pour Monaco, Boeri Consultants, Monaco, 2007.

Sites Internet :

www.boeri-consultants.com

www.danielboeri.com

Site web : www.boeri-consultants.com

Daniel BOERI est spécialiste des questions de processus, de productivité et de réduction des coûts dans les entreprises. HEC et licencié ès sociologie, il dirige le cabinet de conseil BOERI Consultants qui, depuis 1975, s'occupe du développement et de l'organisation des entreprises.

Il a été chargé d'enseignement à l'université Paris IX-Dauphine ainsi qu'à l'École des Affaires de Paris.

Cet ouvrage a été réalisé avec la collaboration d'**Éric Rubio**. De formation ESC Idrac Lyon, il est gérant d'EGIDE Conseils, où il effectue des missions d'optimisation des coûts et des organisations tant pour le secteur privé que dans les collectivités locales.

www.ingramcontent.com/pod-product-compliance
Lightning Source LLC
Chambersburg PA
CBHW080531220326
41599CB00032B/6275